한국정책학회
30주년 기념

대전환기 정책의 키워드 :

POLICY KEYWORDS IN THE ERA OF GREAT TRANSFORMATION

성장
분배
가치
성과

최영준 외 15인

박영사

서 문

「대전환기 정책의 키워드: 성장, 분배, 가치, 성과」 발간을 매우 뜻깊게 생각합니다. 본 서적은 한국정책학회 30주년을 기념하면서 2022년 한 해 동안 '재발견 세미나 시리즈'라는 이름으로 춘하추동 네 번의 학술대회에 걸쳐 치열하게 논의했던 결과물을 담은 책입니다.

1992년에 창립된 한국정책학회는 공공정책을 전문적으로 연구하는 우리나라 8,000명이 넘는 회원이 활동하는 정책·행정학계를 대표하는 학술 연구단체입니다. 저는 제30대 한국정책학회의 회장을 맡으면서 학회의 서른 살을 어떻게 의미 있게 기념할 것인지에 대해서 많은 회원분들과 머리를 맞대었습니다. 이를 위한 핵심 사업 중 하나가 바로 '재발견 세미나 시리즈'였습니다. 기존에 우리가 익숙하게 사용해왔던 공공정책의 핵심을 관통하는 주요 키워드를 재조명해보자는 것이었습니다.

1990년대 초반 학회가 시작하였을 때 우리 사회는 이제 막 권위주의 시대의 막을 내리고 민주화를 경험하고 있었습니다. 많은 공공정책들의 아이디어가 피어날 때였고, 또 많은 정책들이 걸음마 단계에 있었습니다. 성장은 여전히 가장 중요한 국가의 목표였고, 아직 분배는 너무 멀리 있는 단계였습니다. 지난 30년을 보내면서 우리 학회 선배님들과 구성원들의 노력으로 공공정책은 크게 성장했습니다. 또한, 우리는 정치적으로도 경제적으로도 더 높은 위치에 도달할 수 있게 되었습니다. 굴곡이 없지 않았지만, 대단한 30년이었으며,

당당히 선진국 대열에 들어가게 되었습니다. 하지만, 저출산고령화나 기후변화와 같은 위기들이 우리에게 나타났고, 디지털화와 같은 새로운도전에 직면하고 있습니다.

이런 대전환의 어귀에서 우리에게는 익숙하지만 너무도 중요한 공공정책의 용어들을 다시 재검토해야 한다고 믿게 되었습니다. 성장과 분배, 그리고 항상 중요하다고 하지만, 항상 모호했던 가치에 대해서, 그리고 합의가 쉽지 않은 성과에 대해서 다루어보게 되었습니다.

우리의 목적에 흔쾌히 동의해주시고, 함께 논의에 동참해주시고, 발표와 토론의 참여해주시면서 생각을 열어주신 학회 회원들과 외부전문가 선생님들께 진심으로 감사드립니다. 특히, 학회의 연구위원장으로서 세미나 시리즈 기획에서 출판까지 전 과정을 이끌어주신 최영준 교수님께 깊이 감사드립니다. 최교수님이 아니었다면 이 책은 빛을 보지 못했을 것입니다. 마지막으로 책이 출판될 수 있도록 계속 지원을 해주신 제31대 김영미 회장님과 학회 사무국 선생님들께도 감사의 마음을 전합니다.

한 해 열심히 논의를 하였지만, 우리의 논의는 마무리된 것이 아니라 시작입니다. 모쪼록 이 책이 대전환기 공공정책에 대한 더 뜨거운 논의의 출발이 되기를 희망합니다.

제30대 한국정책학회 회장
연세대학교 행정학과 교수
나 태 준

목 차

제 2 부

분 배

제 4 부

성 과

대전환기, 정책은 무엇을 논의해야 하는가?

최영준(연세대학교 행정학과 교수)

대전환기

대전환기(Great Transformation)의 징후들은 더욱 명확해지고 있다. 코로나19의 영향이 거의 줄어들고 있는 2023년이지만, 지난 3년간의 경험은 전례가 없는 상처를 전 세계 곳곳에, 그리고 개인들의 삶에 남겼다. 국제보건기구(World Health Organisation)의 2023년 3월 통계에 따르면 공식적으로 코로나19에 걸렸던 이들이 7억6천만명에 이르며, 이로 인해서 목숨을 잃은 이들이 7백만명에 이른다.[1] 공공보건의 위기는 거의 끝나가지만, 많은 학자들은 코로나19가 만들어낸 비대면 경제와 디지털화 그리고 사회적 고립 등은 현재의 사회경제체제를 다양한 방식으로 변화시킬 것으로 예상하고 있다.

하지만, 대전환기가 코로나19로 인해서 가속화되었지만, 그것이 시발점이었다고 할 수는 없다. 이미 코로나19 이전부터 대전환기는 다양한 학자들에 의해서 지속적으로 제기되어 왔다. 지금의 대전환기를 논하기 전 가장 일반적인 역사 시기의 구분은 산업혁명 전과

---

[1] https://covid19.who.int/ (2023년 2월 24일 접속)

후라고 할 수 있다. 산업혁명 이전은 거의 생산성의 증가가 없던 시기였으며, 약탈과 생존의 시대라고 할 수 있다. 생존에 필요한 생산물이 일정하다고 가정할 때 수요가 증가하거나 자연재해로 인해서 공급이 줄어들게 되면 생존을 위해서 전쟁이나 수탈은 어쩔 수 없는 선택이 되곤 했다.

산업혁명은 이러한 생존의 시대를 성장의 시대로 변화시키는 핵심적 역할을 했다. 산업혁명에 성공한 국가들은 생산성의 급속한 확장을 경험하였다. 또한, 이들은 생존의 시대에 부(wealth)를 위해 필수적이었던 노예나 약탈이 없이도 안정된 생활을 누릴 수 있게 되었다. <그림 1>에서 보는 바와 같이 산업혁명의 시초였던 영국의 경우 1800년대까지 거의 경제성장이 일어나지 않았지만, 19세기부터 본격화된 경제성장은 1인당 GDP를 2천달러에서 최근 3만달러 이상으로 폭발적으로 높였다.

하지만, 대전환기에 대한 1차 경고는 이미 1970년대부터 시작되었다. 로마클럽(Club of Rome)은 성장의 한계(The Limits to Growth, 1972)를 발표하면서 현재 성장방식과 자원사용 방식의 변화가 없다면 100년 이내에 인구와 산업 생산 역량의 급속한 감소를 경험할 수 있음을 경고한 바 있다. 지난 200년은 성장의 관점에서 놀라운 시간이었지만, 동시에 탄소배출 역시 지구가 경험하지 못했던 수준으로 급증했던 시기이기도 했다. 이 책의 2004년 개정판인 "Limits to Growth-The 30—Year Update"에서 1972년 저자이기하였던 도넬라 메도스(D. Meadows)는 지난 30년 동안 인류가 이 경고에 귀를 기울이지 않고 시간을 낭비했음을 지적한 바 있다.

그림 1 영국의 경제성장과 지구적 탄소배출 추이[2]

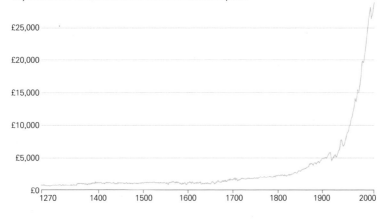

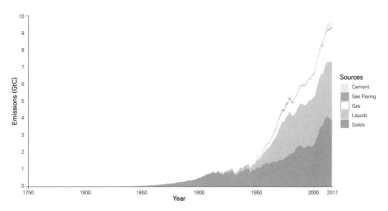

성장의 한계를 지적하는 이들은 지금까지의 성장이 과도한 미래
자원에 대한 활용(때로는 착취)으로 인해 사회경제뿐 아니라 생태적
지속가능성을 낮추었다고 비판한다. 기후변화에 관한 정부 간 협의

2 상단 출처: https://ourworldindata.org/grapher/gdp-per-capita-in-the-uk-since-
  1270 (2023년 2월 25일 접속); 하단 출처: Gilfillan & Marland(2020).

체(Intergovernmental Panel on Climate Change, IPCC)의 지구 온도 1.5
도 상승에 대한 경고는 이미 현실로 다가왔으며, 그 징후들이 북극
부터 국토의 1/3이 잠긴 파키스탄 등 지구 곳곳에서 나타나고 있다.

성장의 한계는 비단 기후변화에서만 감지되는 것은 아니다. 실제
성장률이 심각하게 정체되고 있고, 생산성의 증가율 역시 지속적인
정체를 경험하고 있다. 물론, 이러한 결과는 각 국가들이 기후변화
를 대응하기 위해서 탈성장(de-growth)적 관점을 가지고 사회경제
체제를 운영했기 때문은 아니다. 성장중심의 관점은 변한 적이 없
다. 그럼에도 불구하고, 역설적이게도 성장률은 지속적으로 줄어들
고 있다.

<그림 2>에서 보여주는 바와 같이 산업혁명 이후 인터넷과 정
보통신 혁명까지 꾸준히 자본주의는 진화해왔지만, 성장률은 낮아지
고 있다. 2020년은 코로나19로 역성장을 기록하였지만, 2020년 이후
잠시 회복된 현재에도 미래 성장률을 낙관적으로 전망하는 국제기구
나 학자는 거의 없다. Jackson(2019) 역시 후기성장(Post-Growth) 사
회에서의 도전들을 논의하면서 1970년대 이래로 지속적으로 낮아지
는 성장률을 실증적으로 보여준 바 있다. 우리나라의 경우에도 2022
년 KDI의 장기 경제성장률 전망에 따르면 2050년의 성장률이 0.5%
까지 낮아질 것이라 예상하고 있다.[3]

---

3 https://www.kdi.re.kr/research/analysisView?art_no=3421 (2023년 2월 25일 접속)

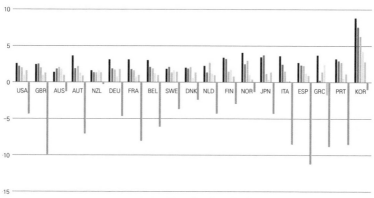

그림 2 1970년대부터 2020년까지의 경제성장률의 변화[4]

■70s ■80s ■90s ■00s ■10s ■20s

그런 의미에서 대전환기의 특징은 더 이상 '성장'을 당연한 것으로 여기는 것이 쉽지 않다는 점을 내포하고 있다. 성장이 더 이상 당연하지 않는 것에는 여러 이유들이 있지만, 그 중 핵심적으로 논의되는 요소는 생산성이다. 생산성 증가율이 지속적으로 낮아지고 있다는 점이다. 지난 10년 동안 대부분의 선진국들은 생산성 증가율이 지속적으로 하락하였는데, 영국의 경우 거의 0%에 가까우며 'productivity puzzle'이라는 말을 만들어내기도 하였다[5](McKinsey Global Institute, 2018). 이는 단순히 경제구조 자체에서 오는 것을 넘어서 인구구조의 변화, 불평등의 증가, 부채의 증가 등이 복합적으로 얽힌 결과이기도 하다(Gordon, 2012; IMF, 2017).

경제영역에만 대전환기의 징후들이 있는 것은 아니다. 성장의 감소 혹은 성장에 대한 압박이 얼마나 정치적 영역에 영향을 미치고

---

4 https://data.oecd.org/gdp/real-gdp-forecast.htm (2023년 1월 30일 접속)
5 https://www.ons.gov.uk/employmentandlabourmarket/peopleinwork/labourprod uctivity/articles/ukproductivityintroduction/januarytomarch2019 (2023년 2월 25일 접속)

있는지는 더 정밀한 연구가 필요할 것이다. 하지만, 성장의 전망이 밝을 때와 그렇지 않을 때 이웃과의 관계는 차이가 있을 수밖에 없다. 마치 생산성이 증가가 없던 생존의 시기와 유사하다. 경제적으로 앞서 나가는 국가들이 더 이상 앞으로 치고 나가지 못하고, 추격하는(catching-up) 국가들이 성장하며 어깨를 나란히 하게 될 때 이웃은 협력자에서 경쟁자로 변화하게 된다. 2007~2008년 경제위기 이후 수면 위로 나타나는 자국민 중심주의에 기반한 미국-중국 갈등과 같은 국가 간 경쟁들이 세계 정치경제 질서의 불확실성을 높이고 있다. 동시에 자국민 중심주의가 일국 내에서는 극우주의와 포퓰리즘의 정치를 키워내고 있다. 영국이 유럽연합을 떠나기로 한 '브렉싯(Brexit)'이나 미국에서 일어난 '백악관 공격(Capitol Attack)'은 이러한 변화들을 반영하는 일화들이다.

제로성장(zero-growth) 압박이 증가하는 것과 더욱 더 가속화되는 디지털화는 일면 역설적이다. 구글의 기술발전과 최근 'ChatGPT'의 등장은 편리함과 동시에 우리 삶의 불확실성을 가중시키고 있다. 디지털 혁명의 가속화가 성장을 견인하지 못하는 '생산성의 역설(productivity paradox 혹은 Solow paradox)'은 상당한 관심을 받고 있지만, 그 원인에 대한 설명이 현재 그다지 명쾌하지는 않다. 물론, 디지털화가 우리 삶에 가격으로 환산되지 않는 다양한 혜택을 주고 있다는 브린욜프슨 등(Brynjolfsson et al., 2019)의 주장은 상당한 근거가 있다. 저자가 구입한 1990년대 컴퓨터와 최근에 구입한 컴퓨터는 모두 약 2백만원이지만, 그 성능과 편의성은 엄청난 차이가 있다. 또한, 무료로 사용하고 있는 메시지나 동영상 관련 서비스들을 고려할 때 디지털화가 삶의 편의성을 높이고 있는 것은 맞다.

하지만, 디지털화가 모두 긍정적으로 작용할 것인가에 대해서는 의문이 있다. 디지털화가 급속히 진행된 지난 20년 동안 생산성은 오히려 줄어들었다. 그리고 불평등은 더욱 증가했다. OECD의 생산성 연구에서 Andrews et al.(2016)는 소수 프론티어 기업과 그렇지 못한 기업 간의 생산성 격차가 급속히 확장되었음을 보여주었다. 디지털화가 전체 사회의 생산성을 높이지 못하고, 소수의 기업과 그 내부 종사자에게만 혜택을 제공하고, 낮은 생산성을 벗어나지 못하는 서비스 산업에 종사하는 이들이나 기업들은 실질적인 혜택을 크게 누리지 못하는 경향을 보인다. 이러한 상황에서 소수 기업의 생산성 확대가 국가적 차원에서의 발전으로 이어지는 것은 어렵다. 오히려 증가하는 불평등은 한 사회 내에 끊임없는 갈등과 긴장관계를 불러일으킬 수 있다.

ChatGPT로 시작된 AI(artificial intelligence)에서 AGI(artificial general intelligence)로의 진화는 진정한 노동시장의 대전환을 가져올 수 있다. AGI의 출현이 인간의 진보를 완성하는 방향으로 갈 수도 있지만, 대다수 직업과 고용의 불안정을 증가시키면서 개인들의 후생을 감소시키는 핵심적 요인이 될 수도 있을 것이다.

인간의 노동력을 대규모로 대체할 수 있는 기술을 목도하고 있는 지금, 전 세계적으로도 유래를 찾기 어려운 수준의 출산율을 걱정하고 있는 우리 현실은 또한 역설적이다. 즉, 한편으로는 기술이 노동을 얼마나 대체할지에 대한 걱정을 하고, 다른 한편으로 가까운 미래에 사회경제를 지탱할 수 있는 노동력이 충분한지에 대한 걱정을 동시에 하고 있는 것이다. 5천만 인구가 오랫동안 유지되어 왔던 것은 아니다. 지난 70년 동안 한반도 인구는 2천만에서 거의 8천만으로 증가했다. 이제 인구성장 시대에서 감소시대로 이미 접어든 것이다. 문제는 감소의 속도가 너무 빠르다는 점 그리고 감소는 우리가 지금까지 유지해왔던 '성장'의 패러다임을 급속도로 흔들 수 있다는 점이다. 특히, 1960년대와 70년대의 3천만대 인구와 미래의 3천만대 인구는 구성에 있어서 큰 차이가 있다. 아동과 젊은 층이 아닌 노년의 인구가 대부분이 될 것이라는 점이다. 이러한 경험해보지 못한 대전환은 우리에게 어떠한 숙제를 던져줄 것인가?

이러한 다양한 변화의 요소들을 종합해보면 현재가 대전환기가 아니라고 말할 수 있는 사람은 많지 않다. 그렇다면 이 대전환기는 위기인가 기회인가? 경험해보지 못한 불확실성을 기회라고만 단정 짓는 것은 쉽지 않다. 하지만, 비관주의가 지배하는 것이 이성적 사고의 산물인 것은 아니다. 옥스퍼드 대학의 대니 돌링(Danny Dorling)은 그의 슬로다운(Slowdown)[6]이라는 저서에서 이러한 대가속 시대의 종말(The end of Great Acceleration)이 우리의 삶과 지구에 더 좋을 수 있다고 주장한다. 그와 같은 주장을 하는 이들의 이야기를 좀 더 정확히 표현하면 '낙관적'이라기보다는 '우리가 하기 나름(It depends!)'이라는 주장이다.

대전환기의 정책: 증거기반정책을 넘어

'우리가 하기 나름'이기 때문에 정책(public policy)은 그 어느 때보다 중요하다. 정책은 하이덴하이머 등이(Heidenheimer et al., 1983) 말한 바와 같이 '사회적 선택의 정치(Politics of Social Choice)'라고 할 수 있다. 우리가 어떤 정책을 어떠한 방향으로, 누구를 대상으로,

---

6 그의 홈페이지에서는 슬로다운에 대한 다양한 근거들을 직접 확인할 수 있다. https://www.dannydorling.org/books/SLOWDOWN/Illustrationshtml#_ (2023년 2월 25일 접속)

어떻게 변화시킬 것인지에 따라서 대전환기의 파고를 타고 더 빠르게 전진할 수도 있고, 대전환기를 거스르며 고통의 시간을 보낼 수도 있을 것이다. 하지만, 사회적 선택은 그렇게 아름답고 유연하게 이루어지지 않는다. 우리와 그들의 선호가 다르고, 그와 그녀의 선택에 대한 선호가 다른 경우가 많다. 그렇기 때문에 정책결정을 어떻게 하는지가 숙제가 된다.

대전환기를 맞이하는 정책결정에 대한 출발점은 증거기반정책(evidence-based policy)이다. 증거기반정책은 영국 신노동당(New Labour)에 의해서 제기된 이후 현대 행정의 핵심 패러다임이라고 할 수 있다. 당시 영국 정부는 행정과 정책의 현대화(modernisation)를 주창하면서 정부의 정책은 가장 최선의 결과를 도출하기 위해서 충분한 증거에 기반해 기존 정책을 평가하고 정책적 의사결정이 되어야 함을 주장했다(Sanderson, 2002). 20세기 동안 서구를 지배해왔던 그리고 현재 대한민국을 여전히 지배하고 있는 의견기반(opinion-based)나 이데올로기기반(ideology-based) 정책결정을 넘어 증거의 중요성을 최우선에 두고 여러 정책에 적용한 바 있다. 이러한 흐름은 OECD와 같은 국제기구나 미국과 호주와 같은 서구 국가들에서 공통적으로 받아들여졌다(Davies, 2012).

증거기반정책은 대전환기에도 여전히 중요한 패러다임이 되어야 한다. 하지만, 동시에 그 한계점에 대해서도 충분한 인지가 필요하다. 대전환기의 핵심적 특징은 불확실성(uncertainty)이며, 좀 더 확장하면 'VUCA(변동성^{Volatility}, 불확실성^{Uncertainty}, 복잡성^{Complexity}, 모호성^{Ambiguity})'라고도 할 수 있다. 증거의 효과성은 사회경제체제가 안정된 균형(stable equilibrium) 상태로 유지되는 상황에서 그 영향력이 크다. 더 먼 과거가 어제와 같고, 어제가 오늘과 크게 다르지 않고, 또한 오늘이 내일과 크게 다르지 않은 점진적 변화가 예상될 때, 그리고 균형 상태가 유지될 때 증거의 영향력은 커진다. 어제의 증거가 오늘을 말하고, 내일의 결정에 함의를 주기 때문이다. 하지만, 불확실성은 현재의 균형에 균열을 내고, 불완전 균형을 만들며, 때로는 급격한 단절을 만들어내기도 한다. 그러한 급격한(disruptive) 변화가 예상되는 시기, 즉 어제와 오늘이 질적으로 다를 가능성이 높아질수록 증거의 역할은 제한될 수밖에 없다. 그런 시기에는 충분한 증거를 가지고 있지는 않지만, 새로운 아이디어(idea)의 역할이 중요하게 부상하게 된다.

또한, 불확실성과 불평등이 높은 사회가 될수록 '공공'의 영역은 위협을 받게 된다. 즉, 모두를 위한, 투명하고, 공개적인 공공의 장이 위협받을 수 있다는 것이다. 어려운 시기 증거는 더욱 복잡해질 수 있고, 소수만이 이해하고, 생산하며, 해석하게 될 경우 증거기반 정책은 누군가에 의해 통제된 방식으로 갈 위험이 있다(Strassheim and Kettunen, 2014). 제도 도입의 시기에 주로 이루어지는 규범적 논의나 필요성에 대한 논의와 제도가 이미 복잡하게 발전된 이후 개혁에서 이루어지는 논의는 대중의 접근성에서 큰 차이를 보인다. 후자에서는 복잡하고 수리적인 증거들이 동원되는 경우가 많고, 때로는 전문가들 중에서도 소수만이 충분히 이해하는 경우도 많다. 증거에만 몰입하여 정책이 추진될 경우 과연 모두를 위한 정책이 이루어지는지에 대한 우려가 함께 높아질 수 있다. 좋은 증거가 생산이 된다고 해도 그것을 받아들이지 않는 사회적 비합리성이 발현될 수도 있다.

최영준 외(2016)의 연구에서는 불확실성이 강한 상황에서의 계획(planning with complexity; Innes and Booher, 2010)은 증거영향정책

(evidence-informed policy)을 펼쳐야 함을 주장한 바 있다. 최선의 증거가 여전히 필요하며 동시에 불확실성을 감안하여 내용적 합리성을 넘어 협력적 합리성(collaborative rationality)이 필요하다는 것이다. 즉, 증거가 채우지 못하는 불확실하고 변동성이 높은 공간을 투명하고 민주적인 과정이 채울 수 있다는 것이다. 즉, 숙의적 정책결정 과정을 통한 공동의 결정이 필요하다(Nevo and Nevo, 2011). 증거는 의사결정을 제한하는 역할을 하는 것이 아니라 이를 풍부하게 (enriched) 하는 역할을 하게 된다(Epstein, 2009). 이를 통해 정책은 다시 제대로 된 '사회적 선택의 정치'가 된다.

대전환기의 네 가지 키워드: 성장, 분배, 가치, 그리고 성과

대전환기의 정책은 어디에나 있고, 어느 하나도 중요하지 않은 것이 없다. 경제정책, 산업정책, 환경정책, 교육정책, 복지정책, 보건정책, 고용정책, 외교정책, 과학기술정책 등 어떤 것이 더 중요하고, 더 중요하지 않고를 말할 수 없다. 이들은 개인의 삶에 직접적인 영향을 미칠 것이며, 더 똑똑하고, 더 포용적이며, 더 효율적이어야 할 것이다.

한국정책학회 30주년을 기념하며, 그리고 대전환기의 키워드를 고민하며 우리는 개별 정책의 논의로 들어가기 전에 더 근본적인 논의를 할 필요가 있다는 점을 주목하였다. 전환(transformation)의 시기이기 때문에 단순히 증거에 기반하여 개별 정책의 목표와 효과성을 논의하기보다는 보다 근본적 질문을 던져보고자 하였다. 정책이 목표하고 있는 것이 무엇인지, 정책과 규범 그리고 의사결정의 합으로 체제(regime)가 의도하는 방향과 수단이 무엇인지에 대한 근본적 질문을 던지고자 하였다. 열심히 달려가는 것도 중요하지만, 방향이 중요하다고 판단하였다.

그러면서 주목한 네 가지 키워드는 발견이 필요한 것이 아니라 재발견이 필요한 것이었다. 정책학에서 그 동안 너무 당연하게 여기며 사용해왔던 친숙하지만, 핵심적인 네 단어들을 대전환기에 비추어 다시 논의하며 '재발견' 하고자 하였다. 그들은 성장, 분배, 가치, 그리고 성과이다. 우리가 추구하는 성과가 궁극적으로 성장 혹은 분배 때로는 가치의 실현일 수 있다. 성장을 잘 해야 분배가 잘 될 수 있고, 혹은 분배가 잘 되어야 성장도 지속가능할 수 있기 때문에 두 단어도 그리 멀리 떨어져 있지는 않다. 아무런 가치가 없이 성과를 논하는 것은 의미가 없고, 어떠한 성장론도 분배론도 가치중립적일 수는 없기 때문에 이들 역시 이웃이거나 같은 몸의 다른 면의 개념일 수도 있다.

성장은 대한민국의 사회경제체제에게 가장 중요했으며, 여전히 정책의 경중 고려에 있어서 가장 우위에 있는 목표라고 할 수 있다. 우리의 지난 사회경제체제는 종종 개발주의(developmental) 체제 혹은 생산주의적(productivist) 자본주의로 표현되곤 한다(Holliday, 2000). 이는 국가주도성장(state-led growth)를 특징으로 하고, 다른 사회적 목표들이 경제성장이라는 목표에 종속되어 있는(subordinate to economic growth)로 표현되기도 한다. 이러한 체제가 추구했던 성장의 목표는 최근 자유주의적 국가의 단계에서도 여전히 그 입지를 공고히 하고 있다. 매년 'GDP'로 대표되는 경제성장률은 국정에 대한 평가에 있어서 가장 중요한 위치를 차지하고 있다.

성장이라는 목표는 한국사회를 제3세계에서 제1세계로 이동하는 데 핵심적인 역할을 했다. 1990년대 소위 'IMF 위기'에도 불구하고

1인당 GDP 1만달러 시대를 열었으며, 이후 20년이 지나며 지금은 3만달러를 넘게 되었다. 세계 시장을 석권한 대기업들이 나오고, K-콘텐츠는 디지털화와 함께 세계에서 가장 광범위하게 소비되는 문화가 되었다. 1950년대와 1960년대 세계에서 가장 저발전국가이자 해외원조로 국민들의 복지가 유지되던 시기에 비했을 때 상전벽해에 가까운 성장을 이룩했다. 이에 대한 경험이 가장 분명하기 때문에 이러한 성장방식을 전환하자는 주장은 쉽게 받아들여지기가 쉽지 않다.

첫 번째 성장에 대해서 두 분의 저자들은 다른 관점에서 미래의 방향을 제시하고 있다. 문태훈의 경우 지금의 성장이 지속가능하지 않으며, 성장의 이면에 분배나 환경적 차원에서 부정적 영향을 미치고 있다고 진단하고 있다. 성장이 문제를 해결하는 것이 아니라 문제의 원인이라는 점을 명확히 한다. 그러면서 지속가능한 성장을 넘어 동태적 균형발전으로 나아가야 한다고 주장한다. 녹색성장론(green growth)에 가까운 지속가능한 성장의 경우에도 현재 지구의 생태적으로 유지가능한 탄소제로 목표를 달성하기에는 거리가 멀다는 것이다. 그렇기 때문에 "자본과 인구는 지구가 허용하는 적정수준에서 안정화되는 정상상태(steady state)의 경제를 통해서만 생태계와 경제시스템을 지속시킬 수" 있다고 것이다. 정상상태 경제를 위한 기본자원에 대한 한계총량-경매-거래제도, 생태세금 개혁, 불평등 제한 등 허먼 데일리(Herman Daly)의 10가지 정책 제안을 제시하고 있다.

반면에 이영성은 성장이 지금까지 우리 사회와 선진국에 가져온 여러 성과들에 주목한다. 성장을 이룩한 곳에서 국력 및 경쟁력이 올라가고, 그렇지 못한 곳에서는 국가 위상 역시 추락함을 일본, 북한, 러시아의 예를 들어 설명하고 있다. 또한, 질적인 성장도 양적인 성장이 바탕이 되어야 한다는 점을 국내 지역의 자료를 활용하여 주장하고 있다. 국가의 최우선 가치는 성장이 되어야 하고, 성장이라는 바탕 하에 국민들의 건강과 인적자본의 개발과 활용이 이루어질 수 있기 때문에 환경에 대한 고려가 성장을 해치는 것은 바람직한 상황이 아니라고 주장한다.

이영성이 전통적 성장론에 가깝고, 문태훈의 정상경제론이 탈성장론에 가깝다면 토론자들인 구교준과 이주하는 두 입장 중간에서 녹색성장론과 포용성장론에 가까운 주장을 하고 있다. 문태훈의 글을 중심으로 토론문을 작성한 구교준의 경우 빈곤과 환경의 관점에서 성장은 여전히 유효함을 주장한다. 빈곤의 문제는 성장의 문제가 아니라 분배의 문제라는 점에서, 환경의 경우 정상상태라는 경로 이외에 기술혁신이라는 경로가 기후위기를 대응할 수 있다는 점을 핵심으로 지적하고 있다. 이를 통해서 녹색성장의 관점과 더 나은 분배체계가 현재의 성장을 유효하게 하며, 여전히 더 나은 사회를 만들 수 있다고 주장한다. "성장은 가치중립적이며 따라서 죄가 없다"는 것이다.

이주하는 문태훈의 주장에 대해서는 실현가능성의 차원에서, 이영성의 주장에 대해서는 현재 성장 패러다임이 지역의 (균형) 발전을 실제 가져오고 있는지에 대한 질문을 던지고 있다. 이와 함께 문태훈과 이영성 주장 사이에 존재할 수 있는 국제기구의 포용적 성장론(Inclusive growth), 임금주도성장(wage-led growth), 그리고 최근 LAB2050에 의해서 제안된 참성장전략(Genuine Progress Strategy)를 논의하며 성장체제와 복지체제가 선순환하며 상보성(complementarities)이 높은 방안의 가능성을 제시하고 있다. 동시에 이를 위한 현실적

어려움을 논의하며 마치고 있다.

두 번째 키워드는 분배다. 분배는 성장과 함께 정책담론의 중심부에 위치하고 있었지만, 성장만큼 중요성을 인정받지 못한 것도 사실이다. 하지만, 지난 20년 동안 분배의 중요성에 대해서는 사회적 합의가 확장되고 있으며, 성장만큼 중요한 정치적 의제가 되기도 하였다. 지난 20년 동안 도입되었던 다양한 수당제도나 사회서비스 등은 20세기에 상상하기 어려웠던 '분배'제도의 발전이었다. 또한, 10년 동안 진행되었던 보편적 복지에 대한 논쟁이나 지난 5년 사이에 부상된 기본소득 논쟁 역시 분배의 중요성을 반영한다. 즉, 단순히 누가 우리 사회에서 취약한지에 대한 협의적 개념의 '복지' 논의를 벗어나 어떠한 복지가 더 좋은 사회를 만드는지, 디지털화 등 산업구조조정 시기에 어떠한 분배체제가 변화하는 생산체제와 더 정합성 높은가에 대한 논의가 필요하다.

앞서 성장 논쟁에서는 탈산업화와 디지털화가 분배를 악화시키는 것인지, 성장과 별도로 분배가 제 역할을 하지 못하는 것인지가 중요한 논쟁점이었다. 분배 논쟁에서는 대전환기에 분배의 핵심 이슈는 무엇이며, 어떠한 방식으로 이를 접근하는 것이 올바른 정책인가는 또 다른 논쟁이다. 이에 대해 박기성과 이원재는 접근과 정책 대안에 있어서 상당한 차이가 있는 접근을 시도하고 있다.

박기성에게 현재의 문제는 현 분배의 핵심 이슈는 빈곤이며, 빈곤의 문제를 해결하지 못하는 것은 현 정책의 한계이다. 이 문제를 해결하기 위해서 기본소득과 같은 대규모의 재원이 들어가는 방식이 아닌 밀턴 프리드먼이 제안했던 음의 소득세(negative income tax)와 유사한 안심소득제를 제안하고 있다. 현재 국민기초생활보장제도가 중위소득의 30%(생계급여) 정도에 지나지 않는 데 비해서 안심소득은 중위소득 최대 100%까지 확장해서 음소득세율과 유사한 안심소득 지원율(예를 들어, 50%)을 적용하는 방식을 제안한다. 즉, 중위소득 100%에 부족한 금액의 50%를 지급하는 것이다 전혀 소득이 없는 이들은 중위소득(예를 들어 6천만원일 경우)의 50%(3천만원)를 받아가고, 소득이 있는 이들의 경우 중위소득과의 부족분 중 50%를 받게 되는 방식이다. 이러한 방식을 통해서 분배의 획기적 개선을 시도함과 동시에 근로의욕을 높이는 분배방식을 설계할 수 있다고 주장한다.

반면에 이원재가 바라보는 분배 혁신의 원인은 보다 근본적이다. 그는 중산층의 중요성 논의에서 출발한다. 중산층은 사회통합과 연대의 핵심이고, 정치에서 협치를 가능하게 한다고 적시하고 있다. 하지만, 중산층은 꾸준히 줄어들고 있고, 디지털화를 비롯한 변화하는 환경을 감안할 때 노동시장에서의 1차 분배에 의존했던 분배체계로는 중산층의 축소와 양극화를 막을 길이 없음을 주장한다. 그는 지금까지의 실증자료 및 행위자 기반 모형 분석도구를 통해 도출된 모의실험 결과를 제시하며 이러한 주장을 뒷받침하고 있다. 그렇기 때문에 중산층을 두텁게 할 수 있는 새로운 분배체계가 필요함을 역설하고 있다. 저소득층에게만 집중하는 방식이나 고용창출을 통해서 중산층 복원을 시키는 것은 어렵다고 지적하며, '선분배 (pre-distribution)'에 국가가 적극적으로 나서야한다고 역설한다. 그의 글에서 자세하게 다루고 있지는 않지만, 기본소득은 선분배의 대표적인 예가 될 수 있다.

이들의 발표문에 대해서 신동면은 '순수주의'를 넘어설 필요가 있다고 지적한다. 기본소득을 옹호하는 이들의 글귀를 인용하면서 "지나친 순수주의적 접근이야말로 현실적으로 아무것도 하지 못하게 만드는 최고의 비법이다"라고 지적한다. 그러면서 한편으로는 보편적 기본소득론이 가지고 있는 '순수주의'에 대한 우려와 함께 안심소득이 가질 수 있는 자산이슈나 기초연금 등 '디테일'들의 우려도 동시에 표출하고 있다. 짧은 토론문에 다루고 있지는 않지만, 신동면은 현재의 사회보험을 중심으로 하는 사회보장체제에 현 체제에서 배제될 가능성이 높은 중저소득자들을 위한 별도의 최저소득보장제를 결합하는 안을 새로운 분배체계로 옹호하고 있다. 안미영 역시 보편적 기본소득이 중산층의 안녕에 반드시 필요한 사회투자제도와 어떻게 결합이 될 수 있는지, 안심소득이 의도한 바대로 실현되기 위한 구체적 사항들을 어떻게 만들어갈 수 있는지에 대한 질문을 던지고 있다. 추가하여, 새로운 분배체계는 계층만의 고려를 넘어 젠더와 세대 문제까지 확장될 필요가 있다고 주장한다.

거시적 차원에서 성장과 분배 중 무엇이 우선인지에 대한 논쟁이 지속되었다면, 긴 시간 동안 중요성에 비해서 깊게 다루어지지 않았던 정책의 지점은 가치이다. 가치는 우리가 하는 행동과 절차에 의미를 부여하며, 또한 우리가 지향하는 궁극적 지향점을 제시해주기도 한다. 그리고, 우리가 지금 어떠한 방식으로 의사결정을 해야 하는지에 대한 나침판의 역할이 되어주기도 한다. 그런 의미에서 가치는 정책에서 차지하는 위치는 절대적이다. 그럼에도 불구하고, 가치는 실용적 정책추진의 과정에서 잊혀지기도 하였으며, 그 모호성으로 인해서 '어디에나 있지만, 어디에도 없는' 주제가 되었다. 하지만, 최근 정부 및 기업에서 사회적 가치와 ESG 경영에 대한 논의가 확장되면서 다시 '공공가치는 무엇인가'라는 질문이 던져지고 있다.

이러한 배경에서 임의영은 대전환기를 맞이하여 우리는 지금까지 정책 논의에서 주된 논의 대상이었던 공공가치를 다루었고, 정명은은 대전환기에 가치 논쟁을 다시 불러일으킨 사회적 가치에 대해서 논의하였다. 임의영은 공공가치를 윤리론의 핵심인 칸트의 의무론과 밀의 목적론을 종합하여 개념화를 시도하였다. 일반적으로 의무론은 '의무'/'옳음'을 강조하고, 목적론은 '결과'/'좋음'을 중시한다는 차원에서 대립적 관점을 가진 것으로 해석된다. 하지만, 임의영은 공공가치를 공동체의 보편성 검증을 통과한 것으로 보는 의무론적 관점과 공동체의 최대행복과 그것에 기여하는 것으로 보는 목적론적 관점을 결합하여 "공동체의 최대행복과 그것에 기여하는 것으로 공동체의 보편성 검증을 통과한 것"으로 공공가치를 개념화하고 있다. 실제 이 두 윤리론은 '자유'에 대한 강조나 공개성 원칙이나 민주주의와 공적토론에 대한 강조 등에서 상당 부분 접점이 있음을 알 수 있다. 임의영은 여전히 공공가치의 지평을 넓히기 위한 연구들이 더욱 필요함을 강조하며 글을 마치고 있다.

정명은은 사회적 가치 역시 고정된 것이라기보다는 그 사회와 공동체의 안녕이라는 관점과 함께 논의하며 만들어가는 유연성을 인정하는 점에서 임의영의 공공가치 개념화 유사성을 가진다. 사회적 가치를 공공가치와 차별되는 무언가로 정의하려는 강박이나 변치 않는 정의를 내려야 한다는 압박에서 벗어나 어떻게 하면 변화하는 맥락과 이해당사자들이 동의할 수 있는 사회적 가치를 정의하는가에 관심을 가진다. 그런 점에서 사회적 가치를 발견하는 도구로서 국민에게 묻는 설문조사 방식이나 이항선택형 오픈 서베이를 예시로 들고 있다. 하지만, 동시에 사회적 가치가 최근 주목을 받고 있는 것은 사회적 가치가 경제적 가치에 비해서 문제가 되고 있다는 점, 그렇기 때문에 완벽하지는 않아도 이를 측정하고 정책에 반영해야 요구가 있다는 점이다. 그렇기 때문에 일부 기업이나 연구원에서 공공가치 단계에서 이루어지지 않았던 화폐화된 측정 노력이 이루어지고 있는 것이다. 그런 점에서 고정되면 안 되지만, 유동적으로 둘 수만은 없는 '가치'의 딜레마를 여기에서도 발견하게 된다.

권향원은 가치 논의가 복잡함과 "또렷하지 않음"이 존재하지만, 이러한 특징은 가치를 논의함에 있어서 "다양성과 변화의 흐름을 포용하는" 장점이 되어야 함을 주장한다. 오히려 특정한 시각에서 고정된 정의와 이를 기반으로 하는 정책 접근이 문제가 될 수 있음을 주장하고 있다. 하향식의 연역적 접근 자체가 공공성을 저해할 수 있는 요소이기 때문에 '부지런한 귀납법'이 필요하다는 것이다. 이은선은 공공가치와 사회적 가치가 개념적으로 유사한 측면이 있지만, 각각에 대한 논의의 뿌리가 차이가 있음을 지적하고 있다. 특히, 사회적 가치의 논의는 기업에서 주로 활발히 논의가 되었기 때문에 '공공'의 틀로 해석이 가능할 것인지에 대한 의문을 던지기도 한다. 하지만, 최근 우리사회의 가치논의를 이끌고 있는 사회적 가치가 공공가치에 비해서 보다 실용성을 강조하며 '측정'과 '지표'에 대한 논의가 풍부하게 이루어지고 있음을 지적한다. 그러면서 이러한 사회적 가치의 논의가 공공가치를 개념화하고 실제적으로 활용되는 데에도 도움을 줄 수 있다고 주장한다. 이에 대한 행정학 및 정책학의 더 많은 관심을 요구하고 있다.

대전환기를 맞이하며 정책이 주목해야 하는 마지막 키워드는 성과다. 성과는 정책의 목표이다. 그리고 정책의 목표는 우리 삶의 안녕(well-being)이고, 우리 사회와 국가의 발전이기도 하다. 그것이 국가 존재의 목적이다. 그렇기 때문에 목적을 어떻게 정하고 그것을 어떻게 평가하며, 그 결과로 정책개혁을 얼마나 합리적이고 효과적으로 수행하는지에 따라 국가의 질(quality)은 달라질 수 있다. 앞선 성장이나 분배 그리고 가치는 그 목적이 될 수 있다. 하지만, 이미 논의한 바와 같이 성장도 분배도 제대로 되고 있는지 많은 이들이 의문을 표하고 있으며, 공공의 가치가 제대로 정책에 반영되고 있는 지에 대해서도 비판적 시선을 보내고 있다. 그렇다면, 정책의 성과와 그 성과를 평가하는 시스템에 모종의 문제가 있을 것이라 생각할 수 있다.

이러한 배경에서 성과에 대해서는 네 명의 학자들이 다양한 관점에서 현재의 성과평가에 대한 비판적 견해를 제시하고, 대안을 논의하였다. 우리가 정책을 제대로 운영하고 있는지, 어떻게 정책을 변화시킬 것인지에 대한 네비게이션(navigation) 역할을 하는 것이 평가이다. "정부정책은 평가에서 완성되고, 평가를 통해 더 좋은 정책을 다시 만들어"(우윤석의 장) 간다. 하지만, 현재 '평가'에 대해서 저자들은 공통적으로 문제점이 많다고 지적하고 있다. 그 문제점은 보다 구조적인 문제부터 시작하여 미시적인 평가제도적 차원의 문제까지 포괄적으로 지적되었다. 구민교는 결과보다는 '적절성의 논리'가 압도하는 현 상황의 우려로 논의를 시작된다. 낡은 제왕적 대통령제가 유지되면서 "공무원은 경제와 정치시장의 조력자로 배가 흔들릴 때마다 균형을 잡아주는 평형추" 역할을 제대로 하고 있지 못하고 진단한다. 여기에 잦은 정부조직 개편의 폐해와 정권교체 때마다 바뀌는 정책기조 등은 평가가 정책을 완성하는 도구로 활용되지 못하는 배경이 되고 있다는 것이다.

박형준은 "조직구성원이 자신이 수행하는 역할을 충실히 할 경우 자연스럽게 상위목표가 달성되고, 궁극적으로 조직과 기관의 비전과 미션을 달성하는" 상태가 가장 바람직한 평가체계라고 바라본다. 하지만, 이러한 관점에서 현재 우리의 평가체계는 과도하게 수직적이고 분절적으로 이루어져 있음을 지적하고 있다. 한 정책은 다른 정책과 다양한 방식으로 연계되어 있고, 상호보완성을 가지고 있다. 그런 차원에서 더 좋은 결과와 성과를 위해서는 수평적인 조정을 통해서 정합성을 높이고, 성과목표를 함께 달성하려는 노력이 필요하다. 박형준은 이러한 생각에 기반하여 동적성과관리 및 협력적 성과관리가 필요하다는 주장을 한다. 또한, 성과관리 체계가 과거와 같은 성장을 가정하는 것이 아닌 저성장을 가정하여 수립되어야 함을 지적한다.

우윤석 역시 정치 지형에 따라 좌우되는 성과평가에 대한 우려와 제대로 된 '성과'를 측정하지 못하고 있는 현재 체계에 대한 우려를 표하고 있다. 그는 다양한 성과평가와 지표의 예를 통해서 성과지표의 대표성에 대한 비판을 하며, 이러한 상황에서 평가를 신뢰할 수 있는가에 대한 의문을 표한다. 특히, "VUCA(Volatility, Uncertainty, Complexity, Ambiguity)"로 대표되는 대전환기에 정치 지형에 따라 주어진 일을 하고 연도별로 평가를 받는 것이 얼마나 타당한 것인지에 대해 비판하고 있다. 결과적으로 성과에 대한 제대로 된 평가를 위해서는 장기적 관점을 가지고 접근해야 하며, 정책의 성격에 따라서 다양한 방식의 성과평가를 통해서 실효성을 높여나갈 필요성이 있다고 주장한다.

최영준은 자살율이나 출산율 등 상당수의 우리의 사회지표가 거의 20년 동안 OECD에서 가장 낮았었고, 성과평가 제도가 있었음에도 불구하고 왜 좋아지지 않았는가라는 질문으로 시작한다. 그의 문제제기는 박형준이 언급한 협력적 성과관리 부재나 우윤석 지적과 같이 문제의 본질을 파악하지 못해 타당도가 낮은 성과지표의 부재에서 그 원인을 찾는다. 그는 영국의 공공서비스협정(Public Service

Agreement) 사례를 설명하면서 어떻게 협력적 성과관리가 현실에서 가능할지, 그리고 왜 우리가 이 사례에 주목할 필요가 있는지를 설명하고 있다.

질곡을 넘어 미래로

미래 정책의 네 가지 키워드는 전환기에 있지 않아도 이미 어려운 질문이다. 그런데 우리는 이 네 가지 키워드에 대한 질문을 대전환기에 던진다. 그렇기 때문에 이 논의들에 참여한 저자들이 하나의 의견으로 수렴하며, 미래에 대한 단일한 방향을 제시하는 것을 기대하기 어렵다. 오히려 우리는 이 논의들이 대전환기 정책의 논점을 분명히 하며, 무엇을 연구하고 논쟁해야 하는지, 어떠한 증거가 필요하며, 정책결정가들은 무엇을 해야 하는지에 대한 실마리를 찾기를 바란다.

높아지는 대전환의 파고를 대처하며 우리의 삶을 유지할 수 있는 성장의 방식이 무엇인지를 찾는 것이 필요하며, 분배는 변화에는 모두가 동의하지만, 그 방향이 무엇이 되어야 하는지에 대해서는 더 정밀한 증거와 숙의가 필요함을 시사하였다. 가치는 우리가 더 깊게 지금까지 고민하지 않았다는 반성에서 출발할 필요가 있다. 동시에 가치가 규범에 갇혀있지 않고 정책의 실질적 방향타 역할을 하기 위해서 변화에 조응하는 연구와 적용이 필요함을 이야기하고 있다. 성과와 이에 대한 평가체계에 대해서는 오히려 공통된 비판점들이 발견된다. 당장 거시적인 정치체계와 문화를 변화시키지 못한다고 하더라도 변화를 이끌어낼 수 있는 더 정교하고 협력적인 성과 거버넌스가 필요함을 시사한다.

경제발전을 설명함에 있어서 '빅 푸쉬(Big Push)' 이론이 있다. 합리적 계획과 한번에 대규모 투자를 통해서 전 단계에서 새로운 단계로 전환을 이룩하는 것을 일컫는다. 외부자원이 동원된 국제개발 사례에서 가능할 수도 있겠지만, 선진 민주사회에서 빅 푸쉬는 환영(illusion)에 가깝다. 그러한 경제적 자원을 동원하는 것도, 그러한 광범위한 사회적 동의를 통한 정치적 자원을 가능하게 하는 것도 거의 불가능에 가깝다. 그렇기 때문에 시대 변화의 속도와는 관계없이 대전환기에 한 집에서 다른 집으로 이사하는 전환의 과정은 지루하며 비효율적으로 보일 수 있다. 새 집에 대한 이상형만을 강조해서는 안 된다. 이사하는 과정 동안 발생할 수 있는 모든 비용들과 수고들 그리고 혼란들에 대해서도 충분히 논의되고 숙지되어야 한다.

그러한 질곡을 한번 겪어야 새 집의 기쁨을 누릴 수 있는 것이다. 그 기간 동안 발생했던 '비효율성'은 새 집에 와서 돌아보면 모두의 함께 숙의했던 필수불가결한 과정으로 평가될 것이다. 만일 이사가 수고스럽고 현재의 불편을 초래한다고 거부하게 되면 서서히 소멸의 길로 갈 수 밖에 없을 것이다. 일본 학자들은 이러한 일본의 상황을 이야기 하며 약한 불 위에 놓여 있는 냄비에 갇힌 개구리로 비유한다. 당장 큰 일은 없는 것 같지만 서서히 죽어가고 있는 것이다.

하지만, 공공가치의 핵심인 이성적 토론과 공개적 숙의를 진행하기에 시대 전환의 속도가 우리를 초조하게 한다. 과학기술과 이에 영향을 받는 경제구조와 노동시장 변화 속도에 비해서 법에 기초한 정책의 변화 속도는 그야말로 '게걸음'에 가깝기 때문이다. 이 책은 그 게걸음의 시작인 작은 돌을 놓는 마음으로 기획되었다. 시작이 없으면 중간도 끝도 없기 때문이다. 여느 때보다 더 많이 벌어지고 있는 과학의 경로탈피(path-breaking)와 제도의 경로의존(path-dependency)이 좁혀지는 원년이 되기를 바라는 마음이다.

참고문헌

최영준·전미선·윤선예. (2016). 불확실성을 대처하는 증거영향행정: 멘탈모델, 증거, 불확실성의 상호관계에 대한 서설적 이해. 한국행정학보, 50(2), 243-270.

Andrews, D., Criscuolo, C., & Gal, P. N. (2016). The best versus the rest: the global productivity slowdown, divergence across firms and the role of public policy. OECD.

Brynjolfsson, E., Collis, A., & Eggers, F. (2019). Using massive online choice experiments to measure changes in well-being. Proceedings of the National Academy of Sciences, 116(15), 7250-7255.

Davies, P. (2012). The state of evidence-based policy evaluation and its role in policy formation. National Institute Economic Review, 219(1): R41-R52.

Dorling, D. (2020). Slowdown: The end of the great acceleration—and why it's good for the planet, the economy, and our lives. Yale University Press.

Epstein, I. (2009). Promoting harmony where there is commonly conflict: Evidence-informed practice as an integrative strategy. Social work in health care, 48(3): 216-231.

Gilfillan, D., & Marland, G. (2020). CDIAC-FF: Global and National CO_2 Emissions from Fossil Fuel Combustion and Cement Manufacture: 1751-2017. Earth System Science Data Discussions, 2020, 1-23.

Gordon, R. J. (2012). Is US economic growth over? Faltering innovation confronts the six headwinds (No. w18315). National Bureau of Economic Research.

Heidenheimer, A. J., Heclo, H. & Adams, C. (1983). Comparative Public Policy: The Politics of Social Choice in Europe and America. New York: St. Martin's Press, (2nd ed.).

Holliday, I. (2000). Productivist welfare capitalism: Social policy in East Asia. Political studies, 48(4), 706-723.

Innes, J. E., & Booher, D. E. (2010). Planning with complexity: An introduction to collaborative rationality for public policy. Routledge.

International Monetary Fund (2017). IMF Fiscal Monitor: Tackling inequality. October 2017. IMF.

Jackson, T. (2019). The post-growth challenge: secular stagnation, inequality and the limits to growth. Ecological economics, 156, 236-246.

McKinsey Global Institute (2018). Solving the productivity puzzle. McKinsey Global Institute.

Nevo, I., & Slonim-Nevo, V. (2011). The myth of evidence-based practice: Towards evidence informed practice. British Journal of Social Work, 41(6): 1176-1197.

Sanderson, I. (2002). Evaluation, policy learning and evidence—based policy making. Public administration, 80(1), 1-22

Strassheim, H., & Kettunen, P. (2014). When does evidence-based policy turn into policy-based evidence? Configurations, contexts and mechanisms. Evidence & Policy: A Journal of Research, Debate and Practice, 10(2): 259-277.

제 1 장

성장의 세 가지 모습: 경제성장, 지속가능발전, 동태적균형 상태의 발전[1]

Rediscovering Growth: Classic Economic Growth,
Sustainable Development and Dynamic Equilibrium State

문태훈(중앙대학교 도시계획부동산학과 교수)

요약

이 글은 성장의 세 가지 모습에 대한 비평문적인 성격을 가지는 글이다. 경제규모가 커지는 것을 경제성장이라고 한다. 경제성장에 대한 믿음과 경제성장을 위한 정부의 치열한 노력은 무엇을 위한 것일까? 가난을 벗어나고 모두가 평등하고 행복하게 잘 살기 위해서라고 한다. 그리고 우리가 당면하는 모든 문제를 해결할 수 있기 때

---

1 이 글은 2022년 4월 한국정책학회 30주년 기념 재발견시리즈 중 "성장의 재발견" 부문에서 발표되었고, 2022년 12월 한국환경정책학회지에 게재된 글을 일부 수정, 보완한 것입니다.

문이라고 한다. 정말 그럴까? 성장은 모든 문제를 해결해 줄 수 있을까? 그러면 국민소득과 무역수지 흑자는 계속 올라가는데 그 많은 돈은 다 어디로 가고, 사람들의 삶은 왜 자꾸 더 팍팍해지는 것일까? 혹시 성장이 이제는 문제의 해결책이 아니라 오히려 문제의 원인이 되고 있는 것은 아닐까? 이 글의 목적은 기존의 경제성장 모델과, 대안적 발전모델로 제시되어온 지속가능발전, 동태적 균형발전의 의미와 차이를 밝히고 우리가 원하는 현재와 미래를 위한 이론적, 정책적 함의를 찾는 것이다.

I. 서론

표준국어대사전은 성장을 1. 사람이나 동물 따위가 자라서 점점 커짐, 2. 사물의 규모나 세력 따위가 점점 커짐, 3. 생명, 생물체의 크기 무게 부피가 증가하는 일로 발육과는 구분되며, 형태의 변화가 따르지 않는 증량을 이른다고 정의하고 있다. 우리가 "경제"라고 할 때 자동적으로 따라붙는 단어는 "경제성장"이다. 경제성장의 반대말은 무엇일까? 경제축소, 경제감소, 경제쇠퇴라는 단어들이 생각나지만 뭔가 어색하다. 잘 들어보지 못하기 때문이다. 경제가 감소된 것도 "마이너스 성장"했다고 한다.

경제성장은 경제규모가 커지는 것이다. 경제성장에 대한 신앙에 가까운 믿음과 경제규모를 키우려는 정부의 치열한 노력은 무엇을 위한 것일까? 많이 듣는 이유는 가난을 벗어나고 모두가 평등하고 행복하게 잘 살기 위해서라고 한다. 그러나 정말 그럴까? 그러면 국민소득과 무역수지 흑자는 계속 올라가는데 그 많은 돈은 다 어디로 가고, 사람들의 삶은 왜 더 팍팍해지는 것일까? 경제성장은 정말 우리를 가난에서 벗어나게 하고, 빈부격차를 줄이고, 삶의 질을 높이고 행복하게 만드는 것일까? 성장관련 논의에서 성장의 모습은 적어도 세 가지 다른 모습-신고전경제학적 경제성장, 지속가능발전, 동태적 균형발전-이 논의된다. 우리는 성장논의에서 기존의 신고전학적 경제성장 논의에 지나치게 매몰되어 있는 것은 아닐까? 이 논문의 목적은 기존의 경제성장 모델과, 대안적 발전모델로 제안되고 있는 지속가능발전, 그리고 동태적 균형발전과 정상상태의 발전의 의미와 차이를 밝히면서 성장의 다양한 모습을 이해하고 대안적 발전을 위한 이론적, 정책적 함의를 찾는 것이다.

II. 성장 논의의 흐름

지금 한국과 세계는 코로나19 인수공통 전염병, 기후위기, 생물종 멸종 위기, 경제성장 둔화, 일자리 감소, 소득 양극화, 국내와 국가 간 갈등 심화 등, 심각한 문제들에 직면하고 있다. 한국은 여기에 더하여 기록적인 저출산율과 급속한 고령화, OECD 최고 수준의 청년 및 노인 자살률, 수도권과 비수도권의 극심한 불균형 발전 등 여러 난제에 직면하고 있다.

1980년대 이후 신자유주의 경제이론과 자유무역의 확산은 국경 없는 교류로 세계화를 이루었고, 세상은 4차 산업혁명으로 인공지능, 로봇, 빅데이터, 메타버스 세상으로 진화하고 있다. 그러나 왜 우리가 직면하는 문제들은 오히려 더 많아지고, 해결은 더 어려워지고 있을까?

우리 앞에 놓인 난제들은 각각 서로 다른 원인들에 의하여 발생하는 것처럼 보인다. 그러나 자세히 들여다보면 여러 문제들은 서로

가 밀접히 연결된 공통의 원인을 가지고 있는 것을 알 수 있다. 성장이 해결책이 아니라 이제는 오히려 원인이 되고 있는 것은 아닐까? 성장의 편익보다 비용이 커지는 부의 경제성장이 커지고 있기 때문은 아닐까? 세상에서 무한히 성장할 수 있는 것은 없다. 사람의 키가 무한히 성장할 수 있을까? 지구상의 모든 생물의 개체수가 무한히 성장할 수 있을까? 도시의 인구가 무한히 팽창할 수 있을까? 경제성장은 무한히 지속될 수 있을까? 한계를 넘은 과잉성장이 오히려 많은 문제를 유발하고 있는 것은 아닐까?

이런 근본적인 질문에 대한 연구는 지금까지 크게 세 갈래로 진화되어왔다. UN이 2012년 발표한 우리공동의 미래 업데이트 보고서는 지속가능성의 기본원칙과 우선순위에 대한 다양한 시각들을 주류 경제학모델, 녹색성장모델, 지속가능한 복지의 시각으로 분류하고 이를 다양한 부분에서 서로 비교하고 있다. 정리하면 <표 1>과 같다.

표 1 지속가능성과 기본원칙 및 우선순위에 대한 다양한 시각들

정치적 시각	주류경제 학모델	녹색성장	지속가능한 복지
학파	신고전경제학	환경경제학	생태경제학
기본적 정책목표	더 많은 경제성장GDP. 성장이 모든 문제를 해결	더 많은 경제성장 & 낮은 환경영향. 탄소 및자원과 에너지 디커플링	더 나은 삶. 성장에서 발전으로, 지속가능한 인간복지. 성장이 가져오는 부정적 영향을 인식
발전의 측정	GDP	GDP, 자연자본에 대한 영향을 인식	웰빙, GDP + GPI*, ISEW**

규모/한계 용량/ 환경의 역할	문제 안 됨. 시장이 자원한계를 가격과 기술발전으로 극복. 자원대체는 항상 가능	한계용량을 인지. 그러나 디커플링과 시장유인으로 해결 가능 추정	생태적 지속가능성의 결정인자로 주된 관심사. 자원과 생태계 서비스는 무한하지 않으며 한계요인
분배/빈곤	정치적. 낙수효과가 해결할 것. "밀물은 모든 배를 위로 올린다"	중요한 차원으로 인식. 경제의 녹색화가 자원 증가, 농업증진, 고용 증가로 빈곤 감소	주된 관심사. 삶의 질과 사회적 자본에 직접적인 영향. 낙수효과 가정 비판. "거센 밀물은 조그만 배를 좌초시킬 것"
경제적 효율성/ 분배	주된 관심사. 그러나 시장에서의 상품과 서비스 재화만을 대상으로 포함	주된 관심사. 자연자본의 가치를 인식하고 이를 시장 유인구조로 포함	주된 관심사. 그러나 시장과 비시장 재화, 서비스, 영향을 모두 포함. 참된 배분의 효율성을 위하여 자연과 사회적 자본 포함 강조
재산권	민간의 재산과 전통적 시장을 강조	시장의 수단을 넘어서는 수단의 필요성을 인식	공유자산 제도자로서 정부의 심판자, 촉진자, 중개자로서의 역할
정부의 역할과 거버넌스 의 원칙	정부간섭 최소화. 사부문과 시장으로 정부를 대체	자연자본의 비용 내재화를 위해 정부간섭 필요성을 인정	공유자산 관리자 정부의 중심적 역할 강조. 심판자, 촉진자, 중개자

출처: UN DESA(2012: 16)
* 참발전지수 Genuine Progress Index
** 지속가능경제복지지수 Index of Sustainable Economic Welfare

성장이론과 발전모델의 변화는 다양한 관점에서 설명할 수 있다. 그러나 UN의 분류에서 지속가능발전과 이의 학문적 논거를 생태경제학으로 보는 것은 적절치 않아 보인다. 지속가능발전론은 지속가능발전을 위해서 경제의 성장속도를 높여야 한다고 주장하지만, 환경생태학이나 성장의 한계론에서 주장하는 정상상태의 경제나 동태적 균형발전론은 성장의 속도를 높이는 방법으로는 지속가능한 발전을 달성할 수 없다고 주장하고 있기 때문이다. 이런 이유로 이 논문에서는 신고전경제학의 경제성장론 → UN을 중심으로 전개되어 온 지속가능발전론 → 성장의 한계론과 생태경제학에서 주장하는 동태적 균형발전론과 정상상태의 경제라는 크게 세 가지 관점에서 성장의 흐름으로 검토해 보고자 한다. 고전경제학과 신자유주의적 경제성장론은 무역자유화에 기반한 양적 경제성장론을, 지속가능발전론은 환경 – 사회 – 경제의 균형된 발전을, 그리고 동태적균형상태(dynamic equilibrium state)와 정상상태의 경제학(steady state economics)은 지구가 감당할 수 있는 적정 범위 내에서 양적 성장을 멈추고 질적 발전의 고도화를 주장한다.

아담 스미스(Adam Smith)의 국부론(1776)에서 시작된 고전경제학의 자유방임, 신고전학파 경제학에 기반한 시장 근본주의, 기술발전과 세계화를 통한 경제성장론, 그리고 1972년대 스톡홀름에서 개최된 유엔인간환경회의, 1987년 UN의 <우리공동의 미래>에서 시작하여 이제는 국제적인 규범이 되고 있는 지속가능발전론의 흐름, 그리고 1970년대 초반부터 제기되기 시작한 성장의 한계론, 동태적 균형발전론과 생태경제학의 주장들이 대안적 발전론으로 병렬적이고 순차적으로 발전하고 있는 모습들을 차례로 살펴본다.

1. 고전경제학과 신고전경제학의 경제성장론

주류경제학으로 발전해 온 고전경제학과 신고전경제학의 경제모델은 경제시스템을 기업과 가계로 구성되어 생산과 소비가 상호 순환적 상승관계로 작동하면서 무한한 성장이 가능한 시스템으로 보았다. 경제성장이 기반하는 자연자원은 무한한 것으로 보았고, 자원은 시장의 가격기능과 기술발전에 의해 언제나 대체가능한 것으로 본다. 또, "인간의 창의력이 무궁하기 때문에 성장도 무궁한 것"으로 보았다. 성장의 크기와 성과는 GDP로 계산되었고, GDP의 성장은 곧 국민 삶의 질의 향상과 국가발전으로 보았다.

이러한 경제성장 방식은 사람들의 평균 소득수준을 증가시키고, 많은 사람들을 기아와 가난으로부터 벗어나게 해 주었고, 문해력을 향상시키고 여성권리를 향상시켰다. 그러나 가난한 사람들의 수는 여전히 증가하고 있고, 빈부격차는 더 심각해지고 있으며, 좋은 일자리는 더 부족해지고 있으며, 경제적·사회적·정치적 갈등은 국내는 물론 국제적으로도 심화되고 있다. 그리고 기후위기와 생물종 멸종위기, 코로나 19와 같은 인수공통 전염병의 세계적 확산은 우리가 추구해 온 성장방식에 근본적인 의문을 제기하게 하고 있다.

더 심각한 것은 소비에 기반한 성장이 이제는 수요의 지속적인 감소로 공급의 성장이 둔화되고 있으며, 세계경제는 생산성 증가의 장기적인 둔화 추세로 점차 저성장 시대에 갇혀가고 있다는 것이다. 소비에 기반한 성장은 고소득 국가는 물론 개발도상국에서도 둔화되고 있다(Jackson, 2017: 45).

국가 간 비교에서 소득수준의 증가와 개인의 주관적 만족도, 기대수명, 영아사망률, 교육기간, 기대수명 증가는 일관된 정의 상관관계가 나타나지 않는 것으로 분석되고 있다. 예를 들면, 칠레보다 국민소득이 7배가 더 많은 노르웨이의 평균 기대수명이 칠레보다 낮고, 아르메니아는 미국 소득수준의 5%에 불과하지만 5세 미만 유아사망률은 미국이 훨씬 높고, 에스토니아는 일본, 아일랜드, 노르

웨이 소득의 1/5에 불과하지만 평균 교육연수는 더 높다. 경제위기 이후에도 러시아를 제외하고 아르헨티나, 남아프리카, 쿠바 등의 기대수명은 국민소득의 증감에 관계없이 꾸준히 상승하였다(Jackson, 2017: 58–78).

2. 환경적으로 건전하고 지속가능한 발전론(Environmentally Sound and Sustainable Development, ESSD)

지속가능발전은 UN 우리공동의 미래(Our Common Future)(UN WCED, 1987), 우리공동의 미래 업데이트 보고서(UN DESA, 2012), UN의 지속가능발전목표(UN–Sustainable Development Goals, UN–SDGs)(UN, 2015)로 진화하고 있다. "환경적으로 건전하며 지속가능한 발전(ESSD)" 논의는 1970년대를 전후로 당시의 급속한 공업화, 환경오염, 사회적 정치적 갈등의 심화 등을 초래하는 경제성장 방식에 대한 문제의식에서 촉발되었다.

1987년 UN 보고서 <우리공동의 미래>에서는 지난 30년간 경제성장의 공과를 다음과 같이 평가하고 있다. 1960년대 이후의 경제성장은 유아사망률의 감소, 기대수명의 증가, 성인 문해력의 향상, 취학아동 비율의 증가, 식량 생산량의 증가 등 긍정적인 성과를 낳았다. 그러나 발전과 환경관리에 실패하여 기아와 문맹자가 증가하였고 안전한 물과 적정 주거가 없는 사람이 증가하였으며, 연료가 부족한 사람의 수가 증가하였고, 부국과 빈국 간의 차이가 확대되었다. 지난 30년간 사우디아라비아 크기의 땅이 사막화되었고, 인도 크기의 삼림이 파괴되었으며, 이산화탄소 배출의 증가로 지구온난화가 진행되고 있고, 해수면이 상승하고, 오존층이 파괴되고 있으며, 제조업·농업의 오염물질 배출로 음식과 물의 오염이 증가하였다고 평가하고 있다(UN, 1987).

지속가능발전은 미래세대의 복지수준을 낮추지 않는 발전을 말한다. 미래세대의 복지수준을 저해하지 않는 발전을 위해서는 개개인의 필요를 충족해야 하지만 자원의 한계가 있기 때문에 자원에 대한 평등한 접근권이 현재 세대는 물론 미래 세대에 대해서도 보장되는 발전을 주장한다. 그리고 지속가능한 발전을 위한 제도와 조직의 필요성, 인적자원의 개발, 식량의 확보, 생물종과 생태계의 보호, 에너지 확보, 환경친화적 산업생산, 도시문제의 해결 등을 위한 정책방향과 국제적 협력의 과제들－국제경제, 지구 공유지의 관리, 평화, 군사안보에서 환경안보로의 변화, 제도와 법적 변화, 이를 위한 행동－을 제안하였다(UN, 1987).

그러나 UN ＜우리공동의 미래＞ 보고서 출간 25주년에 발간된 2012년 ＜우리공동의 미래 업데이트＞에서는 인간이 환경에 미치는 영향이 인구요인이 아니라 풍요요인과 소비구조의 영향이 더 커졌음을 밝히고 있다. 에너지효율이 1980년대에 비교하여 3배가 증가하였고, 탄소집약도도 감소하였으나 인구증가, 소득수준의 증가로 이산화탄소의 배출량은 1990년과 2007년 사이에 40%가 증가하였다. 효율성 제고가 소비증가에 의해 상쇄된 것이다. 그리고 2008년 세계경제 위기 이후 기존의 경제와 재정시스템의 큰 변화가 필요하다는 주장들이 많이 제기되었으나 기존의 성장모델은 여전히 지배적인 발전의 패러다임이 되고 있으며, 국제원조에서도 지속가능발전과 기존의 개발패러다임이 공존하고 있음을 지적하고 있다. 그리고 시장적 접근방식은 물질적 산출물을 줄이는 데 실패하였다고 평가하였다.

동 보고서는 과연 가치문제를 건드리지 않고 지속가능성이 확산될 수 있는 것인지에 대한 강한 의문을 제기하고 있다. 지난 수십년간을 지배해온 세계화의 가치와 세계화로 인한 변화는 축복과 저주가 동시에 나타났다고 평가하면서도 지속가능성의 관점에서 보면 그것은 저주였다고 평가한다. 지속가능발전에 대한 관심과 성과도 2002년 지속가능발전 세계정상회의 당시보다 오히려 더 쇠퇴했다고 평가하고 있다.

이런 과정을 거치면서 UN 지속가능발전목표는 국제사회가 동의하는 발전모델로 진화하고 있다. 지속가능발전의 개념은 1987년 <우리공동의 미래>에서 정의되었던 추상적인 개념에서 나아가 2015년 UN 지속가능발전목표가 수립되면서 "① 가난의 종식, ② 기아의 해결, 건강하고 좋은 음식과 지속가능한 농업의 확산, ③ 건강과 복지, ④ 양질의 교육, ⑤ 성평등, ⑥ 깨끗한 물과 위생, ⑦ 청정에너지, ⑧ 좋은 일자리와 경제발전, ⑨ 산업혁신과 인프라의 구축, ⑩ 불평등의 해소, ⑪ 지속가능한 도시와 공동체의 발전, ⑫ 지속가능한 소비와 생산, ⑬ 기후변화 대응, ⑭ 해양생태계 보전, ⑮ 육상생태계 보전, ⑯ 평화, 정의, 제도의 마련, ⑰ 모두가 같이 가는 파트너십"으로 모두 17개의 목표와 하위의 160여 개의 세부목표로 구체화되었다.

한국도 UN의 지속가능발전목표를 적극적으로 수용하고 한국의 현실을 반영하여 17개의 구체적인 지속가능발전목표로 발전하였다. 모두가 함께 가는 포용적 발전을 비전으로 하고, 사람(People: 개인의 발전과 삶의 질 개선), 번영(Prosperity: 좋은 일자리 확대, 불평등 해소, 지속가능한 생산과 소비), 지구환경(Planet: 육상, 해양생태계 보호, 기후위기 대응), 평화와 협력(Peace & Partnership: 평화, 제도, 정의, 글로벌 파트너십) 등 모든 정책영역을 지속가능발전의 가치와 큰 틀 속에서 같이 통합하고 있다. 기후위기 대응과 탄소중립도 지속가능발전이라는 상위 체계와의 내적, 외적 정합성이 중요해지고 있다. <그림 1>은 지속가능발전의 가치, 전략, 체계, 목표를 표현한 것이다.

그림 1 지속가능발전의 가치, 전략, 체계, 목표, 비전

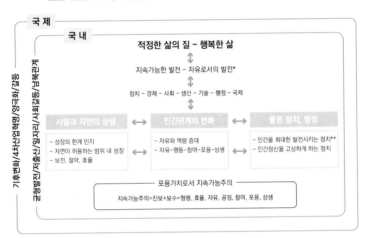

지속가능발전은 보수주의와 진보주의의 가치들을 모두 포용하는 종합적 포용 가치이다. 보수나 진보가 아닌 지속가능주의(sustainablism) 가치라 할 수 있다. 사람들은 진보와 보수의 개념적 구분보다 정부의 이념과 그 실천을 위해 마련하는 여러 정책과 제도들이 과연 내 삶의 질을 더 낫게 만들고, 행복한 삶이 되도록 하는가를 기준으로 평가한다. 지속가능한 발전은 이러한 바람을 실현하는 발전을 하자는 것이다. 우리의 성장과 발전이 지구를 망가뜨리지 않는 적절한 한도 내에서 유지되고, 현 세대와 자식 세대도 적정한 삶의 질을 지속적으로 누리도록 하고, 개개인의 역량을 발전시켜 꿈을 이루어 나

가는 행복한 삶을 사는 발전을 하자는 것이다.

이렇게 되기 위해서는 첫째, 사람과 자연과의 관계가 자연에 대한 일방적인 착취와 이용이 아니라, 사람과 자연이 서로 공생하고 상생하는 관계로 변화하는 발전을 이루는 것, 둘째, 사람과 사람 간의 관계도 서로 평등하고 공정한 관계로 변하는 것, 그래서 발전의 궁극적인 목표가 개인의 역량 발전을 가져오는 "자유로서의 발전"을 이루는 것(Sen, 2007), 셋째, 이를 실현하는 좋은 정치와 행정을 마련하는 것이다. 존 스튜어트 밀(John Stuart Mill)은 위대한 정치를 개인이 이룰 수 있는 최선의 상태로 사람을 발전시키는 정치라고 하였으며, 토크빌(Tocqueville)은 물질적 이익이나 사적이익보다 공공선에 대한 믿음과 헌신을 고양시키고 인간 정신을 고상하게 하는 정치를 좋은 정치라고 하였다(서병훈, 2017). 이렇게 보면 좋은 정치는 국민을 정신적으로 크고, 자아실현을 달성하는 윤택한 존재로 만드는 것이다. 그리고 좋은 행정은 시민요구에 빨리 반응하고, 잘못된 결정을 유연하게 수정하는 자기수정 능력을 가진 행정을 말한다(UN WCED, 1987; 황성돈 외, 2012). 그러나 다음에 보는 성장의 한계론과 생태경제학적 관점은 지속가능발전론에 대해서 비판적이다.

3. 성장의 한계론의 동태적 균형발전과 생태경제학의 정상상태의 경제

성장한계론과 생태경제학의 관점은 지속가능한 발전론보다 한 걸음 더 나아간다. 성장한계론은 유한한 지구 위에서 무한한 성장이 가능하다는 생각과 행동을 변화시키지 않는 한 성장의 한계는 피할 수 없다고 주장한다. 과잉 성장 후의 급격한 붕괴를 피하려면 인구와 자본이 일정 수준을 지속적으로 유지하는 동태적 균형상태로 발전해야 한다고 주장한다. 생태경제학 역시 자본과 인구는 지구가 허용하는 적정수준에서 안정화되는 "정상상태"의 경제를 통해서만 생태계와 경제시스템을 지속시킬 수 있다고 주장한다. 성장한계론과 정상상태의 경제론은 시스템다이내믹스와 생태경제학이란 서로 다른 학문분야와 방법론에서 출발하지만 사실상 같은 방안과 결론으로 수렴되고 있다.

1) 성장의 한계론

로마클럽보고서 <성장의 한계(The Limits to Growth)>는 1972년 최초로 출간된 이후, 지속적으로 모델을 개량하고 데이터를 업데이트하면서 개정된 <성장의 한계>를 3번에 걸쳐 출간한다. 로마클럽에서 제시된 동태적 균형상태의 발전은 네 차례 출간되었다(1972, 1992, 2004, 2012). 첫 번째 출간부터 2004년 세 번째 출간이었던 <성장의 한계 30년 업데이트>까지는 모두 시나리오 기반의 시뮬레이션 분석으로, 시나리오 몇 개가 변경되고 1970년대에 사용했던 데이터를 업데이트한 것이었다. 그러나 분석결과와 결론은 대동소이했다. 다만 2012년에 출간된 <더 나은 미래는 쉽게 오지 않는다(2052: A Global Forecast for the Next Forty Years)>는 성장의 한계 업데이트 판은 아니었으나 결론과 함의는 크게 다르지 않다. 시나리오 분석이 아닌 현재의 상태가 지속되는 Business As Usual(BAU)을 전제할 때 2052년 미래를 예측한 예측기반 저술이었고 요르겐 랜더스(Jorgen Randers) 단독저서로 출간되었다는 점만 다르다.[2]

---

2 성장의 한계 첫 출판은 1972년. Meadows, D. H., Meadows, D. L., Randers, J., and Behrens, W. W. 인류의 위기. 로마클럽 레포오트. (김승한. 역). 서울: 삼성문

로마클럽이 1972년 발표한 <성장의 한계>의 내용은 시스템다이내믹스 컴퓨터 시뮬레이션을 이용한 다양한 시나리오 분석 결과를 바탕으로, 공업화와 자원사용, 인구 성장이 당시의 속도와 규모로 지속된다면 세계는 100년 이내에 자원의 한계, 환경오염, 식량생산 부족 등으로 성장의 한계에 직면한다는 것이었다.

과도한 성장이 한계에 직면하게 되면 급격한 인구 감소, 1인당 산업 산출물과 식량의 감소로 성장의 거품이 붕괴되는(overshoot and collapse) 성장의 한계에 직면하는 것으로 분석되었다. 이 모델의 기본가정은 인구와 자본이 자연한계에 이르기까지 성장이 계속하는 것을 허용한다는 것이었다. 모델의 이러한 기본가정을 유지하는 한 과잉성장 후의 붕괴라는 파국적인 결과를 회피하는 정책적 대안을 발견하는 것은 불가능했다. 다만, 인구와 자본이 한계에 이르기까지 성장을 계속 허용한다는 가정을 포기하고, 인구와 자본의 성장을 적정한 수준에서 미리 억제하고 인당 평균 공업생산의 양을 일정수준에서 유지할 때만 과잉성장과 급격한 붕괴를 피할 수 있는 것으로

화문고. (원저: Meadows, D. H., Meadows, D. L., Randers, J., and Behrens, W. W. (1972). The Limit to Growth. A Report for the club of Rome's project on the predicament of Mankind. Washington DC: A Potomac Associates Book.), 두 번째 출판은 20년 후인 1992년 Meadows, D. H., Meadows, D. L., and Randers, J. (1992). Beyond the Limit, Global Collapse or a sustainable Future. London: Earthscan Publications Ltd., 세 번째 출판은 2004년. Meadows, D. H., Meadows, D. L., and Randers, J. (2012). 성장의 한계-30년 업데이트. (김병순, 역). 서울: 갈라파고스. (원저: Meadows, D. H., Meadows, D. L., and Randers, J. (2004). Limits to Growth: The 30-Year Update. Vermont: Chelsea Green Publishing Company), 네 번째 출판은 Randers, J. (2013). 더 나은 미래는 쉽게 오지 않는다. (김태훈, 역). 서울: 생각연구소. (원저: Randers, J. (2012). 2052: A Global forecast for the next 40 years, A report to the club of Rome commemorating the 40th anniversary of the Limit to the Growth. Vermont: Chelsa Green Publishing)로 계속 이어져왔다.

분석되었다. 결론은 "성장의 한계는 기술 발전만으로 극복할 수 있는 것이 아니다. 유한한 지구에서 무한한 성장이 가능하지 않다는 것을 사람들이 인식하고, 성장지향적인 가치관을 바꾸고 성장의 방식을 변화시키지 않으면, 그리고 지금과 같은 소비위주의 생활습관을 변화시키지 못하면 성장의 한계를 극복할 수 없다"는 것이었다 (Meadows et al., 1972).

1972년 성장의 한계가 발간된 이후에 업데이트된 <성장의 한계>는 1992년, 2004년, 2012년에 발간되지만 기본적인 모델의 가정과 결론은 큰 차이가 없다(문태훈, 2016). 요르겐 랜더스가 2012년에 발간한 책은 1972년 <성장의 한계> 업데이트판이 아닌 민주주의와 자본주의가 지속된다는 가정을 바탕으로 한 미래예측 모델이었다.[3] 그러나 여기서의 결론도 <성장의 한계>와 유사하다. 가장 싼 해결책을 찾는 시장 자본주의와 시민들의 투표로 당선되는 단기적인 의사결정 시스템에 지배되는 민주주의 정치시스템 하에서 정치인들은 기후변화문제를 해결하기 위해 필요한 막대한 투자를 빠른 시간 내에 세금으로 조달하기 힘들다고 본다. 결국 기후변화 대응을 위해 신속하게 개입할 적기를 놓치게 되어 기후위기로 인한 성장의 한계는 피하기가 힘들 것으로 예측한다. 민주주의 사회와 자본주의 사회는 가장 저렴한 해결책을 택하기 때문에 실패한다는 것이다. 그래서 2052년은 일인당 평균 소비수준이 정점을 찍고 기후위기가 점차 심해지고 생산적 지출보다 방어적 지출에 많은 자본이 투자되면서, 물질적인 면에서도 세계적 하락이 시작되는 시점이 될 것으로 예측한다. 그리고 자원한계, 기후피해, 식량부족 상황이 심각해질 것으로 예측한다. 그리고 둔화된 경제성장, 기후변화 피해를

---

3 Randers(2013)

복구하거나 예방하기 위한 강제된 투자의 증가, 소비의 감소, 사회적 긴장, 갈등의 증가, 생산성의 감소가 이어지는 악순환의 구조로 들어갈 것으로 예측한다. 파이는 적어지고 재분배의 중요성은 증가하며 갈등은 증가한다(Randers, 2012).

그러나 이런 예측은 역으로 보면 모델의 기본 가정인 무한성장에 대한 인식이나, 민주주의와 시장 자본주의 체제의 맹점을 극복할 수 있다면 성장의 한계를 피할 수 있다는 것이다. 그래서 1972년 이후 성장의 한계론 시리즈와 <2052년 미래예측>에서 새로운 발전의 모습과 전략, 그리고 국제사회가 해야 하는 이상적 행동을 다음과 같이 제시하고 있다.

우선 성장의 한계가 제안하는 사회는 동태적 균형상태의 사회로 인구와 자본이 일정한 상태를 유지하는 사회이다. 동태적 균형상태는 성장이 정지되는 상태가 아니라 강물이 일정한 수위를 유지하며 흘러도 끊임없이 새로운 물이 앞선 물을 교체하듯, 질적 발전이 무한히 추구되는 상태이다. 그리고 동태적 균형상태를 유지하기 위해 혁신과 기술개발이 창발적으로 일어나는 사회이며, 이러한 기반 위에서 평등과 정의가 공고히 확산되는 사회이다(Meadows et al., 1972: 204). 제조업은 한계내의 적정 총량이 유지되는 규모로 지속된다. 교육, 종교, 연구, 운동, 돌봄, 서비스 제공, 사회적 교류가 성행하는 사회이며, 비자원소비적 비오염적 활동에 주어지는 여가가 증가되는 사회이다.

균형상태의 사회에서 중요시되는 기술진보는 폐기물의 회수, 오염의 방제, 무용물을 재생 이용하기 위한 새로운 방법, 자원의 고갈 속도를 줄이기 위한 재순환 기술, 자본의 감모율을 최소로 하기 위해 제품의 수명을 증가하고 수복을 쉽게 할 수 있는 설계, 오염이 적은 동력원인 태양에너지 이용 기술, 생태학적 상호관계를 완전히 이해한 후에 해충을 자연적으로 구제하는 방법, 사망률을 줄일 수 있는 의료의 진보, 감소하는 사망률에 출생률을 대등하게 하도록 도우는 피임법의 진보 등이다.

즉, 동태적 균형사회는 혼잡, 환경의 악화, 사회적 불평등을 심화시키는 것이 아니라 생활수준의 향상, 여가의 증대, 모든 사람의 환경의 쾌적성 등의 목표에 연계되는 사회이며, 사회의 제일주의적 가치를 성장에서 이러한 목표로 바꾸어 나가는 일이 중요해지는 사회이다(Meadows et al., 1972: 208).

<성장의 한계론>은 성장이 인류의 평등에 이바지할 것이란 생각은 잘못된 생각이라고 지적한다. 균형상태에서의 자유는 아이를 무한히 출산하거나 자원을 마음껏 사용하는 등의 자유가 아닌 오염, 혼잡 그리고 파국의 위기로부터의 자유를 의미한다. 또한 보편적이고도 제약받지 않는 교육, 창조와 발견을 위한 여가, 굶주림과 가난으로부터의 자유가 중시된다. 동태적 균형사회는 지구가 유한하기 때문에 생기는 트레이드오프(trade-off) 관계를 현재 인간의 가치뿐 아니라 미래 세대의 가치를 동시에 고려하면서 결정하는 사회이다(Meadows et al., 1972: 215).

1972년 <성장의 한계>는 "지속가능한 발전"이라는 용어를 한 번도 사용하지 않고 그 개념을 정의하지도 않는다. 그러나 동태적 균형상태의 발전을 바로 지속가능한 발전과 동일한 개념으로 사용하고 있다. 현재 세대와 미래 세대의 필요를 동시에 충족시키는 발전이라는 지속가능발전의 개념과 일치하는 주장이다.

성장의 한계론은 인류는 새로운 형태의 사회를 창조하는 데 물질적으로 필요한 모든 것을 가지고 있다고 본다. 다만 없는 것은 두 가지, 인류를 균형사회로 이끌 만한 현실적이고 장기적인 목표와 그

목표를 달성하려고 하는 인간의 의지로 보았다(Meadows et al., 1972: 218; 문태훈, 2016).

요르겐 랜더스는 새로운 형태의 발전의 모습과 전략을 위해 국제사회가 해야 하는 이상적 행동을 다음과 같이 제시하고 있다(Randers, 2012). 빈곤문제를 해결하기 위한 경제성장을 달성하기 위해 안정적인 국가기관과 더불어 모든 사람, 특히 여성들에게 교육의 기회를 제공하는 것, 직업훈련 기회를 제공하고, 과도한 부채를 탕감해주며, 수입을 허용하는 방식으로 도움을 주는 것, 부패를 감소시키고, 미래에 대해 충분히 투자하고, 덜 혜택 받은 사람들에게 소득과 부를 재분배하려는 강한 의지를 가질 것, 가난한 사람들을 빈곤에서 구제하려는 노력을 응원하고 도덕적·정치적 지지를 보내는 일, 에너지 효율을 높이고, 재생에너지로 전환하고, 삼림파괴를 중단하고, 제때에 폐쇄할 수 없는 많은 발전소와 시멘트 공장에 탄소포집 및 저장소를 만드는 일, 그리고 투자 흐름을 시장에만 맡겨둘 것이 아니라 재구조화하는 정부의 적극적인 노력, 시장에서 기후친화적인 해결책이 경쟁하도록 도와주는 법안의 마련 등이다(Randers, 2012: 465−470).

2) 생태경제학의 정상상태의 경제

성장의 한계론은 생태경제학적 관점에서는 허먼 데일리(Herman Daly)를 중심으로 정상상태의 경제학(steady state economics)으로 이론적 기초를 구축하면서 진화하고 있다. 정상상태란 어떤 물리량이 시간에 따라 변하지 않고 일정한 균형을 꾸준히 유지하는 상태를 말한다. 이런 점에서 정상상태의 발전과 동태적 균형발전은 서로 다른 방법이지만 동일한 주장으로 귀결되면서 밀접히 연결된다(문태훈, 2022). 시스템다이내믹스가 주장하는 성장의 한계론과 허만 데일리가 주장한 정상상태의 경제론의 결론과 전략이 유사한 점이 많아 상호교류의 여부에 대한 의문이 있을 수 있다. 두 분야에서의 주장도 1960년대 말 거의 비슷한 시기에 같이 나타나고 있다. 다만 생태경제학자 허만 데일리와 시스템다이내미시스트 도넬라 메도우(Donella Meadows)와 깊은 학문적 연계와 이해가 깊었다는 점은 이 두 분야의 접근이 상호영향을 깊이 주고받았을 가능성을 짐작케한다.

생태경제학은 고전경제학과 신고전경제학과 달리 경제시스템을 한정된 자연환경 시스템 내에서 자연자원과 환경용량의 제약을 받는 하위시스템으로 본다. 그래서 지속가능한 발전은 자연환경이 허용하는 자원과 정화용량 등 환경의 한계용량 범위 내에서 적정한 한계수준을 설정하여 양적성장을 지양하고 인구, 자본, 산출물이 일정한 상태를 유지하는 균형상태의 경제를 지속적으로 유지할 때 가능하다고 주장한다. 여기서 균형상태란 정체된 상태가 아니라 일정한 수준의 경제상태에서 끊임없는 질적 발전을 달성하고 있는 상태를 말한다. 같은 인구규모에서 노년층과 젊은층은 끊임없이 새로운 세대로 대체되고, 필요한 물리적 인공물들은 일정한 인구 규모에 필요한 양을 지속적으로 업데이트된 더 나은 질의 제품으로 대체하고, 사람들은 긴 노동시간에서 벗어나 스포츠, 취미, 연구, 예능, 문화, 교육, 종교 등 자기가 원하는 것을 추구하면서 살아가는 동태적인 균형상태에서 무한한 질적 발전을 이루는 발전을 말한다. 이런 점에서 허만 데일리가 명명했던 정상상태의 경제(steady state economy)는 성장의 한계에서 상정한 인구, 자본, 인공물(artifacts)이 일정한 양을 유지하면서도 계속 업그레이드되는 "동태적인 균형상태"의 경제와 동태적 균형상태의 질적 발전을 의미한다.

생태경제학의 관점은 지속가능발전론과는 다른 입장에 선다. 지속가능발전에 대한 논의는 기본적으로 "착한 성장"을 의미한다. 경제적으로 성장하는 것이 환경에 악영향을 미치지 않고 사회적 형평성도 향상시키는 그런 좋은 성장, 질적 발전을 의미한다. 특히 친환경적인 성장을 녹색경제로 표현하며 녹색경제를 경제성장과 환경오염이 분리되는(decoupling)되는 경제성장으로 표현한다. 그러나 생태경제학에서는 성장은 환경오염과 경제발전이 분리되는 녹색경제도, 가난을 해결하여 사회적 형평성을 향상시키는 발전도 달성할 수 없으며 오히려 상태를 악화시킬 따름이라고 주장한다.

녹색경제의 가능성에 대한 생태경제학의 관점은 비판적이다. 녹색경제의 중요한 부분으로 주장되는 순환경제(circular economy)는 사용된 자원을 다시 100% 재생한다는 것이다. 그러나 100% 순환경제는 물리적으로 불가능하다고 본다. 열역학 제2의 법칙에 의하여 모든 물질과 에너지는 사용되면서 엔트로피가 낮은 상태에서 높은 상태로 변하게 되는데, 높은 엔트로피의 상태를 비가역적으로 낮은 엔트로피의 상태로 움직이게 하는 것은 불가능하다는 것이다. 종이를 재생한다고 해도 질이 처음보다 못한 종이로 재생할 수 있을 따름이지 원래 상태의 종이 질로 또는 그보다 더 나은 질의 종이로 재생하는 것은 불가능하기 때문이다.

녹색경제가 가능하다는 것은 기술발전을 통해서 자원사용이 늘어도 그로 인한 환경오염은 더 줄어들 수 있다는 주장이다. 기후변화를 촉진하는 탄소배출도 탄소집약도(CO_2 발생량/에너지소비량; gCO_2/$)나 에너지집약도(에너지사용량/GDP 1,000$)를 낮추게 되면 절대적인 디커플링을 달성하여 총생산이 증가해도 탄소배출의 절대량 감소가 가능하다고 주장한다. 그러나 생태경제학에서는 이러한 주장도 사실과 다르다고 비판한다. 디커플링은 절대적 디커플링과 상대적 디커플링으로 구분된다. 상대적 디커플링은 물질집약도나 배출량의 강도가 감소하는 것이고, 절대적 디커플링은 경제성장과 산출물의 증가에도 불구하고 물질 사용량이 절대적으로 감소하는 것을 말한다. 디커플링을 통해 녹색경제를 달성하기 위해서는 절대적 디커플링이 달성되어야 한다. 그러나 상대적 디커플링은 경제산출물의 증가로 효과가 상쇄되어 왔고, 절대적 디커플링이 달성된 경우는 없다고 비판한다.

상대적 디커플링이 환경에 미치는 부담을 줄이려면 자원사용의 효율성이 경제산출물의 증가와 같은 속도로 증가해야 한다. <그림 2>에서 전 지구적으로 달러당 탄소집약도($gCO_2/\$$)는 개선추세를 보인다. 전 지구적으로 탄소집약도는 1965년 $760gCO_2/\$$에서 2015년 $500gCO_2/\$$로 감소하였다. 탄소집약도는 저소득, 중간소득, 고소득 국가군, 그리고 세계평균도 지속적으로 낮아지고 있어 전체적으로 상대적 디커플링은 달성되고 있다. 그러나 <그림 3>을 보면 전세계의 총 탄소배출량은 계속 증가해왔다(연 2.3% 정도). <그림 3>에서 고소득 국가는 수십 년 만에 처음으로 절대적 배출량을 감소한 것으로 나타나고 있다. 그러나 이것은 고소득 국가가 탄소배출 산업을 외국으로 이전하고 탄소 다량배출 소비재를 외국에서 수입하였기 때문이었다. 국내 감소분은 하락했으나 국제적으로는 증가한 것으로 나타난 것이다. 예를 들면 1990-2007년 영국의 온실가스 배출량은 유엔기후변화협약(United Nations Framework Convention Climate Change, UNFCCC) 가이드라인에 따르면 18% 감소하였으나 탄소발자국 방법에 따르면 무역효과 감안 시 9% 상승하였다. 역사적 데이터로 보면 상대적 디커플링은 경제산출물의 증가로 녹색경제에 도움이 되지 못

하였고, 절대적 디커플링은 달성된 적이 없었다는 것이다.

그림 2 gCO₂/2010$ 배출강도의 변화추이, 1965-2015

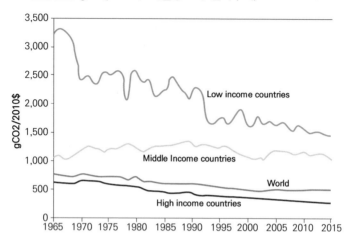

출처: Data from World Data Bank(Jackson, 2017: 89에서 재인용)
주: 상대적 디커플링

그림 3 연간 세계 이산화탄소 배출량 1965-2015

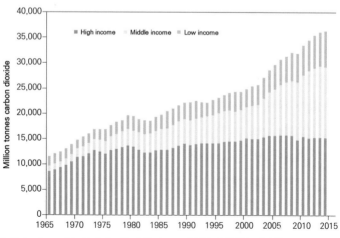

출처: Data from World Data Bank(Jackson, 2017: 90에서 재인용)

<그림 4>는 OECD 국가의 지난 20년간 물질소비를 측정한 것이다. 부자국가 일부에서 물질소비의 상대적 디커플링을 달성한 것처럼 보인다. 그러나 물질발자국이 2007－2008년 기간에 작아진 것은 세계 금융위기의 영향이 크다. 1990－2015년 기간에 OECD 물질발자국은 50% 증가하였다. 동기간에 GDP와 자원사용의 절대적 디커플링은 없었다. OECD 국가의 GDP는 53% 증가하였다. <그림 5>는 전 세계 자원생산의 추이를 나타낸다. GDP가 증가하면서 자원생산이 감소한 적은 한 번도 없다. 결국 절대적 디커플링은 없었고, 상대적 디커플링은 경제산출물의 증가로 효과가 없었던 것이다.

그림 4 OECD 국가의 물질발자국, 1990-2014

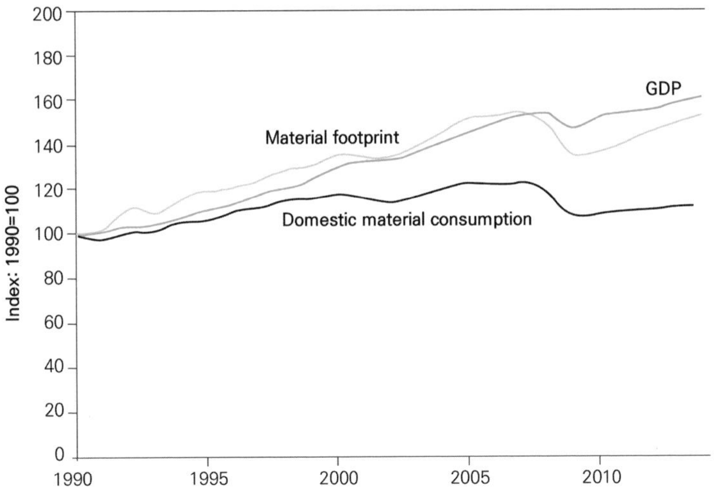

출처: Jackson(2017: 94)에서 재인용

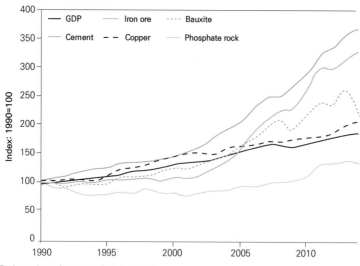

그림 5 전 세계의 자원생산 추이, 1990-2014

출처: Jackson(2017: 95)에서 재인용

또, 기후위기를 피하고 지속가능한 발전을 가능하게 하기 위하여
탄소중립 목표에 필요한 탄소집약도를 달성할 수 있는지에 대해서
도 비판적이다. <그림 6>은 현재의 탄소집약도와 탄소제로 목표
에 필요한 탄소집약도를 나타낸다. 시나리오 3은 모든 지역의 소득
이 고소득 지역의 소득수준으로 증가하고 90%의 탄소감축 경우를,
시나리오 4는 모든 지역이 고소득 지역의 소득 수준으로 증가하고
95% 탄소감축 하는 경우에 달성해야 할 2050년 탄소집약도를 나타
낸다. 전 세계의 탄소집약도가 2017년 연구에서 497gCO2/$이므로
시나리오 3의 경우 약 1/100(5/497), 시나리오 4의 경우 1/250(2/497)
로 탄소집약도를 축소하여야 한다. 그러나 전 세계의 평균 탄소집약
도가 2050년까지 1/100이나 1/250 수준으로 감소되기는 사실상 불
가능하다. 더구나 2050년의 경제규모가 현재보다 훨씬 더 커지는

것을 감안하면 디커플링의 녹색경제로 탄소중립을 달성하는 것은 실질적으로 불가능하다고 주장한다.

결국 90억 인구의 소득이 계속 성장하면서 생태적으로 지속가능하며, 사회적으로 정의로운 신뢰할만한 시나리오가 없다는 것이다. 중요한 질문은 에너지 시스템의 완전한 탈탄소화가, 우리들의 소비패턴이 완전히 탈물질화하는 것이 가능한지가 아니라, 이것이 우리가 사는 이러한 사회에서 가능할 것인가 하는 것이다. 시장경제 구조에 대응하지 않고, 탄소배출과 소비의 획기적 감축을 예상하는 것은 허구에 불과하다고 비판한다.

그림 6 탄소집약도:현재의 탄소집약도와 탄소제로 목표에 필요한 탄소집약도

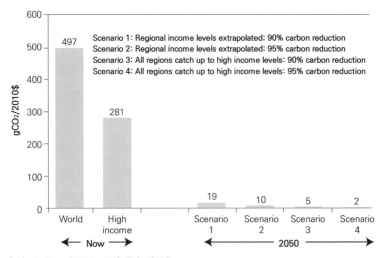

출처: Jackson(2017: 100)에서 재인용

이상의 이유들로 허먼 데일리는 정상상태의 경제(Steady State Economy, SSE)를 주장한다. 정상상태의 경제는 자원의 한계와 지구 자정능력의 한계 범위 내의 적정한 지점에서 양적성장을 중지하고 질적 발

전을 추구하는 경제를 말한다. 적정한 수준을 알지 못한다면 현 상태를 기준으로 일단 시작부터 하자고 주장한다. 그리고 점진적으로 적정수준을 찾아가자고 제안한다. 이를 이행하기 위해 데일리는 10개의 정책방안을 다음과 같이 제시하고 있다(Daly, 2014).

① 기본자원에 대한 한계총량 – 경매 – 거래제도: 기본자원과 오염물질 배출에 대한 총량경매 제도로 렌트를 흡수하고 경매 받은 총량 내에서는 시장교환을 통하여 자원배분의 효율성을 확보한다. 쿼타제는 투입요소(석유 또는 광물 등)에 주로 사용한다. 쿼타경매로 발생하는 수입은 소득세를 대체하는데 사용하고 저소득층에게 배분한다. 이러한 접근은 재생가능자원(물고기, 삼림 등)에서도 적용할 수 있다.

② 생태적 세금 개혁: 조세기반을 노동과 자본에 부과하는 대신 자연에서 채취하는 자원의 처리량과 자연으로 버리는 것에 부과하는 조세 시스템으로 전환하는 조세개혁을 주장한다. 부가가치의 창출은 바람직하고 장려할 행동이므로 세금을 물리지 않고 자원고갈과 오염은 억제되어할 행동이므로 과세한다.

③ 소득분배에서 불평등의 범위를 제한한다. 최고 수입과 최저 수입 간의 격차를 줄이는 것이다. 데일리는 미국의 회사에서는 최저임금과 최고임금의 격차는 500배 이상이고 공공서비스, 군대, 대학 등의 격차는 15 – 20배 정도라고 한다. 500배 이상의 불평등도를 100배 정도로 축소해서 시작해보는 것을 제안한다. 한국의 최저임금과 최고임금 간의 차이도 심각하다. 서울시에 따르면 서울 상위 10%와 하위 10% 종합소득 격차가 194배에 이르고, 정의당이 2018년 기업 공시자료를 활

용해 매출 순위 50대 기업의 임금을 최저임금과 비교한 결과 최저임금의 469－305배 정도의 차이가 나고 있는 것으로 조사되었다.[4]

④ 일하는 시간의 길이를 자유롭게 해서 파트타임과 개인사업을 자유화하고 일하는 시간은 개인의 선택으로 맡기자고 제안한다. 노동시간에 따른 임금의 상승분을 소비를 부추기는 과잉광고의 홍수로부터 보호하기 위하여 기업의 광고비를 생산비용의 일부로 세금 공제되지 않도록 해야 한다. 한국에서도 광고비는 법에서 정한 매출액 일정 비율(30%)로 세액공제 혜택을 받는다.

⑤ 자유무역, 자본이동의 자유, 세계화에 대한 적절한 국가 규제가 필요하다. 한계총량경매제, 생태세금 등의 수단으로 한계비용을 내재화하는 가격체계의 조정은 상품의 가격을 상승시킨다. 이는 해당 국가가 국제교역에서 불리한 위치에 있게 되는 것이므로 이를 상쇄하는 관세가 필요하다. EU의 탄소세를 예로 들 수 있다. 세금수입은 공공수입으로 저개발국이나 개도국의 지원, 국내 소득배분배 등에 활용할 수 있다.

⑥ WTO, World Bank, IMF 등 국제기구의 위상과 영향력을 축소한다. 이들 국제기구는 세계화의 전파자로 기능하였다. 자유무역은 자본의 국제이동 자유화를 의미하는 것이다. 그러나 고전적 비교우위 원칙에 입각한 국제교역은 자본의 국제적 비이동성을 전제로 하는 것이었다. 모든 교역국가들이 비교우위

---

4 이은영. (2020.1.30). 대기업 대표 최저임금 300-400배 받아 임금불평등 심각. 매일노동뉴스 (최종검색일: 2023.1.23.) https://www.labortoday.co.kr/news/articleView.html ?idxno=162735

에 기반한 자유무역이 아니라 절대적 비교우위에 있는 국가와
경쟁하고, 개발차관은 과도한 이자의 지불로 참여 국가들을 더
가난하게 한다. 국제교역이 심화될수록 다국적 기업의 이익은
커지고 저개발국은 더 빈곤해지는 악순환에 놓이게 된다.

⑦ 은행의 지불준비율을 100%로 해서 화폐공급권과 화폐주조이
차에 대한 통제권을 은행이 아니라 국가가 보유하도록 한다.
은행은 저축자의 돈을 다른 사람에게 빌려주는 것만으로 이익
을 취한다. 국가이익을 민간 금융기관이 가져가는 것을 막고
기생적 활동을 감소시키고, 생산적 활동에 참여토록 한다. 이러
한 접근은 화폐공급의 증가와 축소가 경기변동을 촉진하는 것
을 막기 위해, 그리고 인플레 위험을 감소하기 위해 필요하다.

⑧ 희소한 자연자원에 대한 개방적 접근을 차단하고, 지식과 정
보에 대한 접근을 대폭 확대해야 한다. 새로운 지식의 생산은
더 많은 공공자금으로 지원하여 지식은 자유롭고 거의 무료로
공유되도록 하여야 한다. 이런 점에서 특허독점(지적 재산권)은
소수의 발명에만, 짧은 적용 기간에만 보호하도록 해야 한다.

⑨ 인구의 안정화를 통하여 현재의 인구수준을 더 늘리지 말고
인구대체율 수준으로 일정한 상태를 유지하는 선으로 안정화
시킨다.

⑩ 국가회계를 개혁할 필요가 있다. GNP를 비용과 편익계정으로
분리한다. 자연자원의 소비와 방어적 지출은 비용계정으로, 증
가하는 처리량의 한계이익과 비용을 비교하여 일치하는 점에
서 중단할 수 있도록 국가회계를 개선하여야 한다. GNP와
GDP의 대안지표를 발굴하여 현재의 GDP를 기반으로 하고
있는 양적 경제성장 촉진구조를 변화시켜야 한다. 참발전지수

(GPI) 같은 지속가능발전과 삶의 질을 동시에 나타낼 수 있는 대안적 지표의 보급과 활용을 확대시켜야 한다.

데일리는 정상상태의 경제를 실현시키기 위한 이상의 정책들을 점진적으로 접근할 것을 제안한다. 지불예치금의 비율을 높이는 것, 불평등 임금격차의 축소, 한계총량제경매제, 인구의 안정화 등은 현재 수준에서 일단 시작하는 것이 중요하며 한계용량내의 적정수준으로 접근하는 방식이 중요하다. 장기에 걸친 점진적인 조정 작업으로 접근할 것을 강조하고 있다. 이상의 내용을 정리하면 <표 2>와 같다.

표 2 정상상태의 경제(SSE)를 위한 10대 정책 제안

정책제안	설명
기본자원에 대한 한계총량 경매-거래제도	기본자원과 오염에 대한 총량-경매-거래제도, 총량 내에서 시장교환을 통하여 자원배분의 효율성을 확보, 수입은 역진세의 보완(ex. 임금세, 급여세 등), 소득세 대체, 저소득층에게 배분
생태세금 개혁 Ecological tax reform	조세기반을 부가가치(노동, 자본) 기반에서 자연에서 채취되는 자원 처리량과 폐기물(오염물질, 공해)에 부과하는 시스템으로 전환
소득분배에서 불평등의 범위를 제한	최저임금과 최고임금의 격차를 현재 500배 이상의 불평등도(미국)를 100배 정도로 축소해서 시작
일하는 시간의 길이 자유화	파트타임과 개인사업의 자유화, 개인의 선택으로 맡겨야. 동일노동 동일임금
국제교역 규제	한계총량경매제, 생태세 등의 수단으로 한계비용을 내재화하는 가격체계 조정, 자유무역·자본이동·세계화에 대한 규제, 보호무역의 새로운 구조가 필요(예, 탄소세)

WTO-WB-IMF 등의 국제기구 기능 변경	청산동맹 수준으로 기능을 축소 국제수지 균형을 위하여 국제수지 적자나 흑자에 대해 과징금 부과로 국제적 자본이동과 자유무역을 이용한 기업의 규제회피 차단
은행의 100% 지불준비제도	화폐공급권과 화폐주조이차에 대한 통제권을 은행이 아닌 국가가 보유, 뱅크런(bank run)을 막고 인플레위험 감소, 환률변동 축소
희소한 자연자원에 대한 개방적 접근을 차단	대기, 물, 공공토지, 전자기 스펙트럼(예, 주파수 대역) 등에 대한 개방적 접근 차단, 지식정보와 같은 공공의 부는 사적소유와 가격을 해제, 지식의 무료공유 확산, 특허 독점 축소
인구 안정화	산아제한, 이민규제 등을 현재수준에서 시작, 점진적 접근
국가회계개혁	GNP를 비용과 편익계정으로 분리할 것, 자연자원의 소비, 어쩔 수 없는 방어적 지출은 비용계정, 증가하는 처리량의 한계이익과 비용을 비교하여 일치하는 점에서 중지할 수 있도록 해야 함

출처: Daly(2014) chapter 7의 내용을 표로 재정리

데일리의 정상상태의 경제를 위한 정책제안들은 팀 잭슨(Tim Jackson)의 성장없는 번영의 논의에서 정상상태의 경제로의 전환을 위한 준비, 변화를 위한 기반의 조성, 정상상태의 경제를 위한 정책들의 제안으로 이어지고 있다. 팀 잭슨의 요지는 물질주의와 소비주의에서 탈피하여 탈 물질문화와 탈 지위경쟁의 사회, 소비기반의 무한 성장경제가 지속가능한 번영의 경제와 균형상태의 경제로, 자원과 생태계와 인간의 존엄을 위협하는 경제에서 생태한계 내의 경제로, 신자유주의의 무한경쟁 경제모델에서 동반성장의 경제모델로 나아갈 것을 주장한다. 그리고 이를 위한 기반을 조성하기 위하여 제조품 생산과 판매위주의 경제에서 서비스 제공의 경제, 공유경제, 유지관리서비스 경제로, 단순한 일자리가 아니라 사회참여로서의 일자리로, 자원추출을 위한 투자가 아니라 생태계와 자원생산성을

위한 투자, 개인의 번영을 위한 투자, 미래를 위한 투자로 돈의 역할과 투자의 성격과 흐름을 변화시킬 것을 제안한다. 그리고 균형상태의 경제를 위한 정책으로 한계를 설정하고 한계범위 내에서의 발전을, 개인의 역량발전과 사회적 유대강화 등을 통한 탈소비자주의, 누진세와 자본세를 통한 불평등의 시정과 교육의 증진과 균형발전, 경제정책으로는 사회적 투자를 강화하고 서비스기반 경제를 활성화하고 이 분야에서 정부의 선도적 투자를 주문한다. 정리하면 <표 3>과 같다.

표 3 성장에서 번영으로의 전환을 위한 준비(From growth to prosperity)

오늘의 경제	내일의 경제
물질주의, 소비주의	탈 물질문화, 탈 지위경쟁, 소비주의는 성장기반 경제의 근원
소비기반 무한성장경제	지속가능한 번영 경제, 동태적 균형상태의 경제
자원생태계와 인간존엄 위협 경제	생태한계 내의 경제
신자유주의 무한경쟁 경제모델	동반성장 경제모델(No One Left Behind Economy)
새로운 경제로의 변화를 위한 기반의 조성	
서비스기반 경제	제품판매에서 서비스제공의 경제, 공유경제, 유지관리 서비스
사회참여로서의 일자리	서비스기반 노동집약적 일자리, 교육, 문화, 예술, 돌봄 서비스 등
책임있는 투자	자원추출 투자가 아니라 개인의 번영을 위한 잠재력, 생태

	계 자원생산성에 투자, 시민생활을 위한 인프라: 학교, 병원, 대중교통시스템, 시민회관(community hall), 쾌적한 도심지, 극장, 콘서트 홀, 박물관, 도서관, 녹지공간, 공원, 정원, 미래를 위한 투자
돈의 역할	지역은행 신용조합 지역공동체에 투자, 사회적투자
균형상태의 경제를 위한 정책	
한계의 설정	생태계한계의 설정(예, 1.5℃,탄소중립), 서비스 중심, 지역 기업, 교육, 문화, 돌봄 서비스
탈소비자주의	역량의 발전, 사회적 유대의 강화, 탈지위 경쟁
불평등시정	누진세, 자본세, 교육, 균형발전
경제정책	사회적 투자의 강화, 서비스기반경제 활성화, 정부의 선도적 투자

출처: Jackson(2017)의 내용을 표로 재정리

이상 데일리와 잭슨의 논의들을 정리하면, 데일리는 현 상태의 생산과 소비구조로는 녹색경제는 물론 지속가능발전도 불가능하므로 정상상태의 경제와 사회시스템으로 전환되어야 한다는 주장이고, 영국의 지속가능발전위원회 위원이었던 팀 잭슨은 데일리의 "정상상태의 경제"와 사실상 같은 개념으로 사용한 "성장없는 번영"(prosperity without growth)으로의 전환을 위한 준비, 기반, 정책방향과 일부 구체적 정책들을 제안한 것이라 볼 수 있다. 현재 경제성장 모델의 문제점에 대한 지적은 다양한 데이터를 근거로 주장하고 있고, 유사한 현상이 각국에서 재현되고 있는 것을 감안하면 데일리와 잭슨의 논의는 일반화된 이론적 논의로 충분히 발전할 수 있을 것으로 보인다. 그러나 데일리나 잭슨 류의 전환을 위한 준비와 기반의 조성, 구체적 정책 제안들은 이론적 일반화와는 별개로 각 국가가 처한 상황에 따라 달라질 수 있다. 이런 점을 감안한 국가별 맞

춤형 전략과 이행 계획과 수단들이 필요한 것이고 이를 위한 점진
적, 병렬적, 순차적 접근이 필요함을 다음 장에서 논의한다.

III. 경제성장-지속가능발전-동태적균형 발전으로의 전환전략

지금까지 성장의 3가지 모습으로 신고전경제학의 경제성장론, 지
속가능발전론, 그리고 성장의 한계론이 주장하는 동태적 균형성장
론과 생태경제학의 정상상태의 경제론을 살펴보았다. 현재 상태에
서 무한 성장을 주장하는 신고전경제학의 성장모델을 계속 유지하
거나, 일정한 수준에서 더 이상의 양적성장을 멈추고 동태적 균형성
장의 상태로 진입하거나 정상상태의 경제로 급속하게 전환하는 것
은 현실적으로 많은 무리가 있다.

더구나 선진국, 개도국, 후진국간의 경제적 격차를 줄이려는 요구
와 필요가 다르고, 최적의 균형상태로 가기 위해 필요한 조건들은
국가별로 다를 수밖에 없다. 이런 상황에서 국가별로 선택적인 단계
적, 병렬적 전환전략이 필요하게 된다. 또한 무한성장으로 발생하는
기후위기, 생물 종 멸종위기, 소득 양극화와 갈등의 심화 등 여러
난제들을 최대한 지연시키고 과잉성장 후의 급격한 붕괴를 막기 위
한 동태적 균형상태나 정상상태의 경제를 달성하는 현실적인 경로
는 경제성장론 → 지속가능발전 → 동태적균형발전으로 단계적으
로, 그러나 각 단계들을 서로 중첩되면서 국가별, 지역별로 병렬적
으로 이행하는 것이 필요할 것이다.

각 단계를 국가별 상황에 따라 순차적, 병렬적으로 동시에 진행
하면서 점차 지속가능발전과 동태적 균형상태로의 전환 비중을 크
게 해나가는 방향으로 진행되어야 할 것이다. 저개발국이나 개발도

상국은 적정수준의 삶의 질을 보장하는 경제성장이 지속가능성의 원칙과 함께 추진되어야 할 것이고, 선진국은 무한 경제성장론을 지속가능발전 체제로 전환하고, 동태적 균형성장과 정상상태의 경제로 나아가는 차등적, 순차적, 병렬적인 전략을 통해 무리한 전환으로 인한 문제를 최대한 피하면서 정상상태와 동태적 균형상태의 발전으로 로드맵을 따라 전환해 나가는 것이다. 이 과정에서 사회적 공론화와 이를 위한 준비과정은 매우 중요하다.

미국 하와이 대학교 미래연구소의 짐 데이터(Jim Dator) 연구팀은 한국사회도 소비사회(consumer society)에서 보존사회(conserver society)[5]로 이전하는 것을 심각하게 고민해 보아야 할 때임을 지적하면서 보존사회를 고려하는 국가차원의 활동과 기업들의 선도적 참여가 필요하다고 주장하였다(kt 경제경영연구소, 2009). 그리고 소비사회에서 보존사회로 옮겨갈 가능성에 대하여 연구한 바 있다.

보존사회에 대한 연구는 미래에 대한 깊은 우려와 현재 에너지나 자원 분야에서 내리는 결정들이 중장기적인 관점에서는 돌이킬 수 없거나 파괴적인 영향을 끼칠 수 있다는 깨달음에서 시작한 것이었다. 보존사회는 자연과의 조화 속에서 인간의 성취를 궁극적인 목적으로 하는 사회이다. 그리고 모든 시스템이 유한하고 끝이 있는 것이라는 올바른 이해를 위해 설계의 개념을 확대시키는 사회이다. 그리고 검약, 저축, 효율 등과 같은 가치를 중요하게 생각한다.

1970년대 초반, 캐나다의 국립과학위원회는 캐나다를 소비사회에서 보존사회로 바꾸기 위한 방대한 연구에 참여하고 후원했다. 이 위원회는 많은 개인, 조사기관, 정부기관, 매스미디어와 같이 캐나다가 소비사회가 아니라 보존사회를 향해 나아가면 어떤 모습일지

---

5 보존: 잘 보존하고 간수하여 남김(표준국어대사전)

에 대한 아이디어를 발전시키고 전달하는 연구를 진행하였다. 1973년부터 1978년까지 진행된 이 프로젝트는 기업가 정신과 과학적 정보에 입각한 접근, 조심스러운 사회체제의 변화 설계, 이데올로기 중립적인 방향으로 진행되었다. 보존사회의 특징을 구체적으로 명시하기 위해서 과학위원회는 소비사회인 캐나다가 가지고 있는 한계와 병폐, 그리고 보존사회의 필요성, 장점, 보존사회에 대한 여러 다른 모습들을 개발하여 제시하고, 캐나다가 보존사회가 되고 그것을 유지하는 방법에 대해 전국적인 조사와 토론을 실시했다. 지방과 시정부의 기관들, 에너지 보전 사무소, 환경캐나다, 주택공사, 국립연구협회와 다른 여러 기관들이 이 노력에 동참하였다.

그러나 불행하게도 이 프로젝트는 1970년대 후반과 1980년대 초반에 불어 닥친 신자유주의와 무역자유화의 거센 바람으로 연구내용을 제대로 실행해 보지도 못하고 중단되었다. 이후 캐나다는 무한성장과 소비사회로 더 깊이 몰입하게 되었다. 그러나 이 탐색적 연구의 함의는 분명했다. 소비사회로부터 더 많은 건설적인 노력에 힘쓰는 보존사회로의 이전을 시작하라는 것이었다(Dator and Park, 2009; kt 경제경영연구소, 2009). 짐 데이터는 지속가능한 사회를 위해 우리가 어떠한 가치들을 추구할 수 있으며, 각각의 가치가 어떠한 특성을 갖는지 보전사회 유형별로 설명하였다(Dator and Park, 2009).[6]

① 보존사회0(CS0): 더 많은 자원의 이용으로 더 많은 것을 하는 사회(doing more with more)는 현재의 상태가 계속 유지된다는 가정을 하는 것이다. 이 시나리오의 핵심적 개념은 생산과 소

---

6 여기서 언급하고 있는 5가지 시나리오에 대한 설명은 Dator and Park(2009)에서 발췌 요약한 것이다.

비 분야에서 비효율이 계속되는 상황에서의 "끊임없는 경제성장"이다. 이 사회는 보존이나 효율에 대해 관심을 가지지 않으며, 더 많은 생산이나 소비를 추구한다.

② 보존사회1(CS1): 더 적은 자원의 이용으로 더 많은 것을 하는 사회(doing more with less)를 표방하는 사회이다. CS1은 기본적으로 성장의 한계(limits to growth)에 대한 인식을 하고 있다. 이러한 사회의 구성원들은 근검절약하거나 에너지를 절약하는 것이 바람직하다고 여기는 동시에, 성장에 대한 욕구 또한 인정하고 있다. 이러한 사회를 만들기 위해서는 다음과 같은 6가지 - i) 비효율적 소비에 대한 개혁, ii) 대여(renting)를 통한 공유, iii) 보다 효율적인 시간관리, iv) 기술을 통한 환경보존, v) 가격현실화(full-cost pricing), vi) 통제경제(command economy)와 시장경제(market economy) - 의 최적 배합이 필요하다.

③ 보존사회2(CS2): 더 적은 자원의 투입으로 지금과 비슷한 수준을 유지하는 사회(doing the same with less)는 CS1의 사회와 마찬가지로 성장의 한계가 있다는 것을 인정하는 동시에 부와 소비재의 축적도 한계가 있음을 인식하고 있다. 이 사회에서는 경제성장이 바람직하지 않은 옵션으로 간주된다. 더 적은 자원의 투입으로 지금과 비슷한 수준을 유지하기 위해서는 다음과 같은 원칙들을 중요시 할 수 있다. i) 인위적 욕구의 성장이 없는 상태, ii) 산업의 성장이 없는 상태, iii) 도시의 성장이 없는 상태(Zero Urban Growth), iv) 에너지의 증가가 없는 상태, v) 인구의 증가가 없는 상태이다.

④ 보존사회3(CS3): 더 적은 자원의 이용으로 덜 잘 살지만, 다른 무

엇인가를 더 할 수 있는 사회(do less with less and do something else)가 추구하는 사회는 정신적 성장이나 발전을 중요하게 간주하는 사회로서, 다음과 같은 측면에서 CS1과 CS2가 추구하는 사회와 다르다. i) 인위적 욕구의 감소(Negative Artificial Needs Growth. NAG), ii) 산업성장의 감소, 탈산업화(Negative Industrial Growth or deindustrialization, NIG), iii) 도시의 탈성장, 지속가능한 농업사회로의 복귀를 지향하는 사회이다.

⑤ 보전사회−1(CS−1): 보존사회 이전 단계의 사회로 보전사회−1 단계의 소비사회, 낭비사회(squander society), 더 많은 자원으로 더 적은 것을 하는 사회(do less with more)이다. 이 사회가 갖는 세 가지 중요한 가정은 다음과 같다− i) 소비는 항상 좋은 것, ii) 환경은 무제한 이용이 가능하며, 폐기물은 무한 수용이 가능하다 iii) 현재만이 중요한 가치가 있다.

이상에서 논의되고 있는 5가지 시나리오는 우리가 추구할 수 있는 사회상들에 관한 대안들을 제시하고 있으며, 어떠한 대안을 가치 있게 보는지에 따라 그 결과가 매우 달라질 수 있음을 알려준다. 전환의 경로는 CS−1 → CS0 → CS1 → CS2로 순차적으로 그러나 병렬적으로 최대한 빠른 시간 내에 전환한다(<표 4>).

표 4 보전사회의 유형과 모습

분류	유형	주된가치와 의미	모습
소비사회	CS0	더 많은 것으로 더 많은 것을 하기 doing more with more	성장주의를 유지, 1970s, 높은 출산율과 이민율, 농업과 산업 생산력의 증대, 소비사회, 무한한 자원과 자정력, 성장주의

보존 사회	CS1	더 적은 것으로 더 많은 것을 하는 사회 doing more with less	환경보전과 성장을 동시에, 효율성, 공유경제, 보존기술, 외부효과의 내재화, 규제와 경제적 유인, 녹색경제, 자원순환경제, 새로운 성장의 기회.
	CS2	더 적은 것으로 지금과 같은 수준으로 사는 사회 doing same with less	풍족한 삶, 안정적 상태, 절제, 충분성, 최적의 성장과 부와 인구를 추구. 수요, 산업, 도시, 에너지, 인구성장 제로. 동태적균형, 정상 상태
	CS3	더 적은 것으로 더 적은 것을 하지만, 무엇인가 다른 것을 할 수 있는 사회 do something else with less	정신적인 성장과 발전, 구매하기가 아니라 종교적 삶, 존재하기, 교외 지역사회, 자급자족
낭비 사회	CS-1	더 많은 것으로 덜 잘사는 낭비사회, 탕진사회 (squander society) do less with more	현재만 중요, 자유시장, 미래는 미래에 맡겨두자, 낭비는 일자리와 성장 등에 긍정적인 면도 있어 좋은 것

그림의 각 수평막대의 길이는 CS-1부터 CS3 각 번호에 해당하는 높은 번호의 유형으로 삶의 방식이 전환되어야 하는 시한을 예시로 표시한 것이다. 예를 들면 CS-1은 2020년대 중반까지 허용되고 2030년대 초반부터는 CS0 유형으로, 2040년대 중반부터는 CS1으로의 전환이 시작되어야 하며, CS2로의 전환은 2040년대 중반 이후부터, CS3로의 전환은 원하는 사람들에 한해서 2050년대 중후반부터 확산되도록 할 수 있을 것이라는, 보존사회로 전환하는 유형별 체제전환의 단계별 로드맵을 제안하는 것이다. 동시적, 병렬적 변화를 위한 노력을 표시하기 위하여 가로막대의 시간이 서로 중첩되도록 표시하였다.

출처: Dator and Park(2009), kt 경제경영연구소(2009)를 표로 정리

기술발전이 모든 것을 해결할 수 있는 것은 아니지만 적은 것으로 더 많은 일을 할 수 있는(CS1), 또는 더 적은 것으로 충분함이 유지되는 상태를 만족하며 행복한 삶을 지속하는 데(CS2) 많은 도움을 받을 수 있다. 한국과 세계가 공통적으로 추진하고 있는 스마트 정보통신 기술의 진보, 지속가능발전, 안전한 사회, 국민이 만족하는 행복한 사회라는 큰 4가지 목표는 목표 간의 약한 제도적 정합성으로 노력들이 분산되어온 경향이 크다. 이들 목표 간의 정합성과 상승효과를 높이기 위하여 전략적으로 한국의 스마트 정보통신기술(ICT)의 빠른 발전을 기반으로(smart) 지속가능발전목표를 이행하여 지속가능한 사회로 전환하고(sustainable), 동시에 언제 어디에서나 모두가 안전한 사회를 만들고(safe) 이를 바탕으로 개개인의 역량이 발전하며, 삶에 만족하며 행복한 삶을 영위할 수 있는(satisfy) 행복한 사회로 발전하는 4S의 전략을 구상해볼 수 있다.[7] <그림 7>과 같이 스마트 사회, 지속가능한 사회, 안전한 사회를 통해 개개인의 만족과 행복한 삶을 궁극적으로 실현하기 위하여 전환과 진화 경로를 거치는 단계적 전략이다(김도훈 외, 2008).

---

[7] 4S는 EU, 미국, 일본, 한국 등에서 발행된 미래전망과 국가전략보고서, 정부 부처별 국정과제 분석등에 대한 문헌연구를 통하여 선진국가들의 미래 아젠다의 특성을 분류하여 도출되었다. 4S는 SMART, SAFE, STRONG, SUSTAINABLE 등의 4S 가 키워드로 도출되었다(김도훈 외, 2008). 이 연구를 참조하여 4S에서 경쟁력을 뜻하는 STRONG을 사람이 만족하고 행복한 미래(SATISFY & HAPPY)로 모든 전략, 정책, 계획의 최종 목표로 설정한 것이다. 이 논문에서 스마트 사회란 정보통신기술(ICT)이 지속가능발전목표 이행과 안전사회 구축에 중요한 기반기술이 되는 사회로, 이를 기반으로 만족하고 행복한 사회를 추구한다는 전략적 구상을 제시한 것이다.

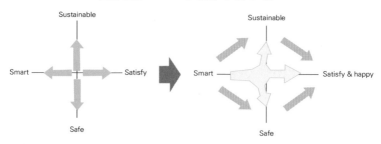

그림 7 CS2로의 전환과 진화 경로

출처: 김도훈 외(2008)

　이러한 변화는 그저 이루어지는 것이 아니다. 정부의 선도적 노력이 국민의 공감대와 적극적 참여를 불러일으킬 수 있어야 한다. 2012년 UN 우리공동의 미래 업데이트 보고서는 지속가능성의 확산을 위해 ① 지속가능발전을 주장하는 정당의 정권창출 가능성을 증가시켜야 하고, ② 사회, 공동체, 개인차원에서의 가치를 지속가능한 사회와 양립가능하게 해야 하며, ③ 기존의 성장방식이 우리가 직면하고 있는 문제들의 해결책이 아니라 원인일 수 있다는 국민 공감대를 형성하고, ④ 로드맵을 마련하여 제도와 과정의 이중성, 지속가능성과 성장모델의 병존을 종식할 것, ⑤ 모든 부서에서 SDGs를 채택하고, ⑥ 정책과 행정이 지속가능성과 모든 차원에서 일관성이 있는지를 검토하고, ⑦ 가장 강력한 부서와 조직에 지속가능발전의 책임을 부여하고, ⑧ 책임을 공정하고 명확하게 분배하고, ⑨ 자연자본의 유지와 발전을 재무, 경제 발전부서에 명문화하고, ⑩ 미래세대의 발언권을 제도적으로 보완하며, ⑪ 낮은 차원에서 자체적 수단을 스스로 행할 수 있는 권한과 유인을 부여하고, ⑫ 의회에 지속가능발전의 진척에 대한 감시, 평가, 환류의 기능을 부여해야 한다고 제안한다(UN DESA, 2012).

자본주의의 발전을 아담 스미스(Adam Smith)의 자유방임 자본주의 1.0부터 자본주의 4.0까지 분류한 칼레츠키(Kaletsky)는 1930년대 대공황 극복을 위한 강한 정부주도의 자본주의 2.0 시장경제가 1980년 이후 시장근본주의의 지나친 팽창으로 겪게 되는 많은 문제점을 노정한 자본주의 3.0은 2000년대 이후에는 정부주도와 시장경제의 장점을 배합하여 양자의 장점을 적절히 갖춘 자본주의 4.0으로 발전해야 한다고 주장하였다(Kaletsky, 2011). 이제 시장근본주의적 자본주의는 변해야 한다. 분명한 가치와 목표에 대한 공감대를 기반으로 정합성이 높은 제도와 정책(정정길, 2002)을 정교하게 구축할 때 지속가능성과 동태적 균형발전 목적과 목표의 달성 가능성은 더 높아질 것이다.

IV. 토론과 소결

하루 8시간을 일하면 사람들이 필요한 핀을 모두 만들던 사회가 기술발전으로 4시간만 일하면 필요한 핀을 다 만들게 되었다. 이상적인 사회에서는 4시간을 일하고 4시간이 늘어난 여가 시간에 사람들은 자기가 하고 싶었던 것을 하며 자신의 역량을 발전시키고, 여유 있게 살아갈 것이다. 그러나 많은 사람들은 이렇게 반문한다. 하루 4시간만 일해서 어떻게 경제성장하느냐고. 더 열심히 일해야 하지 않겠느냐고. 그러나 사람들은 4시간이나 더 늘어난 여가시간을 결국 자기가 하고 싶었던 일, 그리고 그런 일들을 더 잘해나갈 수 있도록 자신의 역량을 계발하는 데 투자할 것이다. 마슬로(Maslow)의 욕구단계론에서 최상위인 자기실현의 욕구를 충족시켜나갈 것이다. 개개인의 역량이 늘어난 사회는 집단적 역량의 발전으로 더 혁신적이고 창의적이며, 개개인이 더 행복한 사회를 만들게 될 것이다.

그러나 현재의 경제성장모델의 상황 하에서는 치열한 경쟁으로 공장 반이 파산하고, 나머지 반의 공장에서 핀을 모두 생산하게 된다. 핀 공장에서 일하던 사람들 반은 과잉노동에 시달리고, 나머지 반은 비자발적인 여유시간을 가지는 실업상태가 될 것이다(Meadows et al., 1972). 현재의 신자유주의 경제성장모델과 시장구조 하에서 무한성장은 무한경쟁을 낳는다. 지금의 경제시스템은 소비를 기반으로 끊임없이 확대 재생산되는 구조에 기반하고 있다. 치열한 경쟁으로 사람들은 더 힘들어지고, 빈부격차는 심해지고, 소비에 기반한 지위 경쟁은 계속 더 새로운, 더 고급의 상품소비로 확대 순환된다. 기술혁신은 거대 자본을 중심으로 이루어져 소득 분배는 노동분배율이 자본분배율보다 지속적으로 낮아지면서 양자 간의 소득 격차는 더 점차 커지고 있다. 컴퓨터가 처음 나왔을 때 사람들은 1주일이 걸리던 일을 1시간에 처리할 수 있을 것이라고 기대했었다. 그러나 일은 더 많아지고, 여유시간은 오히려 더 줄어들었다. 그래서 사람들은 GDP는 올라가는데, 수출은 증가하는데 그 많은 돈은 다 어디로 가고, 삶은 왜 이리 팍팍해지는지 묻는다. 우리가 만든 이 시스템은 우리를 위해 서빙하고 있는 것인가 아니면 우리가 이 시스템을 위해 서빙하고 있는 것인가? 가난과 불평등을 해소한다고 믿었던 경제성장이 이제는 문제를 점차 악화시키는 원인으로 변하고 있다. 시장근본주의 자본주의 시스템은 고전경제학에서 신고전경제학으로 그리고 신자유주의 세계화와 무역자유화를 기반으로 하는 승자 독식과 빈부격차를 확대하는 시스템으로 변해왔다. 신고전경제학은 궁극적 목적은 보이지 않고 파레토 옵티멈(pareto optimum)이라는 수단적 목적만 있다. 자유무역이라는 무한경쟁에 직면한 생산자들은 최고의 생산성을 가진 다국적 기업이나 거대 기업과 경쟁할 수 없다. 그 틈에서 가난한 나라의 근로자들은 점차 더 가난해지고, 부자나라 근로자들의 삶은 더 팍팍해지게 되었다.

지금까지의 성장방식이 이제는 문제를 해결하는 것이 아니라 여러 문제의 원인이 되고 있다면 우리는 이제 어디로 가야하는가? 우리는 시장근본주의, 소비와 생산방식은 그대로 둔 채 탄소중립을 목표로 하고 있다. 그리고 기후위기 조차 또 다른 경제성장의 기회로 본다. "집에 불이 났는데도 어른들은 불을 끌 생각은 하지 않고 돈 벌 생각만 한다"는 그레타 툰베리(Greta Thunberg)의 말이 옳다. 무한 성장모델은 이제 지속가능발전과 동태적 균형경제와 정상상태로의 전략적 전환을 시작하여야 한다.

지구생명유지 시스템에 대한 최근의 과학적 연구는 유전자 다양성, 인과 질소 등 생화학물질 생산량이 지구의 한계용량을 훨씬 초과하여 고위험의 상태이고, 기후변화와 삼림면적의 감소는 한계용량을 초과하며 위험이 증가하고 있다는 것을 보여주고 있다. 더 위험한 것은 생물종의 기능적 다양성이나 대기 중 미세먼지의 농도 등은 한계용량이 얼마인지 파악도 못하고 있으며, 우리가 모르는 신규물질의 영향이 지구의 생명시스템에 어떤 영향을 미칠지도 모르는 상태에 처해있다(Steffen et al., 2015). 그래서 인간의 존엄성을 지켜주는 기본수요 이상의 발전, 그러나 생태적 한계의 범위 내에서, 발전을 위한 균형점을 찾아가는 안전하고 정의로운 세계를 만들자는 도넛경제학도 주장되고 있다(Raworth, 2017). 소비자는 지위경쟁과 소비에 중독되어 있고, 사람을 목적가치로 귀하게 여기지 않고 서로를 수단가치로 보는 약육강식의 성장이라면, 그리고 미래에 대한 낙관적 희망도 희미해진다면, 우리는 과연 무엇을 위해 성장하고 발전하는가?

　현재의 주류는 자유무역을 주도하는 신자유주의 성장론이다. 주류는 더 많은 사람들이 주류를 따르게 만든다. 사람들은 변화를 원하지만 변화를 싫어하고 두려워하기도 한다. 신자유주의 성장모델은 지금까지 주류였지만 현재의 상황은 이에 대한 큰 변화가 필요함을 지속적으로 알려주고 있다. 이 글은 경제성장이 중요하지 않다거나, 그간의 긍정적인 성과를 폄하하려는 것이 아니다. 오히려 성장과정에서 누적된 문제들을 해소하고, 마지막 한사람까지 적정한 삶의 질과 행복한 삶을 누릴 수 있도록 하는 발전이 지속가능하도록 지금까지의 성장방식을 이제는 모든 노력을 다해 전환해 나가야 할 때라는 점을 강조하기 위한 논문이다. 주류에 따라가다 보면 더 큰 문제와 위기에 봉착할 가능성이 크다. 그때는 이미 늦은 때가 될 가능성이 크다. 변화의 필요에 대한 개개인의 의식의 변화, 행동의 변화, 우리가 원하는 대안적 미래에 대한 사회적 숙의와 합의, 사회적 실행을 위한 연구와 탐색, 모두가 함께하는 노력은 늦었지만 바로 지금 모든 부문에서 시작해야 할 때가 아닌가 한다.

김도훈 · 문태훈 · 김동환 · 홍영교. (2008). 한국의 혁신을 위한 미래 IT 아젠다 도출. Telecommunications Review, 18(1), 15-26.

문태훈. (2016). 성장의 한계 논의의 전개와 지속가능발전에의 함의. 한국시스템다이내믹스연구, 17(2), 5-32.

문태훈. (2020.6.25). 지속가능한발전을 위한 과제. 2020년 한국행정학회 하계학술대회 기조발제.

문태훈. (2022.3.26). 시스템다이내믹스와 성장의 한계, 지속가능발전, 정상상태의 경제. 한국시스템다이내믹스학회 2022 상반기 학술대회 기조강연.

서병훈. (2017). 위대한 정치. 서울: 책세상.

이은영. (2020.1.30). 대기업 대표 최저임금 300-400배 받아 임금불평등 심각. 매일노동뉴스. (최종검색일: 2023.1.23)
https://www.labortoday.co.kr/news/articleView.html?idxno=162735

정정길. (2002). 행정과 정책연구를 위한 시차적 접근방법: 제도의 정합성을 중심으로. 한국행정학보, 36(1), 1-19.

황성돈 · 문태훈 · 이용환 · 최창현 · 최광 · 최남희 · 최도림 · 학송 · 한세억. (2012). 좋은 정부란 무엇인가. 서울: 한국학술정보.

Daly, H. E. (2014). From Uneconomic Growth to a Steady State Economy-Advances in Ecological Economics. Cheltenham: Edward Elgar Publishing Ltd.

Dator, J. and Park, S. (2009). Through a Brushwood Door: Should Korea Become a Conserver Society?. A Report to Korea Telecom. Hawaii Research Center for Futures Studies.

Jackson, T. (2017). Prosperity without Growth -Foundation for the Economy of Tomorrow (2nd Ed.). London and New York: Routledge Taylor & Francis Group.

Kaletsky, A. (2011) 자본주의 4.0-신자유주의를 대체할 새로운 경제패러다임 [Capitalism 4.0: The Birth of a New Economy]. (위선주, 역).

서울: 컬처앤스토리. (원본 출판 2010)

kt 경제경영연구소. (2009). 소비사회를 넘어 보존사회로 (Through a Brushwood Door: Should Korea Become a Conserver Society?). 서울: 금하기획.

Meadows, D. H., Meadows, D. L., Randers, J., and Behrens, W. W. (1972). The Limit to Growth. A Report for the club of Rome's project on the predicament of Mankind. Washington DC: A Potomac Associates Book.

Meadows, D. H., Meadows, D. L., Randers, J., & Behrens, W. W. (1972). 인류의 위기, 로마클럽 레포오트[The Limit to Growth. A Report for the club of Rome's project on the predicament of Mankind]. (김승한, 역). 서울: 삼성문화문고. (원본 출판 1972)

Meadows, D. H., Meadows, D. L., and Randers, J. (1992). Beyond the Limit, Global Collapse or a sustainable Future. London: Earthscan Publications Ltd.

Meadows, D. H., Meadows, D. L., and Randers, J. (2004). Limits to Growth: The 30-Year Update. Vermont: Chelsea Green Publishing Company.

Meadows, D. H., Meadows, D. L., and Randers, J. (2012). 성장의 한계 -30년 업데이트[Limits to Growth: The 30-Year Update]. (김병순, 역). 서울: 갈라파고스. (원본 출판 2004)

Randers, J. (2012). 2052: A Global forecast for the next 40 years, A report to the club of Rome commemorating the 40th anniversary of the Limit to the Growth. Vermont: Chelsa Green Publishing.

Randers, J. (2013). 더 나은 미래는 쉽게 오지 않는다[2052: A Global forecast for the next 40 years]. (김태훈, 역). 서울: 생각연구소. (원본 출판 2012)

Raworth, K. (2017). 도넛경제학[Doughnut economics]. (홍기빈, 역). 서울:

학고재. (원본 출판 2017)

UN WCED. (1987). Report of the World Commission on Environment and Development: Our Common Future. UN WCED. https://sustainabledevelopment.un.org/content/documents/59 87our-common-future.pdf

UN DESA. (2012). Back to Our Common Future: Sustainable Development in the 21st centurey (SD21) project. UN DESA. https://sustainabledevelopment.un.org/content/documents/ba cktofuture.pdf

Sen, A. (2007). 자유로서의 발전[Development as Freedom]. (김원기, 역). 서울: 갈라파고스. (원본 출판 1999)

Steffen, W., Richardson, K., Rockström, J., Cornell, S. E., Fetzer, I., Bennett, E. M., ... and Sörlin, S. (2015). Planetary boundaries: Guiding human development on a changing planet. Science, 347(6223).

Stiglitz, J. E. (2010). 스티글리츠 보고서[the Stiglitz Report]. (박형준, 역). 파주: 도서출판 동녘. (원본 출판 2010)

Stiglitz, J. E. and Sen, A. (2011), GDP는 틀렸다[Mismeasuring Our Lives: Why GDP Doesn't Add up]. (박형준, 역). 파주: 도서출판 동녘. (원본 출판 2010)

제 2 장

성장의 중요성을 되새기며

이영성(서울대학교 도시 및 지역계획학 교수)

I. 국가의 번영과 경제성장

국민이 서럽지 않은 나라는 어떤 나라인가? 국민이 자부심을 갖는 나라는 어떤 나라인가? 국민이 과거보다 더 나은 삶을 누릴 수 있는 나라는 어떤 나라인가? 번영하는 나라이다. 국가가 해야 하는 과제는 수없이 많다. 가장 중요한 것은 번영을 일궈내는 것이다. 번영하는 국가의 국민은 삶이 더 윤택하고, 그 나라 국민인 것에 자부심을 느낄 수 있다. 번영에 이르기 위해 가장 중요한 '필요조건'은 장기간의 경제 성장을 만들어내는 것이다. 민주주의의 성숙이라는 조건이 동행해야 번영의 충분조건이 성립된다. 하지만, 본 고의 짧은 논의에서는 성장의 의미에 초점을 맞춘다.

국가의 번영을 측정하는 대표적인 지표는 GDP와 1인당 GDP이다. 전자는 국력을, 후자는 삶의 질을 나타낸다. 완벽하지는 않지만,

객관적으로 측정 가능하고 국가 간에 비교할 수 있는 유력한 지표이다. 통계청의 국제통계와 북한통계를 이용하여 장기 추세를 확인하면 불과 수십 년 만에 국가의 명운이 바뀌는 것을 확인할 수 있다.

첫째, 미국 경제는 세계에서 가장 규모가 큰데도, 장기간에 걸쳐서 지속적으로 성장했다. 미국이 강대국이 될 수 있었던 것은 영국이 식민지를 잃었기 때문도 아니고, 소련을 포함한 동유럽이 붕괴해서도 아니다. 영국으로부터 독립한 이후 지금까지 높은 수준의 연평균 경제성장률을 수백 년에 걸쳐 유지했기 때문이다. 예컨대 1990년에서 2019년까지 명목 GDP 기준으로 미국의 연평균 성장률은 4.5%였다. 서방 선진국인 프랑스, 독일, 영국의 두 배에 해당하는 성장률이다. 경제 규모가 훨씬 큰데도 장기간에 걸친 성장률은 훨씬 높은 것이다.

둘째, 일본은 경제 성장이 30여년간 정체돼 있었던 것에 반해 중국은 엄청난 성장을 이루었다. 일본의 국내총생산은 1995년부터 2020년까지 4조~5조 달러 수준에서 정체되었다. 1990년대 중국의 GDP는 0.3조 달러로서, 일본의 1/8.7 수준이었다. 그러나 2020년 중국의 GDP는 14.7조 달러였다. 국력의 부침이 불과 30년 사이에 이토록 극명하게 엇갈린다는 것이 믿기지 않을 정도이다.

셋째, 북한도 일본과 비슷하게 정체된 모습이다. 1990년에 북한의 1인당 GDP는 사회주의 국가 중에서 순위가 매우 높았다. 당시 북한의 1인당 GDP는 734달러였는데, 통계청의 국제통계에 따르면 이는 중국 1인당 GDP(308달러)의 2.4배, 인도(364달러)의 2배, 베트남(95달러)의 7.7배이다. 그러나 북한의 2019년 1인당 GDP는 1,167달러였다. 최근 국제제재 때문에 더 내려갔을 것으로 짐작된다. 2020년에 중국은 10,500달러, 인도는 1,900달러, 베트남은 2,785달러가 되었다. 1990년 시점에서 북한은 아시아의 사회주의 국가나 제3세계 국가들보다 더 좋았지만, 이제는 차이가 많이 벌어지고 있는 상황이다.

표 1 주요 국가의 명목 GDP

	1990(A) (단위: $B)	2019(B) (단위: $B)	B/A (단위: 배)	연평균 성장률 (단위: %)
한국	279	1,665	6	6.4
북한	15	30	2	2.4
중국	361	14,246	39.5	13.5
인도	317	2,843	9	7.9
일본	3,133	5,252	1.7	1.8
베트남	6.5	247	38	13.4
미국	5,980	21,690	3.6	4.5
러시아	517	1,449	2.8	3.6
프랑스	1,269	2,772	2.2	2.7
독일	1,765	3,966	2.2	2.8
영국	1,093	2,779	2.5	3.3

출처: 통계청(이영성, 2019에서 재인용)

표 2 주요 국가의 일인당 명목 GDP

	1990(A) (단위: $B)	2019(B) (단위: $B)	B/A (단위: 배)	연평균 성장률 (단위: %)
한국	6,515	31,929	4.9	5.6
북한	734	1,167	1.6	1.6
중국	308	10,217	33.2	12.8
인도	364	2,101	5.8	6.2
일본	25,160	40,113	1.6	1.6
베트남	95	2,786	29.3	12.4
미국	23,679	65,280	2.8	3.6
러시아	3,502	10,127	2.9	3.7
프랑스	22,282	40,380	1.8	2.1
독일	22,308	46,468	2.1	2.6
영국	19,118	42,354	2.2	2.8

출처: 통계청(이영성, 2019에서 재인용)

제1부 성 장

셋째, 요즘 전쟁 때문에 언론에서 많이 언급되는 러시아는 세계 최고의 군사 강국이지만, 경제성장은 장기간 정체되었다. 러시아 GDP는 1990년에 0.4조 달러였으나, 2000년에는 0.26조 달러로 추락한 뒤, 2020년에는 1.5조 달러 규모로 성장하였다. 주로 원자재 가격 변동에 의한 것이다. 원자재 가격이 상승하면 GDP가 커지고, 반대이면 작아지는 구조이다. 유가는 1990년대 후반 배럴당 15달러였다가 2010년 100달러를 상회하였다. 원자재 가격 상승에 의해 증가한 부가가치를 제외하면 그 외의 경제 부문에서 창출하는 부가가치는 1990년대와 2020년 사이에 큰 차이가 없는 것으로 보인다. 우크라이나와의 전쟁에서 러시아가 무기는 뛰어난데도, 군수물자(옷, 음식, 탄약 등) 보급, 물류, 전반적인 조직 운영 능력 면에서 서방 선진국보다 뒤떨어진다고 한다. 경제적 능력이 떨어진다는 것을 의미한다. 한 가지 재미있는 것은 과거에 소련 연방에 있었고, 러시아와 국경이 맞닿아 있는 발트 3국인 라트비아, 에스토니아, 리투아니아의 경우이다. 2020년 기준으로 우크라이나의 1인당 GDP는 3,730달러였지만, 러시아는 10,000달러, 라트비아는 17,600달러, 에스토니아는 23,300달러, 리투아니아는 20,000달러였다. 발트 3국이 시장경제를 받아들이고, 서방 선진국과 주로 교역하며, 적극적인 성장정책을 펼치면서 나타난 결과이다. 2020년에 우리나라의 1인당 GDP는 31,600달러이다. 독일(45,700달러), 영국(40,300달러), 프랑스(38,600달러)와 비교할 때 아직은 작지만, 우리나라의 경제성장률이 더 높기 때문에 앞으로 격차는 좁혀질 것이다.

II. 경제성장과 국민의 일상생활

국력은 다양한 형태로 국민의 일상생활 곳곳에 투영된다. 1998년
에 필자가 미국에 유학을 가서 학교 수영장에 갔는데, 징-징 기계 소
리가 들려 주위를 살펴보니 휠체어를 탄 장애인이 수영장 풀에 들어
가기 위해 한쪽 구석에 설치된 간이 엘리베이터를 이용하면서 나는
소리였다. 그때보다 24년이 지났지만, 그리고 대한민국이 선진국 대열
에 들어갔지만, 대한민국에서는 아직 비슷한 광경을 아직 보지 못
했다. 코넬대학교(Cornell University)가 있는 톰킨스 카운티(Tompkins
County)의 면적은 서울시와 비슷하지만 인구는 당시 7만 명에 불과
했다. 그 작은 시골의 어느 수영장에서도 비슷한 시설을 누구나 이
용할 수 있었다. 서울대학교 도서관에서 대학원생이 빌릴 수 있는
책의 수와 기간은 최대 30권 30일이다. 코넬 대학교는 대학원생이
200권의 책을 6개월 동안 빌려 볼 수 있었다. 1999년 12월 어느 날
새벽에 집으로 와서 잠깐 눈을 붙이고 일찍 일어나서 나가 보니, 차
가 보이지 않을 정도로 폭설이 내렸다. 아침 일찍 예정인 기말시험
에 늦지 않으려고 황망하게 눈을 치우고 차를 끌고 나가면서 학교
에 갈 수 있을지 걱정했지만, 학교로 가는 간선도로는 뽀송뽀송했
다. 충격적이었다. 그 비결은 제설 차량이 눈 내리는 곳이라면 넓은
대륙 어디에서나 세상을 뒤덮은 눈에 못지않은 엄청난 양의 소금을
퍼붓는 데 있었다. 생각해보자. 광활한 미국에서 겨울에 눈 때문에
몸살을 앓아야 하는 북부와 중서부 지역만으로도 얼마나 넓은가? 하
지만 유학 기간 도중 겨울에 그 지역을 운전하고 다닐 때, 웬만큼
폭설로는 간선도로 운행에 문제가 없었다. 그것 또한 국력의 한 단
면이다.

약 20여 년 전에 어느 신문에서 본 내용이다. 휴전선 부근에 주둔한 수십 개 사단의 화력을 100이라고 할 때 평택으로 옮기기 전 동두천에 있는 미 2사단의 화력이 80이라는 것이다. 필자는 사실관계를 확인할 수 있는 위치에 있지 않다. 오래전 일이어서, 어느 신문이었는지 찾을 수도 없었다. 이 논의가 맞는다면 국방에 투영된 국력의 차이를 극명하게 보여준다. 다행히 이제 대한민국의 국방예산은 대략 50조원에 이른다. 러시아, 일본과 비슷한 수준이다. 우리나라가 그만큼 성장을 했다는 것을 대변한다. 장기간에 걸친 경제성장의 혜택을 국민이 누리는 것이다.

표 3 주요 국가의 2020년 국방비

	국방비 (단위: $B)	GDP대비 (단위: %)	1인당 국방비 (단위: $)
미국	738.0	3.55	2,219
중국	193.3	1.27	139
인도	64.1	2.47	48
영국	61.5	2.33	936
프랑스	55.0	2.16	811
독일	51.3	1.36	641
일본	49.7	1.01	396
사우디 아라비아	48.5	7.13	1,420
러시아	43.2	3.05	295
한국	40.4	2.55	779

출처: IISS(2021)

대한민국의 1인당 GDP가 몇 년 뒤에는 4만 달러에 이를 것으로 예견될 만큼 성장했지만, 정체되거나 퇴보하는 지역들이 있다. 그러한 지역에서 국민의 삶은 상대적으로 고단하다. 삶의 질을 비교할 수 있는 좋은 분야는 건강성과이다. 건강성과의 공간 분포는 경제성장이나 소득 수준과 거의 같다. 우리나라에서는 경부축이 성장축, 강원－경북－호남으로 이어지는 축이 쇠퇴축이었다. 종속변수를 암 발생자로 회귀분석을 진행하면 주택 노후도가 강력하게 작용한다(조준혁 외, 2014). 주택 노후도는 물리적 특성뿐 아니라, 건강과 관련 있을 수 있는 많은 현상을 대변한다. 게다가 건강성과는 공간적 자기상관을 갖고 있었다. 건강성과가 좋지 않은 곳의 주변 역시 건강성과가 좋지 않을 가능성이 높다는 것이다. 경제 수준, 생활 습관, 믿음 체계, 인간관계를 공유하기 때문에 나타나는 현상이다. 이러한 현상은 서울의 비만도에서도 확인된다. 서울에서 비만율이 가장 낮은 곳은 서초, 강남, 송파구였다. 가장 높은 곳은 강북에 포진해 있었다. 청소년 비만율이 높은 지역은 학업 성과가 낮았으며, 호흡기를 비롯한 다양한 질병의 위험도 높았다(이영성 외, 2015). 이런 제반의 문제들은 경제성장이 우선 중요하고, 그러한 경제성장의 온기가 국가 곳곳에 확산되어야 한다는 것을 의미한다. 지역의 경제성장이 인간 삶의 모든 문제를 일일이 다 해결해주지는 못하지만, 인간 삶의 기본 조건은 분명 크게 향상시킬 수 있다.

국가가 성장하면 국민이 체감하는, 또는 체감하지 못하는 다양한 혜택과 복지가 제공될 수 있지만, 성장 궤도에 진입하지 못하거나, 궤도에서 이탈하게 되면 소외되는 빈민층은 더 증가하고, 인생의 힘든 짐을 주민들이 스스로 감내해야 하는, 힘든 상황이 이어진다. 국가나 공공부문이 해야 하는 가장 중요한 과업은 장기적인 성장이 가능하도록 정책을 펼쳐서 주민의 생활 수준과 삶의 질을 향상시키는 것이다.

III. 양적 성장 vs. 질적 성장?

환경을 소중히 하면서 양적인 성장보다 질적인 성장을 추구해야 한다는 주장이 많다. 물론 질적인 성장은 좋다. 좋은 예는 서울이다. 서울은 양적인 성장은 더디지만, 생산성을 올리면서 산업구조를 고도화하고 있다. 지역내총생산(GRDP) 성장률은 1990년부터 2000년까지 광역시도 가운데 7등이었지만, 2010년부터 2019년까지는 12등이었다. 가장 어려운 경남, 전남 같은 광역시도의 바로 위에 위치해 있다. 경남에서 전남의 여수, 광양으로 이어지는 동남 임해공업지대는 1960년대, 1970년대의 기술과 자본을 투입해 건설한 대단위 산업지대로서, 자동차, 조선, 금속, 기계, 석유화학 산업으로 구성되어 있다. 2010년대 내내 이들 산업의 불황 여파가 쌓인 데다가, 앞으로 엔진 자동차에서 전기자동차로 전환하면 필요한 부품이 줄면서 산업생태계는 상당히 타격을 볼 수밖에 없다. 서울의 경제성장률은 그러한 지역의 바로 위에 위치해있다.

표 4 광역시·도 10년 단위 경제성장률의 순위 변화

시도	1990-2000	2000-2010	2010-2019
제주	10	11	1
충북	3	10	2
경기	2	2	3
강원	14	16	4
광주	9	4	6
인천	11	3	7
대구	12	17	8
충남	1	1	9
대전	8	8	10

전북	6	15	11
서울	7	13	12
부산	13	14	13
경북	4	12	14
울산		7	15
전남	5	9	16
경남	15	5	17

자료: 통계청 자료를 정리.

반면에 서울의 총요소생산성 증가율 순위는 광역시도에서 2등이
다. 총요소생산성은 투입되는 노동과 자본을 얼마나 잘 활용해서 부
가가치를 뽑아내느냐는 근원적인 능력을 측정한다. 서울의 총요소
생산성이 높은 것은 4차 산업혁명 관련 산업을 중심으로 산업이 고
도화되기 때문이다.

표 5 광역시·도의 총요소생산성 변화

시도	2006	2016	총요소생산성 변화율
서울	2.12	2.05	-3.60%
부산	1.53	1.34	-12.40%
대구	1.56	1.4	-10.20%
인천	1.8	1.48	-17.60%
광주	1.63	1.5	-8.00%
대전	1.58	1.48	-6.50%
울산	3.13	2.36	-24.70%
경기	1.74	1.67	-4.00%
강원	1.24	1.1	-11.20%
충북	1.5	1.53	1.90%
충남	1.82	1.72	-5.30%
전북	1.45	1.23	-14.90%

전남	1.74	1.44	-17.40%
경북	1.53	1.4	-8.40%
경남	1.73	1.51	-12.60%
제주	1.37	1.32	-3.50%

출처: 저자 직접 계산

　서울의 지역내총생산에서 정보통신업이 차지하는 비중은 전국의 국내총생산에서 정보통신업이 차지하는 비중 대비 2000년에는 2.3 이었다가 2018년에 2.8로 올라갔다. 4차 산업혁명의 핵심 산업은 장기간에 걸쳐서 서울에 더욱 강력하게 집적되고 있다는 의미이다. 참고로 1980년에는 1.3이었다. 이는 <그림 1>에서 확인할 수 있다. 아래에서 오른쪽 그림은 연도별, 산업별로 왼쪽 수식을 계산하여 그래프에 표현한 것이다. X-축은 2000년, Y-축은 2018년 값이다. 원점은 1이다. 1은 전국 평균을 뜻한다. 1사분면은 2000년과 2018년 모두 전국 평균보다 해당 산업의 서울 집적도가 높은 것이다. 1사분면에서 45도 선 위는 2018년에 2000년보다 더 개선된 것인데 비해, 45도 선 밑은 2018년에 2000년보다 조금 나빠졌지만 여전히 전국 평균보다는 좋은 상태라는 뜻이다. 3사분면은 2000년과 2018년 모두 전국 평균보다 해당 산업의 서울집적도가 낮은 것이다. 2사분면은 2000년에는 전국 평균보다 못했지만, 2018년에는 전국 평균보다 좋은 상태로 개선되었다는 의미이다. 4사분면은 2000년에는 전국 평균보다 좋았지만, 2018년에는 전국 평균보다 내려갔다는 의미이다.

그림 1 서울의 산업구조 변화

(전국 평균 대비) 서울의 산업별 부가가치비중

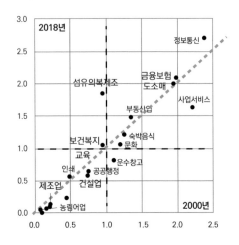

$$\frac{i산업의\ 부가가치\ 창출액}{서울의\ 지역\ 내\ 총생산(GRDP)}$$

$$\frac{i산업의\ 부가가치\ 창출액}{국내\ 총생산(GDP)}$$

출처: 이영성(2021)

　질적 성장이 좋기만 한 것은 아니다. 양적 성장이 정체된 상태에서의 질적 성장은 더 심하게 구조조정을 수반하고, 구조조정에 따른 부작용을 흡수하는 능력을 떨어뜨린다. 그 여파는 주변으로 퍼진다. 서울의 질적 성장은 한강 이남이 주도한다. 한강 이북과 한강 이남으로 나눌 때, 두 지역의 인구는 비슷하지만, 2016년부터 2018년까지 창출된 일자리 수는 한강 이북 약 13,000개, 한강 이남 약 12만 개로 10배 가까운 차이가 난다. 서울의 서북권과 도심권은 일자리가 오히려 감소했다. 강남, 역삼, 선릉, 삼성이 지식집약 산업의 중심으로 떠오르면서 서울의 경제 성장 온기가 2호선을 따라 구로G벨리로 이어지는 구간과 분당선을 따라 성수동으로 이어지는 구간에 집중되고 있기 때문이다.

86

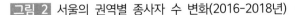

그림 2 서울의 권역별 종사자 수 변화(2016-2018년)

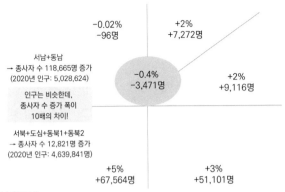

출처: 이영성(2021)

 통계청 자료에 따르면 4차 산업혁명에 의한 파장이 본격화되기 전인 2000－2005년, 2006－2010년, 2011－2015년에 서울의 종사자 수 증가는 서북권과 도심권이 주도했다. 서북권에서는 종사자 수가 2000－2005년에는 12%, 2005－2010년에는 16%, 2010－2015년에는 21% 증가했다. 하지만, 2015－2018년 사이에는 감소했다. 도심권도 비슷한 경향이었다. 전통적으로 도시 경제학에서 대표적인 도심 기능으로 손꼽는 것은 금융보험업이다. 우리나라 4대 금융지주와 주요 보험사는 모두 도심권에 입지해 있으나 도심권에서 금융보험업의 종사자 수는 2016년부터 2018년까지 3년 동안 무려 10%가 하락했다. 불과 3년 만에 나타난 변화이다.
 서울의 질적 성장에 따른 구조조정의 여파는 일정 부분 인천, 경기의 양적 성장이 소화, 흡수하고 있다. 서울의 구조조정이 인천과 경기의 양적 성장에 자양분이 되고 있는 것이다. 서울은 최근으로 올수록 종사자 수 증가율이 지속적으로 하락하고 있지만, 인천과 경기는 최근 3년과 10년 연평균 종사자 수를 봤을 때 크게 차이가 나지 않았다. 서울에서 구조 조정된 기업이나 산업의 상당 부분을 경기와 인천이 수용한다는 의미이다. 그러나 더 큰 질적 성장을 위해서는 양적 성장이 뒷받침되어야 한다. 양적 성장이 없는 상태에서는 질적 성장이 힘들다. 친환경적 사회로의 전환을 논의하면서 제로성장을 우리 사회가 추구해야 할 비전, 목표 또는 전략으로 설정하는 것은 바람직하지 않다. 다만, 양적성장이 질적 성장보다 바람직하다는 의미는 아니다. 그럼에도 양적 성장이 전혀 없는 상태에서의 질적 성장은 가능하지도 않고, 바람직하지도 않다는 의미이다.

표 6 종사자 수의 분석 기간별 연평균 증가율

	전국	수도권	비수도권	서울	경기	인천
2016-2018년	2.30%	2.60%	1.90%	1.30%	3.80%	3.20%
2014-2018년	2.80%	3.10%	2.50%	2.40%	3.70%	3.50%
2009-2018년	3.20%	3.30%	3.00%	2.50%	4.20%	3.40%

출처: 이영성(2021)

서울의 질적 고도화가 양적 성장과 연결되지 못한 데에는 도심의 역할을 소극적으로 생각했기 때문이다. 도심에서 발생한 경제 온기는 지역 전체로 확대되어야 한다. 야구에서 3번, 4번, 5번의 클린업 트리오 역할을 도심이 해주어야 하는데 통상적으로 도심의 핵심 산업이라고 알려진 산업에서 구조조정이 진행되면서, 서울 강북의 도심은 관광·유흥·음식·숙박업 위주로 재편되고 있다. 도심의 역사 자원을 크게 해치지 않으면서 성장을 이끌 수 있는 개발과 투자, 산업 육성이 필요하다. 성장과 개발보다는 역사 보전과 재생을 강조한 2010년대의 정책에 변화가 있어야 한다. 성장의 부작용을 흡수하면서 성장과 함께하는 도시재생으로 나아가야 서울의 질적 고도화가 서울의 장기적인 성장에 기여할 수 있다. 양적 성장 역시 도시의 번영과 장기적 경쟁력 향상에 필수적이다.

　국가가 만드는 공공부문의 최우선가치는 성장이다. 성장을 장기간에 걸쳐서 유지했을 때 국가가 번영하는 것이다. 국민은 건강하게, 질 좋은 교육을 받을 수 있으며, 구조조정 과정에서도 일자리를 구할 수 있다. 질적 성장과 고도화라는 명분 아래 양적 성장을 소홀히 하면 장기적으로는 번영에 이를 수 없다. 양적 성장과 질적 성장이 서로 상승작용을 일으키면 더욱 좋을 것이다. 환경을 추구하는 것이 양적 성장과 질적 성장을 훼손하는 것은 바람직하지 않다.

참고문헌

이영성. (2019). 남북 산업협력의 방향과 도시·지역의 혁신. 북한토지주택리뷰, 3(1), 20-27.

이영성. (2021). 서울의 미래 과제와 지역균형발전 전략. 서울시 지역균형발전본부 주최 세미나 발표 자료.

이영성·정해영·유현지·김경민. (2015). 초, 중, 고등학생들의 비만에 영향을 미치는 도시 특성. 지역연구, 31(3), 113-130.

조준혁·이영성·정해영·곽태우. (2014). 쇠퇴한 지역에 사는 사람들은 건강도 쇠퇴할까?. 국토계획, 49(6), 109-125.

IISS. (2021). The Military Balance 2021. Routledge.

토론 01

In Defense of Growth

구교준(고려대학교 행정학과 교수)

전통적인 성장이 가지는 한계와 문제점을 지적한 문태훈 교수님의 글에 많은 부분 공감합니다. 하지만 토론자로서의 역할에 충실하기 위해 조금은 성장의 입장에서 문 교수님의 글을 읽고자 합니다. 성장에 비판적인 글에서 제기되는 문제는 대체로 두 가지로 요약되는 것 같습니다. 첫째로 성장이 정말로 가난한 대중을 빈곤으로부터 해방시키고 삶의 질을 증진시킬 수 있는지의 문제와, 둘째로 미래세대와 환경을 고려할 때 과연 지금과 같은 성장이 지속가능할지의 문제입니다. 문 교수님의 글도 빈곤과 환경이라는 두 가지 이슈를 중심으로 문제를 제기하고 계시므로 저의 토론도 이 두 가지 이슈를 중심으로 구성해 보았습니다.

I. 성장과 빈곤

우선 성장과 빈곤의 관계 측면에서 오늘날 성장은 정말 유효기간을 다했는가를 한번 따져 보았으면 합니다. 정말로 성장이 더 이상 가난을 해결하지 못하고 승자 독식과 빈부격차를 확대하는 고장 난 시스템이 되었을까요?

우선 전 세계 극빈층이 변화를 살펴봅시다. UN은 하루 생계비 1.9달러 이하의 생활을 하는 사람들을 극빈층이라고 정의합니다. 통계에 의하면 1997년 인도와 중국 인구의 42%가 극빈층이었습니다. 2017년 기준 이 숫자는 인도에서 12%까지 중국에서는 0.7%까지 떨어집니다. 20년 전 전 세계 극빈층의 규모는 전체 인구의 약 30%로 추정되었지만 지금은 약 9% 정도로 추정합니다. 수십억의 인구가 지난 20년간의 눈부신 성장으로 가난의 지옥을 탈출했습니다. 자유무역과 무한경쟁, 무한성장으로 인해 가난한 나라는 더 가난해지고 부자 나라는 더 부자가 되었다는 주장은 적어도 전 세계의 극빈층 수의 추세로 살펴보았을 때 사실과 거리가 멉니다.

다른 기준으로 살펴볼까요. 한 사회의 보건 수준을 잘 보여주는 아동 사망률입니다. 1965년 기준 5세까지 생존하는 아동의 비율이 90%가 넘는 국가는 선진국으로 분류되는 소수의 국가에 불과 했습니다. 하지만 2017년 기준으로는 전 세계 대부분의 국가들에서 5세까지 생존하는 아동의 비율이 90%가 넘습니다. 아동 사망률을 기준으로 봤을 때 세계는 성장을 통해 지난 수십 년 간 격차가 늘어난 것이 아니고 오히려 줄어들었습니다(Rosling, 2020).

그렇다면 우리는 왜 오늘날 성장이 빈곤과 불평등 문제를 더 이상 해결해주지 못한다고 느끼는 것일까요? 아마도 우리가 점점 더 심각해지고 있다고 느끼는 문제는 절대적 빈곤과 불평등이 아니라 상대적 빈곤과 불평등의 문제일겁니다. 성장을 통해 수십억의 극빈층이 절대 빈곤에서 해방되었지만 동시에 부자들은 훨씬 더 큰 부자가 되었기 때문입니다. 인간의 웰빙에 절대소득 만큼이나 상대소득이 중요한 역할을 한다는 점을 고려하면 이와 같은 상대적 빈곤과 불평등의 심화는 경제적 풍요 속에서 오히려 더 팍팍한 우리 삶을 어느 정도 설명해 줍니다.

　그럼 상대적인 빈곤과 불평등의 심화라는 문제가 성장 중심의 생산시스템이 망가져서 발생한 문제일까요? 생산시스템의 문제라기보다는 분배시스템의 문제에 더 가깝다고 보는 것이 맞을 것 같습니다. 기술 발전을 바탕으로 한 성장을 통해 과거와 비교하면 엄청난 규모의 부가 만들어지고 있는데, 만들어진 부가 제대로 모두에게 골고루 돌아가지 않는 것이 상대적 빈곤과 불평등의 원인이라는 거지요. 시장은 효율적인 생산시스템일지 몰라도 효율적인 분배시스템으로 작동하지는 않으며, 공정한 분배를 위해 좀 더 적극적인 정부의 역할이 필요하지만 지금까지는 그 역할이 충분치 못했고 그로 인해 상대적 빈곤과 불평등이 심화했다고 보는 것이 좀 더 타당하지 않을까요? 성장은 가치중립적이며 따라서 죄가 없습니다.

II. 성장과 환경

　성장과 환경에 관한 지속가능성장에 대한 논의에서는 성장의 입지가 빈곤에 대한 논의에서처럼 떳떳하지는 않은 것 같습니다. 성장을 통한 환경의 파괴는 여러 가지 형태가 있지만 그 중 가장 심각한 기후변화 문제만 보더라도 <그림 3>에서 보는 바와 같이 지구 평균기온 상승의 대부분은 최근 100여 년 동안 집중적으로 일어난 현상입니다. 지구 역사에서 가장 추웠던 시기인 1만 년 전과 비교했을 때 현재 기온은 약 5도 정도 상승한 것인데, 그 중에서 1.1도가 최근 100년간 상승했다는 점을 고려하면 산업화를 통한 성장이 지속가능하지 않은 환경의 데미지(damage)를 만들어 내고 있다는 점은 분명한 사실인 것 같습니다.

그림 3 산업화 이후 지구 평균온도 상승 추이

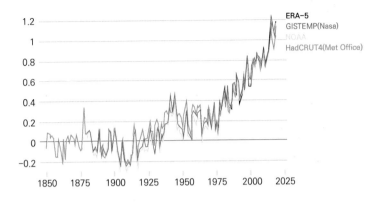

출처: UK Met Office(McGrath, 2020에서 재인용)

그렇다면 앞으로 미래 세대의 후생이 감소하지 않는 지속가능한 성장은 가능할까요? 기후변화를 주제로 본다면 쉽지는 않겠지만 아직 시간은 있습니다. 지구온난화의 크리티컬(critical) 포인트라고 할 수 있는 산업화 이전 대비 1.5도 상승을 유지하기 위해선 이번 세기 중반까지 탄소중립이 이루어져야 합니다. 그리고 그러한 목표가 달성되기 위해서는 기술혁신의 역할이 매우 중요합니다.

우리는 흔히 암울한 미래 예측을 이야기할 때 비선형적이고 불연속적이며 때로는 파괴적이기까지 한 기술혁신의 성격을 간과합니다. 맬더스(Malthus)의 인구론이 그렸던 암울한 인류의 미래 예상이 그토록 완벽하게 틀릴 수밖에 없었던 가장 중요한 이유도 바로 기술혁신입니다. 그 중에서도 특히 기존의 패러다임을 바꾸는 파괴적 혁신(disruptive innovation)은 기존의 사고 체계에서 불가능하리라고 생각했던 일들을 가능하게 만듭니다. 에너지를 예로 들어 볼까요. 약 1세기 전에 전기는 증기를 기반으로 한 제조업의 동력원을 바꿨습니다. 미국의 제조업계는 동력의 전기화를 통해 비용을 50–60%까지 절감하였고, 이 과정에서 적응하지 못한 수많은 제조업체들은 멸종하다시피 하였습니다.

기후변화에 대응하기 위하여 비슷한 에너지 전환이 현재 일어나고 있습니다. 수소에너지가 그 주인공입니다. 20세기 전부와 21세기 초반을 지배했던 화석연료 기반 에너지는 수소 기반 에너지로 빠르게 대체될 것입니다. 수소는 물을 전기분해해서 만들 수 있고, 여기에 사용되는 전기는 풍력 및 태양열과 같은 신재생 에너지를 통해 만들어집니다. 아이디얼(ideal)한 시나리오에서 수소에너지는 화석연료 에너지와 비교해서 비용은 훨씬 낮고 환경에 부담은 거의 없는 게임 체인저(game changer)라고 볼 수 있습니다. 아직은 기술의 완성도가 높지 않아서 화석연료 보다 발전단가가 높지만 독일 같은 대표적인 신재생 에너지 국가는 화석연료의 발전 단가와 비슷한 수준의 그리드 패리티를 이미 달성한 것으로 보고되고 있습니다. 독일에서는 특히 풍력이 풍부한 북부 해안가에서 만들어진 전기로 수소를 생산해서 이를 파이프라인을 통해 내륙의 라이프찌히(Leipzig) 같은 공업 도시로 이송하여 전력을 만들고 생산에 사용하려는 대규모 수소에너지 전환 전략을 추진 중입니다. 재생에너지 빈곤국인 우리나라 같은 경우 석유를 수입하듯이 수소를 수입하는 날이 올 것으로 예상됩니다. 이러한 전환이 전 지구적으로 성공적으로 이루어진다면 2050년까지 탄소중립과 기화변화 적응은 불가능한 일이 아닐 것입니다.

한편 기술혁신을 통해 환경 문제를 해결하고 지속가능성을 담보하기 위해선 성장이 뒷받침 되어야 합니다. 문제 해결을 위한 기술혁신이 이루어지려면 투자가 필요하고, 투자는 성장 없이는 불가능하기 때문이죠. 성장은 환경 문제를 일으킨 원인인 것은 맞습니다. 지금 이대로는 지속가능하지 않다는 것도 맞습니다. 하지만 성장은 동시에 그러한 문제를 치료할 수 있는 기술혁신을 가능하게 하는 중요한 필요조건입니다. 그런 면에서 성장은 21세기의 파르마코스 (pharmakos)라고도 할 수 있을 것 같습니다.

III. 성장의 한계와 정상상태

지속가능발전에서 한 걸음 더 나아간 동태적 균형발전론은 기술혁신이 가지는 중요한 특징을 놓치고 있는 것은 아닌가 하는 생각이 듭니다. 동태적 균형발전론이 기반하고 있는 성장한계론과 정상상태 경제론은 하나의 기술 패러다임 하에서는 말이 되지만 파괴적 혁신으로 기술 패러다임 자체가 바뀌게 되면 적용하기 쉽지 않아 보이기 때문입니다. 성장의 한계론을 도출한 시스템다이내믹스 모델도 결국은 복잡한 변수 간의 피드백 메커니즘을 반영한다는 장점은 있지만 변수 간의 관계를 정의하는 메커니즘 자체가 근본적으로 변화하는 파괴적 기술혁신은 담기 어렵습니다. 기술혁신의 특성을 정의하는 블라인드 베리에이션(blind variation)이라는 개념은 새로운 혁신이 어디에서 어떻게 활용될지 알 수 없다는 것을 의미하는데, 따라서 시뮬레이션을 통해 그 효과를 모델링하는 것은 거의 불가능합니다. 20세기의 대표 기술인 레이저를 예로 들어 볼까요. 반세기 전에 레이저가 처음 발견되었을 때, 아무도 레이저 기술이 어떻게 사용될지 몰랐습니다. 하지만 그 이후 50여 년간 정밀기계, 엔터테인먼트, 통신 분야의 패러다임을 바꿔 놓았습니다. 특히 광통신과 결합하면서 통신 산업의 모습을 이전과는 전혀 다르게 발전시켰습니다.

인류 발전의 역사는 파괴적 기술혁신의 역사라고도 할 수 있고, 파괴적 기술혁신이 지속되는 한 성장의 한계는 극복될 수 있으리라고 봅니다. 이와 같이 파괴적 기술혁신으로 새로운 기술 패러다임이 만들어지면 동태적 균형발전이라는 개념은 성립하기 어렵습니다. 경제학의 성장가능곡선을 통해 설명하자면 동태적 균형발전은 고정된 성장가능곡선 안에서 현재의 위치를 프론티어(frontier) 쪽으로 지속적으로 이동시키는 것을 의미한다고 볼 수 있는데, 파괴적 기술혁신은 성장가능곡선 자체를 바깥으로 이동시키기 때문입니다.

에너지 전환의 사례를 다시 들어 보겠습니다. 공급이 제한된 화석연료를 에너지원으로 한 경제시스템은 화석연료의 제한 뿐 아니라 화석연료가 만들어내는 기후변화의 제약 때문에 성장의 한계에 도달했습니다. 하지만 지구 표면의 70%를 덮고 있는 그래서 거의 무한하다고 볼 수 있는 물을 전기분해 해서 얻어지는 수소를 에너지원으로 한 경제시스템은 이러한 한계로부터 자유로울 것입니다. 비슷한 맥락에서 전기에너지 시대의 핵심 기술인 배터리의 예도 들 수 있습니다. 지금까지는 에너지 밀도가 높은 니켈, 망간, 코발트 기반의 배터리가 주로 사용되었습니다. 하지만 이들 물질은 희토류로 분류되어 지구상의 부존량이 얼마 되지 않습니다. 그래서 최근에는 그동안 에너지 밀도가 낮아 관심을 별로 얻지 못했던 철을 사용한 고밀도 배터리 개발이 시도되고 있습니다. 철은 지구상에서 부존량이 가장 많은 흔한 금속입니다. 이와 같이 인류의 역사는 기술혁신을 통해 장애물을 넘고 또 넘어 온 역사입니다. 지금 우리가 직면하고 있는 성장의 장애물도 기술혁신을 통해 극복할 수 있으리라 생각합니다.

마지막으로 다시 한 번 성장은 가치중립적이며 따라서 죄가 없습니다. 우리가 당면하고 있는 빈곤과 환경의 문제는 분배시스템의 개혁과 기술혁신을 통해 해결할 수 있다고 봅니다. 그런 맥락에서 행정학과 정책학을 연구하는 우리들의 어깨가 무겁다고 생각합니다.

참고문헌

McGrath, M. (2020.1.15). Climate change: Last decade confirmed as warmest on record. BBC. (Accessed on 2023.1.20.)
https://www.bbc.com/news/science-environment-51111176

Rosling, H. (2020). Factfulness. New York: Flatiron Books.

토론문

이주하(동국대학교 행정학과 교수)

I. 들어가며

　2008년 글로벌 금융위기 이후 OECD, ILO뿐 아니라 신자유주의의 첨병이었던 IMF, World Bank조차 경제성장의 과실이 소수에게만 향유되고 불평등이 심화되는 현실이 오히려 경제성장을 방해된다는 점을 지적하며, 분배는 성장의 지속성과 안정성 확보에 있어서 중요하다는 점을 설파하고 있습니다. 기실 신자유주의 세계화와 저성장 뉴노멀 시대에 불평등과 양극화의 심화는 세계적인 현상이지만 한국의 경우 '기회의 불평등－결과의 불평등－기회의 불평등'의 악순환 구조가 심화되고 있는 실정입니다. 일례로 '2021 불평등 보고서'(OECD, 2021)에 따르면, 소득 격차의 원인을 묻는 설문(중복응답)에서 '부모의 부'라고 답한 비중은 한국이 46%로 OECD 평균인 26% 보다 훨씬 높게 나타났습니다. 또한 1981년부터 4－5년마다 결과를 발표해 온 '세계가치관조사'의 문항 중 "소득이 평등해야 한다고 생각하는가, 아니면 (노력 등에 따라) 더 차이가 나야 한다고 생각하는가"에 대한 답변을 보면 한국은 평등보다 불평등 쪽에 찬성한 비율이 다른 선진국에 비해 더 높았을 뿐 아니라 상승하는 추세입니다(박권일, 2021). 더욱이 소득과 자산이 주거, 교육, 결혼 등과 결합하여 얽혀있는 '다중격차' 하에서 사회적 균열선은 더욱 복잡해지고 있습니다(전병유·신진욱, 2016). 이러한 상황 속에서 성장을 바라보는 우리의 시각은 어떠해야 할까요? 아래에서는 우선 발표문에 대한 몇 가지 논의사항을 살펴본 후, 성장을 둘러싼 다양한 '담론' 및 '체제'에 대해 간략하게 고찰해 보고자 합니다.

II. 발표문에 대한 논의사항

1. '성장의 세 가지 모습: 경제성장, 지속가능발전, 동태적 균형상태의 발전'(문태훈)

제목에서 알 수 있듯이 문태훈 교수님의 발제문은 주류경제학의 경제성장론, 그리고 대안적 발전모델로 주목받고 있는 지속가능발전론 및 동태적 균형발전론을 차례로 고찰하였습니다. 특히 오늘날 세계적으로 주요 화두인 지속가능발전(Sustainable Development Goal, SDG)도 성장의 한계론과 생태경제학적 관점에서는 비판적임을 지적하였습니다. 사실 SDG의 총체적이고 포괄적 성격으로 인해 SDG의 실현과 이행은 쉽지 않다는 지적이 있어왔는데, '무엇(what)'을 달성할 것인가에 대한 논의는 17개 목표(goals)와 169개 세부목표(targets)로 제시되어 있으나, 이 목표를 구체적으로 '어떻게(how)' 달성할 것인가가 불확실하다는 것입니다. 따라서 SDG의 이행체계, 거버넌스, 재원, CBDR(Common but Differentiated Responsibilities) 원칙 등에 대한 개선과제가 중요하지만, 한국의 경우에도 지속가능발전위원회, 녹색성장위원회, 국제개발협력위원회 등 위원회의 한계와 정부를 제외한 민간의 참여가 부족합니다. 이와 비슷한 맥락에서 '지속가능한 발전론보다 한 걸음 더 나아간' 것으로 저자가 강조한 동태적 균형발전의 경우에도 비록 그 취지는 매우 타당하지만, 어떻게 실현가능성을 확보할 수 있는지는 매우 핵심적인 과제라 할 수 있습니다.

아울러 동태적 균형상태와 정상상태의 경제학이 서두에 밝힌 불평등과 다중격차의 심화를 어떻게 극복할 수 있는지에 대한 부연설명이 필요합니다. SDG/'착한 성장' 및 녹색경제/순환경제 역시 한계가 있다는 지적은 이해되지만, 그렇다 하더라도 저성장 뉴노멀 시대에 질적 발전의 고도화와 이를 통한 사회적 형평성의 향상이 어떻게 가능하지에 대한 구체적인 전략이 충분히 제시되지 않은 측면이 있습니다. 예를 들어 데일리(Daly)가 언급한 최저임금과 최고임금의 격차를 줄이는 것, 파트타임과 개인사업을 자유화하고 일하는 시간을 개인의 선택에 맡기는 것이 충분한 대안이 될 수 있는가에 대한 보다 면밀한 검토가 보완되어야 합니다. 한편 (생태경제학적 시각에서 볼 때) 일찍이 생태사회주의에서 촉발된 노동시간 단축과 일자리 나누기, 그리고 4차 산업혁명과 코로나발 긴급재난지원금으로 인해 재조명을 받은 기본소득에 대한 견해는 무엇인지도 궁금합니다.

2. '성장의 중요성을 되새기며'(이영성)

이영성 교수님의 발제문은 성장이 멈추거나 저성장이 가져오는 파급효과, 저성장 상태에서의 고도화에 담긴 위험, 그리고 성장과 고도화의 관계 등에 대해 살펴보았습니다. 발제문에서 다소 간략하게 논의되었기에 몇 가지 질문에 대한 부연설명이 있으면 좋겠다는 생각을 하게 되었는데 구체적으로 다음과 같습니다.

- 지역의 쇠퇴 정도와 건강성과(health performance)의 관계, 그리고 도시재생정책이 건강성과에 긍정적인 영향을 미친다는 연구 결과에 비추어 볼 때 오늘날 도시재생정책의 성과와 한계는 무엇인가?
- 기존의 도시재생(중앙주도, 대규모 계획중심 사업추진)과 차별화를 시도한 문재인 정부의 '도시재생 뉴딜'(지역주도, 생활밀착형 중심, 주거복지 실현, 주민재정착, 지역일자리 창출)은 성장에 어떠한 영향을 미쳤는가?
- '저성장 상태에서의 고도화에 담긴 위험'이 지역불균형 발전을 해소하고 지역산업의 구조고도화를 통한 성장경로의 모색에 미치는 영향은 무엇인가?
- 국가균형발전의 노력에도 불구하고 지역경제는 지속적인 성장 침체를 겪고 있는 상황에서 어떻게 기존 주력산업인 제조업의 경쟁력 저하를 극복하고 지역경제의 지속가능한 발전을 도모할 수 있는가?
- '서울 도심권의 역할에 대한 재고'는 수도권 집중형을 넘어 지역경제의 분산형 혁신성장을 추진하는 전략과 서로 상충되지는 않는가?

III. 또 다른 성장담론들: 포용적 성장, 임금(소득)주도성장, 참성장

여기서는 앞의 발제문에서 직접적으로 다루어지진 않지만 성장에 대해 고민할 때 함께 살펴보아야 할 대안적 패러다임에 대해 추가적으로 소개하고자 합니다.

1. 포용적 성장 vs 임금주도성장

OECD, World Bank, IMF 등에서 정책제안 용어로 출발한 포용적 성장은 각 국제기구들마다 정의가 약간씩 다르지만, 공통적으로 기회 균등을 강조하고 있으며, 성장 개념을 기존의 GDP라는 단일한 척도로 보는 것이 아니라, 소득·직업·지역·주거·교육·환경·건강·안전·일과 삶의 균형 등 다양한 측면에서 바라보고 있습니다. 여기서 포용적 성장이라는 정의보다는 그 내용과 제안된 전략들이 중요합니다. 일례로 World Bank는 포용적 성장의 장기적이고 우선적 관점을 지속가능한 성장과 함께 소득재분배보다는 고용창출로 보고 있습니다. 반면에 OECD는 일자리에 대한 기회의 불평등뿐 아니라 소득불평등, 상대적 빈곤, 교육과 건강의 양극화 심화 등을 포용적 성장을 논의하게 된 배경으로 파악하며, 경제중심의 패러다임에서 벗어나 불평등을 해소하고 분배의 형평성을 추구하고 있습니다.

또 다른 한편 신자유주의 체제 하의 이윤주도성장(profit-led growth)의 문제점이 부각된 후 포용적 성장을 제시한 IMF, World Bank, OECD와 달리, ILO에서는 임금주도성장(wage-led growth)을 대안으로 강조하였습니다. 즉, 포용적 성장은 성장에 초점을 맞추되 불평등을 완화하고 약자를 포용하는 정책을 제시하고 있는 반면, ILO의 임금주도성장은 자본주의의 위기를 과소소비로 보고, 성장을 위해서는 노동소득분배율을 증가시키는 노동친화적 분배(최저임금 인상, 사회보장 강화, 노동조합법 개선 등) 및 금융규제 강화를 중시하였습니다.

2. LAB2050의 참성장지표

디지털 전환의 시대 새로운 사회계약을 연구하고, 정책으로 만들며, 시민들에게 전파하는 활동을 펴는 싱크탱크를 표방하고 있는 LAB2050의 참성장지표에 대해서 주목할 필요가 있습니다. LAB2050 보고서에 따르면, "참성장은 환경, 디지털, 일과 여가, 인적자본, 삶의 질 등 새로운 성장의 기준이 될 수 있는 현재와 미래 가치에 대한 정의"이며, "환경과 함께 성장하는 경제를, 고용만큼 중요한 자원봉사나 가사돌봄노동을, 물적자본 투자만큼이나 중요한 디지털과 인적자본을 강조하며 지표화"를 추구합니다(이원재 외, 2021: 10). 또한 참성장지표의 기반 담론으로 참성장전략을 제안하고 있는데, 공존 혹은 공멸의 시대를 맞아 시장 지상주의의 근시적 패러다임을 넘어서는 연대적 성장을 비전으로 <그림 4>에서 나타나듯이 8가지 솔루션을 제안하고 있습니다.

그림 4 LAB2050의 참성장전략

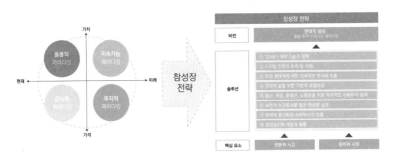

출처: 이원재 외(2021)

IV. '성장체제'의 다양성 및 복지체제와의 제도적 상보성

다음으로 성장체제(growth regime)에 대한 연구도 주목할 필요가 있습니다. 간략히 언급하자면, 산업정책, 숙련형성, 노사관계, 기업지배구조, 금융시스템 등으로 구성된 생산체제(production regime)의 제도적 배열에 초점을 둔 자본주의 다양성(Varieties of Capitalism, VOC) 연구(e.g. Hall and Soskice, 2001; Hancké et al. 2008)에 이어 최근에는 성장체제(growth regime)에 대한 관심이 고조되고 있습니다 (e.g. Hassel and Palier, 2021).

표 7 생산·정치·복지레짐의 주요 특징과 레짐들 간의 상호보완성

생산 레짐	**자유시장경제** 단기금융시장 Shareholder 가치 중시 저숙련 생산 수량적 유연화 분권적 협상 기업별 경쟁적 노사관계 일반화된 교육	**조정시장경제** 은행 중심의 장기투자자본 Stakeholder 가치 중시 고숙련 생산 유연전문화 조정된 협상 산업별 협력적 노사관계 기업 혹은 산업 특정적 직업훈련	상 호 보 완 성
정치 레짐	**다수제 민주주의** 강력한 행정부 다수대표제(1위대표제) 단일정당정부 다원주의적 이익집단	**합의제 민주주의** 삼권분립에 의해 제한된 행정부의 권한 비례대표제 & 다당제 연립정부 조합주의적 이익집단	
복지 레짐	**자유주의** 미약한 국가역할 & 강력한 시장기능 낮은 수준의 탈상품화 시장 중심의 연대 욕구 중심의 사회권 균일급여	**보수주의** 주변적 국가역할 & 미약한 시장기능 중간 수준의 탈상품화 가족 중심의 연대 고용 중심의 사회권 기여에 의한 급여	**사민주의** 강력한 국가역할 & 미약한 시장기능 높은 수준의 탈상품화 국가 중심의 연대 보편주의적 사회권 재분배적 급여

출처: 이주하(2010)

<표 7>에서 요약되었듯이 생산체제 내의 여러 제도적 배열 간 보완성뿐 아니라 복지체제 및 정치체제 간의 상호보완성이 역사적으로 형성되어 왔습니다. 일례로 장기 금융과 협력적 노사관계의 뒷받침 아래 고숙련 노동을 중시하는 조정시장경제체제에서는 숙련노동자에 대한 높은 수준의 고용 보호와 함께 실업에 놓인 숙련노동자가 저임금·저숙련 일자리로 빠져나가지 않도록 더 관대한 사회보장을 제공해주는 사민주의 복지체제 또는 유럽대륙의 보수주의 복지체제와 상호보완성을 가지고 있는 것입니다(이주하, 2010).

이에 반해 한국은 민주화 이후에 영미의 자유시장경제체제처럼 시장의 자율적 조정 메커니즘이 주가 되지 못하였을 뿐만 아니라, 유럽의 조정시장경제체제에서 나타나는 산별교섭을 통한 임금조정과 이해당사자 간의 합의주의적 조정을 위한 제도들을 제대로 수립하지 못하였으며, 일본처럼 보수주의와 대기업의 헤게모니 하에 노사 간 합의주의적 제도 역시 정착되지 못하였습니다(정무권, 2009). 그렇다면 이러한 제도적 유산 아래에 한국의 성장체제는 어떠한 전략이 필요할까요?

<그림 5>에서처럼 성장체제는 크게 수출주도와 내수주도로 구분되며, 수출주도 성장체제는 핵심적인 산업구조에 따라 다시 전통적(고품질) 제조업 중심과 ICT 및 서비스 중심 구조로 나누어지는데, 성장체제와 복지체제의 상호보완성 속에서 보편적 소득보장의 실현을 통한 성장모델 전환(e.g. 인적자본 고도화, 고진로 성장)에 보다 관심을 기울일 필요가 있습니다.

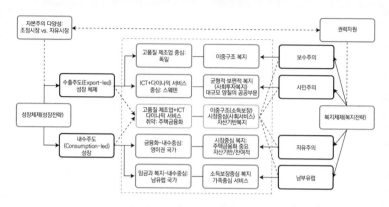

그림 5 성장체제(성장전략)와 복지체제

출처: 윤홍식(2021)

　현재 성장체제를 유지할 경우 핵심 부문의 성장은 가능하나, 노동시장의 이중구조화의 심화와 소득−자산불평등은 피할 수 없습니다. 또한 복지체제의 대응은 현재의 수출주도 성장체제가 심화시키는 사회적 불안정을 완화하고 취약계층에 대한 급여를 높이는 방식으로 지출구조를 확대해야 하는데, 이 경우 사회서비스 부문에서 양질의 공공일자리를 확대하기 어려운 상황에 처하게 됩니다. 하지만 상대적으로 안정적 고용을 보장하는 공공부분의 고용비율이 높은 북유럽 복지체제의 경우 코로나19 팬데믹에 대응해 고용유지를 위한 별도의 지원을 할 필요가 상대적으로 적었으며, 추가지원 및 유동성지원 관련 지출 역시 다른 선진국에 비해 낮았다는 점을 고려해야 합니다(윤홍식, 2021).

V. 나가며

　마지막으로 불평등과 다중격차를 완화하고 성장과 복지의 선순환을 달성하기 위해서는 한국 사회에서 금과옥조로 여겨진 재정건전성의 신화, 경제관료의 거부점(veto point)으로의 정책결정 권한, 교육체계에서 재생산되는 주류 경제학의 과잉, 성장패러다임을 지탱하는 보수언론과 대기업의 견고한 영향력 등을 어떻게 극복할지가 중요하다는 점을 지적하고자 합니다.

참고문헌

박권일. (2021). 한국의 능력주의. 서울: 이데아.

전병유·신진욱. (2016). 다중격차, 한국 사회 불평등 구조. 서울: 페이퍼로드.

윤홍식. (2021.10.1). 2022년 대선, 국민은 이런 소득보장정책을 원한다. 대선 정책 시리즈 토론회. 참여연대.

이주하. (2010). 민주주의의 다양성과 공공성: 레짐이론을 중심으로. 행정논총, 48(2), 145-168.

이원재 외. (2021). 참성장지표 개발연구 결과 보고. LAB2050.

정무권. (2009). 한국 '발전주의' 생산레짐과 복지체제의 형성. 정무권(편저), 한국 복지국가 성격논쟁 II, 서울: 인간과 복지.

Hall, P. A. and Soskice, D. (2001). Varieties of Capitalism, Oxford: Oxford University Press.

Hancké, B., Rhodes, M, and Thatcher, M. (2008). Beyond Varieties of Capitalism. Oxford: Oxford University Press.

Hassel, A. and Palier, B. (2021). Growth and Welfare in Advanced Capitalist Economies. Oxford: Oxford University Press.

OECD. (2021). Does Inequality Matter?. Paris: OECD Publishing.

제 2 부

분
배

제 1 장

안심소득: 미래를 열어가는 보편적 복지제도[1]

박기성(성신여자대학교 경제학과 교수)

최저임금의 급격한 인상이 우리 경제의 발목을 잡을 것이라고 우려하셨던 복거일 작가가 필자에게 음소득세(Negative Income Tax, NIT)를 연구해 볼 것을 권유하셨다. 음소득세를 강의해 왔던 필자는 우리나라 복지제도를 들여다보게 되었고 그 결과로 안심소득(safety income)이 나오게 되었다. 음소득세는 1944년 영국의 정치가이면서 경제학자인 줄리에트 리스－윌리엄스(Juliet Rhys－Williams)가 처음 주장했으며, 노벨경제학상 수상자인 밀턴 프리드먼(Milton Friedman)이 1962년 출간한 저서 ＜Capitalism and Freedom＞에서 가난의 완화책으로 제안되었다. 음소득세, 안심소득 등을 설명하기에 앞서 저소득층을 지원하는 현행 국민기초생활보장제도와 근로·자녀장려금을 살펴볼 필요가 있다.

---

1 이 글은 졸고인 박기성(2021)을 전재하면서 수정한 것이다.

I. 국민기초생활보장제도와 근로·자녀장려금

국민기초생활보장제도는 생계·주거·교육·자활·의료·해산·장제의 7개 급여로 구성되어 있다. 각 급여는 2021년 현재 다음과 같다. 생계급여는 소득인정액이 월 기준 중위소득 487만 6,290원의 30%인 146만 2,887원에 미달하는 가구(4인 가구, 이하 동일)에 146만 2,887원과 소득인정액의 차액을 매월 지급하는 것이다. 소득인정액은 소득평가액과 재산의 소득환산액을 더한 것이다. 소득평가액은 실제 소득에서 가구 특성별 지출 비용과 근로·사업소득공제를 뺀 것이고, 재산의 소득환산액은 재산에서 기본재산액과 부채를 뺀 것에 소득환산율을 곱해서 구해진다. 주거급여로는 소득인정액이 월 219만 4,331원(기준 중위소득의 45%) 이하인 가구에 매월 최대 48만 원(서울)을 지급한다. 교육급여는 소득인정액이 월 243만 8,145원(기준 중위소득의 50%) 이하인 가구의 초·중·고등학교 자녀에게 지급되는데, 고등학생의 경우 입학금, 수업료, 교과서 대금, 44만 8,000원의 교육활동지원비를 지급한다. 의료급여로는 소득인정액이 월 195만 516원(기준 중위소득의 40%) 이하인 가구의 모든 구성원에게 입원비, 진료비, 약제비 거의 전액을 지급한다. 자활급여는 근로 능력이 있는 생계·의료·주거·교육급여 수급자와 근로 능력이 있고 소득인정액이 월 243만 8,145원(기준 중위소득의 50%) 이하인 비수급자(차상위자)가 자활사업에서 근로하고 그 대가로 받는 것이다. 자활급여의 70%는 소득인정액에 포함되어서 그만큼 생계급여가 줄어든다. 해산급여로는 생계·의료·주거급여 수급자가 출산하는 경우 출생 영아 당 70만 원을 지급한다. 장제급여로는 생계·의료·주거급여 수급자가 사망한 경우 사망자당 80만 원을 지급한다. 주거·교육급여는 각각 국토교통부와 교육부가 담당하며, 그 외 5개 급여는 보건복지부의 사회복지정책실이 담당한다.

국세청이 저소득층을 지원하는 제도는 근로·자녀장려금이다. 근로소득 또는 사업소득이 조금이라도 있는 저소득 가구에 대하여 근로 및 사업소득에 따라 일정한 공식에 의해 산정된 근로 및 자녀장려금을 최대 각각 가구당 연 300만 원과 부양 자녀당 70만 원을 지급한다.

소득인정액이 전혀 없는 서울에 거주하는 4인 임차 가구는 생계급여 146만 2,887원과 주거급여 48만 원을 합한 194만 2,887원을 매월 지원받으므로 연 지원액은 2,331만 4,644원이다. 이 가구의 구성원이 매월 200만 원을 벌 수 있는 직장에서 일할까? 이 일을 하면 연봉 2,400만 원의 70%인 1,680만 원의 소득인정액이 생기므로 그만큼 보건복지부로부터 생계급여가 줄어들고, 국세청으로부터 근로장려금으로 97만 5,000원(홑벌이 가구)을 받는다. 결국 이 일을 함으로써 증가하는 처분가능소득이 817만 5,000원에 지나지 않아서 이 일하지 않을 가능성이 높다. 국민기초생활보장제도와 근로장려금을 종합적으로 고려하면, 근로 능력이 있는 저소득층은 일하지 않거나 하더라도 정부에 알려지지 않는 음성적인 소득을 받는 일을 할 가능성이 높다. 그러므로 이런 근로 유인 저상(沮喪) 문제를 해결하면서 소득 격차를 완화할 방법을 모색할 필요가 있다.

II. 음소득세와 보편지급형 기본소득

저소득층을 도와주는 것이 현대 국가의 책무로 인식되고 있지만, 문제는 "어떻게" 지원하느냐이다. 프리드먼은 위의 저서에서 "어떻게"에 대해 두 가지 원칙을 제시했다. 첫째는 지원해야 할 개인이나 가구를 정확히 식별해 지원해야 한다는 것이다. 어떤 기준에 따라 특정 집단을 선정해 지원하면 그 집단에 속한 모든 자가 취약 계층이 아니므로 잘못된 것이다. 예를 들어 최저임금제의 적용을 받는 근로자 중에는 중산층 자녀도 있으므로 일괄적인 최저임금의 인상은 이 원칙에 어긋난다. 둘째는 그 지원이 가능한 한 시장 기구를 통해 이루어져서 시장을 방해하거나 왜곡시키지 않아야 한다는 것이다. 최저임금은 노동시장의 인위적인 최저 가격으로 자원의 비효율적 배분을 초래하므로 이 원칙에 위배된다. 더욱이 최저임금은 영세·소상공인이 지불하므로 국가의 책무를 영세·소상공인에게 떠넘기는 무책임한 제도이다. 이 두 원칙에 부합하고 국가가 그 책무를 감당하는 제도로 밀턴 프리드먼은 음소득세를 제안했다.

음소득세는 기존의 모든 복지제도를 폐지하고, 면세점을 기준으로 그 이상은 소득세를 납부하고 그 미만은 면세점과 소득의 차액의 일정 비율만큼을 보조금으로 지원받는 것이다. 납부하는 소득세를 양의 소득세라고 하면 지원받는 보조금은 음의 소득세로 해석할 수 있어서 음소득세라는 말이 생겨났다. 예를 들어, 4인 가구의 면세점이 연 6,000만 원이라고 하자. 연 소득이 6,000만 원 이상인 가구는 세율에 따라 소득세를 납부하고, 6,000만 원 미만인 가구는 6,000만 원과 그 가구의 소득과의 차액의 50%를 보조금으로 지원받는다. 구체적으로 가구의 소득이 연 2,400만 원, 월 200만 원이면 이 공식에 따라 연 1,800만 원, 월 150만 원을 지원받아 처분가능소득이 연 4,200만 원, 월 350만 원으로 상승한다. 소득이 전혀 없는 가구는 연 3,000만 원, 월 250만 원을 지원받는다.

이 음소득세는 모든 가구에 연 3,000만 원, 월 250만 원을 보편지급형 기본소득(Universal Basic Income)으로 지급하고, 이를 제외한 소득이 연 6,000만 원 이하인 가구는 50%의 소득세를 납부하고, 소득이 연 6,000만 원을 초과하는 가구는 세율에 따라 소득세를 납부하는 것과 똑같다. 즉, 보편지급형 기본소득을 모든 국민에게 지급하고 이를 제외한 소득에 대해 국민 모두가 소득세를 납부하는 것과 프리드먼의 음소득세는 동일한 것이다.

양의 소득세율이 누진 세율이듯이, 이론적으로는 음의 소득세율도 소득 구간에 따라 다를 수 있다. 그러나 음소득세는 기존 복지제도의 근로 유인 저상에 대한 대처로 고안되었기 때문에 현실적 방안에서는 거의 모두 단일 세율이 채택된다.

프리드먼의 음소득세는 큰 반향을 일으켜서 1969년 닉슨(Nixon) 대통령은 음소득세를 담은 가족지원계획(Family Assistance Plan)을 제안했으나, 상원에서 통과되지 못했다. 프리드먼은 처음에는 이 제안을 지지했으나 기존의 복지제도를 폐지하지 않고 음소득세가 도입되는 것이어서 종국적으로는 의회 청문회에서 반대했다. 포드(Ford) 대통령 때인 1975년에는 기존 복지제도에 음소득세적 부분을 얹은 근로장려금(Earned Income Tax Credit, EITC)이 시작되었다. 한편, 케인지언 경제학자인 폴 사무엘슨(Paul Samuelson)도 음소득세에 동의하고, 1,200명의 넘는 경제학자들이 음소득세의 시행을 촉구하는 청원을 제출했다. 그러나 프리드먼은 이 청원에 기존 복지제도를 폐지한다는 명시적인 단서가 없어서 사인하지 않았다. 프리드먼의 음소득세는 기존 복지제도의 폐지를 전제한다는 것을 명확하게 보여주는 대목들이다.

음소득세가 현재의 복지제도를 대체하면서 시행된다면 복지서비스 이용자들 및 복지사업자들이 경악할 것이므로, 음소득세의 채택은 정치적으로 거의 불가능에 가까웠다. 그리고 음소득세의 재원은 면세점 이상의 소득 가구에서 거두어들이는 양소득세이다. 그런데 프리드먼을 비롯한 자유주의 경제학자들은 공제, 감면, 면세 등의 복잡한 소득 세제보다 단일 세율과 같은 단순한 소득 세제를 선호하므로, 음소득세는 공제, 감면, 면세 등의 중단과 더불어 시행되리라는 것을 예상할 수 있었다. 실제로 프리드먼의 음소득세는 <Capitalism and Freedom>의 제12장에 실려 있으며, 단일 세율로의 세제 개혁은 같은 저서 제10장에 실려 있다. 이것 또한 중산층의 반발을 불러올 수 있었기 때문에 표를 의식하는 의원들이 음소득세의 도입에 적극적이지 않았다. 이런 이유로 인해 어느 국가에서든지 음소득세가 제대로 시행되지 않았다.

III. 안심소득

안심소득은 기존 복지제도를 거의 모두 존치하고 공제, 감면, 면세 등의 소득 세제를 그대로 유지하면서, 중위소득 미만의 가구에 대해 중위소득과 그 가구 소득의 차액의 일정 비율을 지원하는 제도이다. 구체적으로 4인 가구 기준 중위소득이 연 6,000만 원이고 위의 음소득세율과 같이 안심소득 지원율이 50%라고 하자. 이 가구의 구성원이 매월 200만 원을 벌 수 있는 직장에서 일할까? 이 일을 하면 연 소득 2,400만 원과 6,000만 원의 차액 3,600만 원의 50%인 연 1,800만 원, 월 150만 원을 안심소득으로 지원받아서 처분가능소득이 연 4,200만 원, 월 350만 원으로 상승하므로, 이 일을 할 가능성이 높다. 소득이 전혀 없는 가구는 연 3,000만 원, 월 250만 원을 안심소득으로 지원받게 된다. 이런 면에선 안심소득과 음소득세는 유사하다.

그러나 안심소득은 음소득세와 달리, 국민연금, 기초연금, 실업급여, 의료급여, 교육급여, 장애인연금, 아동수당, 육아수당 등 거의 모든 복지·노동제도들을 유지한다. 다만, 안심소득 지원금과 완전히 겹치는 생계급여, 주거급여, 자활급여, 근로·자녀장려금은 안심소득 지원금으로 대체한다. 또한 음소득세와 달리, 공제, 감면, 면세 등 소득 세제를 그대로 유지한다. 그러므로 안심소득은 음소득세보다 정치적으로 훨씬 실현 가능성이 높다.

안심소득은 저소득 가구의 처분가능소득을 획기적으로 증대시켜서 소득 격차를 현저하게 완화시킨다. 2015년 한국의 지니계수는 OECD 회원국 중 20위, 소득5분위배율은 17위였다. 기준 중위소득을 6,000만 원 대신에 5,000만 원, 안심소득 지원율을 50% 대신에 40%로 한 연구에 의하면, 우리나라에 안심소득제가 시행되면 지니계수는 13%, 소득5분위배율은 27%가 낮아져서 OECD 회원국 중 전자는 33위, 후자는 29위가 된다. 기준 중위소득 6,000만 원, 안심소득세율 50%의 안심소득이 시행되면 소득 격차 완화 효과가 이보다도 커진다. 그리고 안심소득은 생계·주거·자활급여와 관련하여 수급권자 및 부양의무자를 판정하기 위한 각종 조사와 수급자 관리, 자활 사업 관리 등의 행정 비용을 절약할 수 있다. 안심소득은 소득세를 부과·징수하는 국세청 자료와 행정 조직을 이용하기 때문에 추가적인 행정 비용이 거의 발생하지 않으며, 복지 혜택 전달 과정에서의 누수를 근본적으로 차단할 수 있다. 담당하는 행정 조직도 보건복지부의 사회복지정책실의 대부분이 국세청의 소득지원국으로 통폐합되는 등 축소될 수 있다.

기존 복지·노동제도들의 까다로운 적격성 심사(means test) 대신에 안심소득에서는 소득에 의해서 지원 여부 및 지원액을 결정한다. 국세청이 원천징수하고 연말정산 하듯이, 매월 지원하고 연말에 정산한다(선 지원 후 정산). 이렇게 되면 서울시 송파구 세 모녀 사건과 같은 안타까운 일들을 방지할 수 있을 것이다. 그리고 거의 모든 복지제도가 유지되면서 생계·주거·자활급여와 근로·자녀장려금만이 확대·개편되는 것이므로, 안심소득은 기존 복지제도의 사각지대를 해소하고 더 채워주는 범(汎)복지제도(pan-welfare system)이다. 누구나 실직하거나 사업에 실패하면 살아갈 길이 막막한 곤궁에 처할 수 있다. 인생의 막다른 골목에 처했을 때 안심소득은 생계를 영위할 수 있는 금액을 지원하는 최후의 보루가 될 것이다. 창업에 실패해도 가족의 생계가 위협받지 않는다면 많은 사람이 모험적인 기업을 시도할 수 있다. 이런 시도가 바로 시장경제 발전의 원동력이므로 안심소득은 미래를 열어가는 복지제도이다.

2018년 중앙정부의 현금 복지 지출은 81조 3,000억 원이었다. 이를 근거로 안심소득제에 필요한 추가적인 예산은 30조 7,000억 원으로 추정된다. 중앙정부의 복지·노동·보건 사업 예산은 이 정부 들어 매년 12%씩 증가해 와서 이 비율로 증가하면 2020년 대비 2023년 이 예산은 73조 원의 순증이 예상된다. 이 순증분의 42%인 30조 7,000억 원을 안심소득제에 사용하면 증세 없이 시행할 수 있다. 팬데믹 사태 이후 정부가 지급한 4차에 걸친 재난지원금이 50조 9000억 원이었고, 또 5차 재난지원금을 지급할 예정인데 이 규모를 15조 원으로 가정하면 총 65조 9000억 원이 된다. 안심소득제와 같은 방식으로 재난지원금이 지급되었다면 그 절반도 안 되는 예산으로 어려움에 처한 국민들을 효과적으로 도와주었을 것이다.

IV. 안심소득과 보편지급형 기본소득

이재명 전 경기도 지사는 종국적으로 매월 50만 원(실질가치)을 모든 국민에게 지급하는 보편지급형 기본소득을 주장한다. 이것은 4인 가구 기준으로 연 2,400만 원의 불로 소득이 생기는 것이며, 이 자율이 1%라면 모든 가구가 24억 원의 로또에 당첨되는 것과 같다. 이렇게 되면 모든 경제활동인구가 일을 덜 하거나 안 하게 되어서 국민경제는 주저앉게 된다. 이 보편지급형 기본소득에는 중앙정부 예산의 61%에 달하는 연 312조 원의 예산이 필요한데, 이 전 지사는 국토보유세 등을 신설하여 충당하겠다고 한다. 그러나 부동산 관련 보유세, 거래세, 양도소득세의 합이 국내총생산에서 차지하는 비율은 한국이 이미 OECD 회원국 중 최상위로 국토보유세 신설을 감당할 여력이 없으며, 땅에 대한 과세는 건물 공간에 대한 과세로 건물 공간의 공급을 감소시킨다.

이 전 지사는 보편지급형 기본소득을 지역 화폐로 지급할 것을 주장한다. 일반적으로 통용되는 화폐로 지급되면, 저축을 통해 예를 들어 대학이나 대학원 등록금으로 사용하여 더 나은 미래를 설계할 수 있으나, 지역 화폐로 지급되면 이런 투자가 불가능하다. 이는 소비와 투자를 유효 수요라는 측면에서 동일시하는 생각에 기초하나, 투자는 미래의 생산 능력을 향상시킨다는 점에서 소비와 구별된다.

자동차 보험을 들면 한 시점에선 사고 난 자에게만 보험금이 지급되지만, 시간이 지남에 따라 누구나 사고 날 가능성이 있어도 안심하고 운전할 수 있듯이, 안심소득이 시행되면 모두 안심하고 경제활동을 할 수 있다. 누구나 중위소득 이하로 떨어질 가능성이 있기 때문이다. 보편적 복지는 복지에 대한 수요가 발생할 때 누구나 복지 서비스를 누릴 수 있는 것이므로, 안심소득이야말로 보편적 복지이다. 반면에 보편지급형 기본소득은 자동차 보험회사가 한 시점에서 사고가 안 난 자에게도 보험금을 지급하는 것과 같은 것이므로, 무조건적, 획일적 복지이다.

LAB2050의 이원재 전 대표는 당장 국민 1인당 매월 50만 원의 보편지급형 기본소득을 지급하는 것이 가능하다고 주장한다. 이를 위해선 2020년 중앙정부 예산의 37%에 달하는 187조 원의 재원이 필요한데, 기초연금, 아동수당 등 기존 복지제도들을 폐지하고, 소득세제의 현행 공제, 감면, 면세를 중단해서 조달할 수 있다고 주장한다. 이원재 대표가 주장하는 이 보편지급형 기본소득이, 위에서 살펴 본대로, 바로 프리드먼이 제안한 음소득세이다. 위에서 지적했듯이, 기존 복지제도가 폐지되면 현재의 복지서비스 이용자들인 저소득층과 복지사업자들이 경악할 것이고, 소득 세제상의 각종 혜택이 줄어들면 중산층의 반발할 것이다. 바로 이런 이유 때문에 미국에서 프리드먼의 음소득세가 채택되지 않았듯이, 이원재 대표의 보편지급형 기본소득은 정치적으로 거의 불가능하다. 그래서 필자는 현실적인 대안으로 거의 모든 복지·노동제도들을 존치하고, 소득세제를 그대로 유지하며, 까다로운 적격성 심사 대신에 소득에 의해서 지원 여부 및 지원액을 결정해서 선지원하고 후 정산하는 안심소득을 제안한 것이다.

자살 건수의 약 25%가 가장(家長)의 자살이다. 경제적 어려움으로 인한 자살은 팬데믹 사태 이후 더욱 증가하고 있다. 이런 자살을 방지하는 것이 최우선의 목표가 되어야 한다. 이 목표가 국가라는 공동체의 최소한의 책무이므로 안심소득을 빠른 시일 내에 실시하여 이 책무에 부응해야 한다.

박기성. (2021). 陰소득세, 기본소득, 안심소득제. 월간조선, 2021(7), 396-403.

제 2 장

사라진 중산층은 어떻게 돌아올 수 있을까

격차의 시대, 새로운 분배규칙의 가능성

이원재(LAB2050)

I. 분배 패러다임 변천사

분열과 혐오는 우리 사회의 고질적 문제로 대두되고 있다. 남녀
간, 세대 간, 정파 간 갈등의 골은 깊어지고 소통 방식은 거칠어지고
있다. 서로 다른 구성원들이 공존하고 토론하며 함께 문제를 해결하
도록 만들려면 어떻게 해야 할까? 사회 통합은 어떻게 가능한가?

경제적으로 동질적인 인구가 다수라면 사회 통합을 이루기는 좀
더 용이할 수 있다. 그래서 이 글에서는 '중산층'을 살펴보기로 한
다. 우리 사회의 중심을 이루는 이 계층이 취약해지는 현상을 살펴
보고, 그 원인을 분석하며, 소득분배정책을 통해 이를 해결할 수 있
음을 주장하려 한다.

중산층의 위기는 사회통합의 위기다. 우리 사회의 중심을 이루는

중산층이 두터워져야 사회 구성원 사이의 연대감도 복원할 수 있고, 분열과 혐오도 줄어들 수 있다. 중산층의 복원은 궁극적으로는 정치 영역에서의 협치를 가능하게 하고, 더 효과적인 정책 논의를 가능하게 만들 수 있다.

개발시대 정책 논의에서 분배 정책은 성장 정책에 밀려 잔여적 지위를 벗어나지 못했다. 민주화 이후에도 분배는 성장과의 선순환 속에서만 정당성을 부여받는 처지였다. 시대마다 분배패러다임은 조금씩 변화해 왔지만, 아직 그 핵심은 변하지 않았었다. 성장한 뒤 그 과실은 기본적으로 시장을 통해 저절로 분배되는 것이고, 정책은 이 모든 분배가 실패한 일부 영역에서만 필요하다는 인식이 그 핵심에 있었다. 임금, 투자이익, 배당금 같은 시장에서의 1차 분배가 분배의 중심에 있고, 국가가 지급하는 수당과 보조금 등 2차 분배는 1차 분배를 받을 수 없는 이들을 위한 시혜다. '근로시대'의 분배 패러다임이었다. 이런 패러다임 아래 정책도 짜였다.

같은 근로시대 패러다임 안에서도 몇 가지 변형은 있었다. 개발 시대인 1970−80년대는 가부장적 분배원리가 지배적인 시기였다. 국가는 기업을 봐주고, 기업은 남성 노동자들을 봐주고, 남성 노동자들은 가족들을 봐주는 체계를 구축했다. 역순으로 보면 가족들은 남성 가장에게 순종하고, 남성 노동자는 기업에 복종하며, 기업은 국가에 충성하는 구조였다(구교준 외, 2018).

개발시대는 경제 전체로 보면 자본 형성기였다. 저임금 구조가 강고했다. 그러나 노동자, 자영업자 등 근로 계층 내부에서는 보상의 형평성이 높은 편이었다. 또한 도시 노동자에 대한 보상은 농촌의 농민에 대한 보상을 능가해야 했다. 많은 노동력을 확보해 생산을 확대해야 하는 시기였기 때문이다. 대다수는 빈곤에 시달렸고,

일부 특권층만 고소득을 누리던 시기였다.

변화가 생긴 시점은 1987년 이후 민주화 시대이다. 민주노조운동이 일어나고 노동자의 지위가 상승하기 시작했다. 게다가 3저 호황으로 기업도 성장을 구가했다. 저임금 구조가 조금씩 완화되고 있었다. 임금이 상승하면서 근로 계층을 중심으로 '중산층'이 형성되기 시작했다. 한편으로 대기업들은 본격적으로 노동을 절감하는 자동화에 투자하기 시작한다.

민주화 시대에도 1차 분배 중심의 분배원리는 이전 시기에 비해 오히려 강화됐다. 노동자의 권리는 강조되었지만, 노동하기 어려운 사람들의 권리는 강조되지 않던 시기였다. 여전히 비노동 인구의 생계는 오롯이 가족의 책임이었다. 한편으로 우리나라 제조업 대기업들이 본격적으로 자동화에 투자하기 시작한 것이 이 시점이다. 노동자의 권리가 강화하고 자본이 일정 수준 이상으로 축적된 상황에서 나올 수 있었던 큰 틀에서의 요소투입전략이었다.

다시 한번 패러다임이 강화된 것은 1997년 이후, IMF 시대다. IMF 시대 분배원리는 효율성과 기업 이익을 강조하는 신자유주의 영향을 직접적으로 받으며 변화한다. 구조조정 프로그램이 가동되며, 불필요한 자산과 불필요한 인력을 과감하게 줄여야 한다는 원칙이 사회 전체에 강요됐다.

한편으로 이 시대에는 '낙오자에 대한 위로' 개념의 분배 흐름이 형성된다. 국민기초생활보장제도가 도입되고 실업급여 지급 요건이 완화되는 등 1차 분배로 해결되지 않은 생계 문제를 국가가 해결하는 방향으로 사회적 합의가 형성된 것이다. 가혹한 구조조정이 진행되고, 경쟁과 효율성을 강조하는 사회가 된 만큼 경쟁의 낙오자에 대한 배려로서의 재분배가 용인되기 시작했다고 볼 수 있다.

IMF 시대에 제조업 대기업은 본격적으로 자동화를 시작한다. 노동자 1만 명당 로봇 대수를 뜻하는 로봇 밀도를 보자. 1998년 한국 제조업의 로봇 밀도는 80대로, 일본의 298대보다 훨씬 낮았다. 그러나 우리나라 제조업 로봇밀도는 계속 높아져서, 2017년 710대까지 높아졌다. 미국, 일본, 독일 등 다른 선진국들을 제치고 세계 1위의 자동화 국가가 됐다.

자동화에 대한 본격적 투자는 기업의 요소투입전략을 바꾸는 데 그치지 않았다. 인터넷과 모바일 등 통신기술의 발달로 디지털 전환과 플랫폼 경제가 본격화되면서, 고용구조를 뒤흔들기 시작했다. 비정규직 노동문제가 사회 현안으로 떠오르고, 플랫폼 노동자의 종속성 인정 여부로까지 의제는 확대된다. 또한 비슷한 경제 수준의 다른 국가들보다 유독 높던 자영업 비중이 경제 구조 고도화와 함께 줄어들면서 노동시장에서 흡수해야 하는 시점이 되었는데, 정작 흡수해야 할 기업 쪽에서는 과거와 구조로 채용하지 않기 시작하면서 노동시장 불안정이 커질 수밖에 없었다.

다음 시기는 보편복지운동 시대다. 2010년대 초 학교 무상급식 운동을 출발점으로 확산된 보편적 복지 강화 흐름은 이 시대의 마지막을 장식한 변화였다. 처음에는 보편적 무상급식에서 출발했지만, 보편적 기초연금 논의로 옮겨가고, 보편적 기본소득 논의로까지 확장된다.

이전까지 분배에 있어서 국가의 역할이 1차 분배에서 소외된 이들을 위한 제한적인 것으로 여겨졌다면, 2010년대 이후 국가가 모든 시민을 위한 분배 정책을 펼쳐야 한다는 논의가 자연스럽게 확산됐다. 보편적 복지 정책들은 사회적 공감도 역시 빠르게 높아져서, 2011년 이후 대통령선거, 지방자치단체장 선거 등 전국단위 주요 선거의 단골 공약으로 등장했다. 아마도 세계 최초로, 보편적 기본소득제가 당선권의 대통령 후보의 공약으로 등장하는 데까지 이르렀다.

하지만 이 모든 시기를 거치면서도, 우리나라 분배 패러다임의 기본 구조는 바뀌지 않았다. 1차 분배가 분배의 핵심이고, 나머지를 2차 분배에서 챙기는 구조다. 성장한 뒤 그 과실은 기본적으로 시장을 통해 저절로 분배되는 것이고, 정책은 이 모든 분배가 실패한 일부 영역에서만 필요하다는 인식이 이런 패러다임의 기반이었다. 2010년대 이후 보편주의 논의가 확대되면서 이런 구조가 바뀔 것처럼 보이기도 했지만. 그 흐름은 미완의 논의로 끝나고 여전히 기존 패러다임은 강력하다.

이제는 정말로 근본적인 변화가 필요한 시기가 됐다. 고령자가 늘어나면서 시장의 1차 분배 활동이 닿지 않는 인구가 폭발적으로 늘어나기 시작했다. 기술변화와 기업조직 변화에 따른 노동시장 유연화로 인해 근로소득의 안정성이 의심받고 있다. 게다가 시장에서의 공정한 경쟁이 소득분포를 안정화고 계층 이동성을 높여 역동적 분배구조를 달성해줄 것이라는 믿음은 다양한 연구 결과에 의해 반박되고 있다. '보이지 않는 손'이라 불리는 시장원리는 경제적 양극화를 눈에 띄게 심화시키고 있다는 논의가 힘을 얻고 있다. '어떻게 분배할 것인가'라는 질문은 이제 가장 중요한 정책적 질문 중 하나가 됐다.

결과적으로 이 글에서 지적하고자 하는 중산층의 감소 현상은, 근로시대의 1차 분배 중심 분배 원리의 귀결이다. 근로 계층은 시장에서, 비근로 취약계층은 복지제도를 통해 분배한다는 기존 패러다임을 과감하게 넘어서야 중산층 감소 현상도 넘어설 수 있다. 사회

통합을 위해서라도 중산층 비중을 높이고, 이들이 경제적 안정성을 갖도록 만드는 데 정책적 노력을 기울여야 한다.

II. 사라져가는 중산층

OECD는 중산층을 이렇게 정의한다. '소득이 중위소득의 4분의 3보다 크고 2배보다는 작은 사람.' 이를 기준으로 지난 33년 동안 우리나라 중산층의 비중을 추정해 계산했다. 소득은 가구 경상소득을 기준으로 집계했다. 즉 근로소득이나 사업소득뿐 아니라 연금과 수당 등도 포함한 전체 소득 금액을 집계한 것이다.

통계청(2022)의 가계동향조사 분기자료를 기반으로 보정한 데이터를 활용했다. 전체적으로 1990년 1분기부터 2022년 1분기까지의 중산층 비중을 비교했는데, 2019 – 2022년은 실제 조사 데이터를 사용했고 그 이전은 정부 공식 통계자료 및 이전 가계동향조사를 기반으로 추정한 데이터를 사용했다. 2016 – 2018년 수치는 기획재정부(2019)가 언급한 중위소득 75 – 200% 계층 비중의 2016 – 2019년간 매년 변동비율을 가계동향조사 분기자료(2019 – 2022)에 곱해 추정했다. 1990 – 2016년까지는 가계동향조사 결과에서 나타난 매년 중산층의 변동비율을 계산한 뒤 2016년 추정치를 곱해 추정했다.

추정 결과, 1990년대 최고 70%에 육박하던 중산층의 비중은 코로나19 직전이던 2019년 최저 57%까지 떨어졌다. 흐름을 보면, 중산층의 비중은 단계적으로 축소되는 중이다. 올해 1분기에는 60.3%가 중산층이었다(<그림 1>).

OECD의 중산층 정의는 사실 좀 넓은 느낌이다. 소득이 세 배 정도 차이가 나도 같은 중산층으로 간주하니 말이다. 올해 1분기 기준으로 약 월 200만−540만 원 버는 1인 가구가 중산층의 기준에 든다. 3인 가구는 약 350만−930만 원, 4인 가구는 400만 −1000만 원 범위가 중산층에 들어간다. 이렇게 넓게 추정했음에도, 중산층 비중은 전체 인구의 절반 수준으로 떨어져 가고 있다.

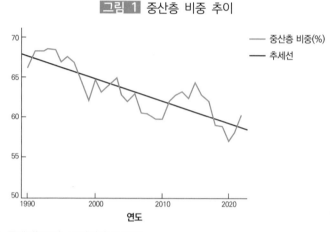

그림 1 중산층 비중 추이

출처: 통계청(2022), 기획재정부(2019)
주: 가계동향조사 분기자료 및 기획재정부 자료를 바탕으로 매년 1분기 중위소득의 75-200% 가구 비중을 필자가 추정

'중산층'은 본래 '중간 정도의 소득 또는 재산을 가진 사람'으로 풀이하는 게 적절하다. 좀 더 쉽게 풀면 '보통 사람'이라고 할 수도 있겠다. 한 사회에서 아주 어렵지도 아주 넉넉하지도 않은, 보통의 경제력을 가진 사람이다. 너무 화려하지도 너무 빈곤하지도 않은, 보통의 삶을 사는 사람이다. 통계적으로 보면, '일정한 범위에서 벗어나지 않은 한국인'이라고 정의해볼 만하다. 우리 사회 대다수를 차지하는 계층이라고 보면 된다. '당신은 중산층입니까?'라는 질문에 대해 1989년 갤럽 조사에서 20−60대 한국인 중 75%가 그렇다고

제2부 분 배

답했던 것은 어쩌면 자연스러웠다(권병인, 2019). 한 사회의 구성원들을 대표하는 '보통 사람'들이 전체 구성원 중 70-80% 정도를 차지한다면, 그 사회는 이들을 중심으로 공감대를 형성하고 통합할 수 있다.

중간이 다수인 분포는 가운데가 불룩한 정규분포에 가깝다. 양쪽 꼬리가 좀 길더라도, 즉 부자나 가난한 사람들이 좀 있더라도, 중간층이 압도적으로 많고 양쪽 극단이 작다면 사회 통합도는 높을 수 있다. 어떤 집단이 동질적인지를 판단하기 위해서 높게는 95%나 99% 신뢰수준, 낮게는 80% 신뢰수준을 따지는 관행도 시사점이다. 80% 정도의 확률로 특정 계층에 속하는 집단이라면, 동질적 집단이라고 볼 수 있다는 의미다. 뒤집어 보면, 대체로 그 정도 비중을 차지하는 '보통의 현상'이 있다면 그건 일반적 사실이라고 봐도 된다는 이야기가 된다. 즉, 어떤 모습의 '한국인'을 그린 뒤, 한국인 중 아무나 뽑았을 때 그 그림에 맞을 확률이 80% 이상이라면 그게 보편적인 '한국인'이라고 볼 수도 있다는 사고방식이다. 어쩌면 중산층이 75% 정도라면 '그 중산층'의 특성이 한국인의 보편적 특성이라고 이야기할 수도 있는 상황이다.

하지만 이제 중산층 비중은 현저하게 낮아졌다. 2022년 1분기 실제 중산층 비중은 60%다. 그것도 코로나19 본격화 이전인 2020년 1분기의 57%대에서 높아진 수치다. 스스로를 중산층이라 여기는 사람의 비중은 더 낮다. 2022년 2월 한국경제신문 조사 결과 30-59세 한국인 중 53%가 스스로 중산층이라고 답했다(고재연·박재원, 2022).

중산층 비중이 전체 인구의 절반 가까이로 떨어진다면, 그 계층이 전체를 대표하는 '보통 사람'들이라고 보기는 어렵다. 중산층 안에 소득 격차가 세 배 가까이 날 정도로 넓게 잡아도 그렇다니 더 문제다. 중산층 안에서도 통합이 어려운 판인데, 사회 전체는 더 어렵게 된다. 계층 간 갈등은 심해지고 싸움은 커질 것이다.

게다가 양극화가 확대되어 중산층 비중이 지속적으로 낮아지면 어떻게 될까? 열심히 노력하면 하위계층도 중산층이 될 수 있다는 생각은 환상이 될 가능성이 높아진다. 중산층 자리는 줄어드는데 다들 노력하면 경쟁만 치열해질 것이다. 게다가 현재 중산층이 하위층으로 탈락할 가능성도 커진다. 있는 자리를 지키기도 어려워지는 것이다. 중산층이 상위층으로 올라가는 길은 커질 수 있다. 다만 원래 상위층이던 사람들은 최상위층으로 더 멀리 도망갈 것이다. 계층 간 골은 깊어지고 사회통합은 어렵게 된다.

물론 중산층 축소는 우리나라만의 문제는 아니다. 특정한 정권의 문제도 아니다. 모든 선진 자본주의 국가에서 일어나는 일이고, 장기간에 걸쳐 꾸준히 진행 중인 일이다. OECD 국가의 평균 중산층 비중은 1980년대 중반 64%이었으나 2010년대 중반에는 61%까지 떨어졌다. 2019년 보고서에서 밝힌 내용이다.

중산층이 지속적으로 축소된 것만은 아니다. 비중이 커지는 시기가 있었다. 예를 들어 2010년대 초반 오름세를 보이는 구간이 있다. 시민사회의 보편적 복지국가 운동이 성과를 거두면서 기초연금이 도입되는 등 복지가 강화되는 시기였다. 또한 놀랍게도 코로나19 이후에도 중산층은 커진 것으로 나타났다. 정부가 공격적으로 재정을 확장했고, 전국민 재난지원금과 자영업자 손실보상금 등 다양한 수당을 지급했던 시기다. 즉, 국가의 분배자 역할이 커지는 시기, 중산층 비중은 확대되기도 했던 것이다.

그림 2 주요국 중산층 비중

OECD 주요국 중산층 비율		(단위=%)	
이스라엘	71.9	캐나다	58.4
스웨덴	65.2	미국	51.2
독일	63.9	멕시코	44.9
한국	61.1	OECD 평균	61

※ 2012~2016년 각국 자료. 자료=OECD 보고서 재구성
출처: 김윤기(2019)

국가별로 봐도 복지가 잘 갖춰진 나라의 중산층 비중이 높다. 스웨덴은 65.2%인데 미국은 51.2%이다(<그림 2>). 시장은 끊임없이 중산층을 줄이고 양 극단을 키우지만, 정부가 적절한 역할을 하면서 사람들을 가운데로 모을 수 있다는 점을 다시 한 번 확인시켜준다.

III. 지수분포화 현상

중산층 축소는 단순한 양극화를 의미하지 않는다. 분배 구조의 변화를 의미한다. 예컨대 시기별로 금융소득을 제외한 시장소득(근로소득과 사업소득의 합)의 분포를 비교해 보면 변화 방향이 보인다(<그림 3>). 우리나라의 1990년 시장소득 분포는 극소수 초고소득층을 제외하면 가운데가 불룩한 정규분포에 가까운 모양이었다. 그러나 차차 최하층이 가장 많고 고소득층으로 갈수록 숫자가 적어지는 지수분포의 모양으로 바뀌어 간다.

가운데가 두터운 정규분포는 두터운 중산층이 있는 사회를 의미한다. 지수분포 형태로 바뀔수록 중산층이 줄어들고 하위층과 상위층이 늘어나게 된다. 지수분포의 꼬리가 길어질수록 보통 사람은 상

상할 수 없는 초고소득층이 계속 생겨나고 늘어난다는 뜻이다.

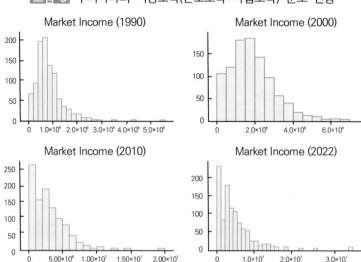

그림 3 우리나라의 시장소득(근로소득+사업소득) 분포 변동

출처: 통계청(2022)
주: 가계동향조사 원자료의 가구 균등화 시장소득(근로소득+사업소득) 보유금액별 빈도.
원자료에서 1000 표본을 추출해 사용.

우리나라 가구 자산의 분포도 지수분포 형태를 띠고 있다. 통계청에서 1년에 한 번 실시하는 통계청의 가계금융복지조사 원자료를 분석했다. 이는 전국 2만여 가구의 소득과 자산 실태를 주로 알아보는 설문조사 결과다.

가장 최근에 발표된 2021년 3월 조사 결과 중 가구 총자산액 히스토그램을 그려 보면, <그림 4>와 같이 나타난다. 가장 자산이 적은 계층의 숫자가 가장 많고, 자산이 커질수록 숫자는 점점 작아진다. 그래서 자산이 가장 큰 계층의 숫자가 가장 작지만 꼬리가 길게 나타난다. 계층이 올라갈수록 보유자산 규모는 거듭제곱으로 커

제2부 분 배

진다. 즉, 시장소득의 분포와 마찬가지로 지수분포와 유사한 형태를 띠고 있는 것이다.

그림 4 우리나라 가구 총자산 분포(2021)

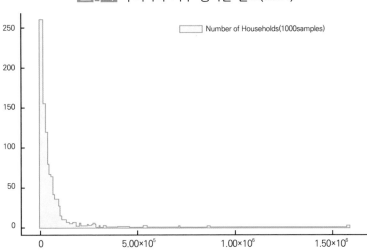

출처: 통계청(2021)
주: 가계금융복지조사 원자료의 가구 총자산 보유금액별 빈도

이런 지수분포화 현상은 우리나라에만 있는 현상이 아니다. Drăgulescu와 Yakovenko(2001)는 미국의 소득 분포와 영국의 자산 분포를 살펴본 결과 95% 이상의 개인의 부가 지수분포를 따른다고 반박했다. Yakovenko(2000) 역시 미국의 소득분포가 지수분포를 따른다는 결론을 내렸다. Tao et al.(2019)는 유럽, 남미, 북미, 아시아 대륙 67개 국가의 가구 소득 데이터를 살펴봤는데, 최상위 소득 계층을 제외하면 대부분 국가에서 지수분포 형태를 띠고 있다는 사실을 발견했다. 대부분의 발전된 자본주의 국가에서, 중산층이 사라지고 슈퍼리치가 등장하며 하위층이 많아지는 형태의 지수분포화 현

상이 일어나고 있는 것이다.

그런데 이 분포를 어떻게 평가해야 할까? 분배 정의 관점에서 이런 분포는 바람직한가 그렇지 않은가? 필자는 정규분포(<그림 5>) 형태가 현실에서 구현할 수 있는 가장 이상적인 소득 및 자산의 분배 상태라고 본다. 종을 엎어놓은 것처럼 가운데는 볼록하고 양쪽 꼬리는 얇은 그래프를 떠올리면 된다. 소득이나 자산이 중간 정도인 사람은 아주 많고, 상위층과 하위층은 존재하기는 하지만 소수인 형태의 곡선이다.

그림 5 전형적인 정규분포의 형태

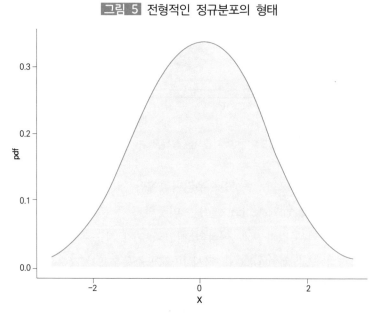

이런 분포에서는 무엇보다도 중산층이 두텁다는 게 장점이다. 다수의 사람이 비슷한 상황에 놓여 있다. 동질감을 느끼며 연대할 수 있다. 그래서 정규분포는 사람들에게 안정감을 준다. 양쪽 꼬리가

존재한다는 점도 어쩌면 장점이다. 특별한 노력을 기울인다면, 큰 부를 쌓는 소수로 올라설 기회가 있다. 또한 성실하게 살지 않으면 뒤로 처질 수도 있다. 그런 어려움은 소수에게만 오기는 하지만 말이다. 그래서 정규분포는 사람들을 긴장하게 만든다. 정규분포는 그래서 안정적이면서도 역동적인 사회를 만들 수 있다.

반면에 지수분포에서 중산층은 비중도 작을뿐더러 한쪽으로 쏠려 있다. 중산층과 최상위층 사이의 격차는 멀어진다. 정규분포 형태를 유지하면서 양쪽 꼬리가 두터워지는 분포보다 사회 갈등은 더욱 심할 수밖에 없다. 또한 이런 지수분포와 유사한 자산 분포 하에서는 바로 앞 사람과 나 사이 거리가 등 간격이 아니라 일정한 배수를 곱한 만큼이 된다. 즉, 나와 내 뒷사람 사이 거리에 일정한 수를 곱하면 내 앞사람과 나 사이 거리가 나오는 것으로 보면 된다. 사람들 사이의 거리가 2미터, 2×2=4미터, 2×2×2=8미터, 2×2×2×2=16미터와 같은 식으로 벌어진다. 따라서 내 뒷사람과 나와의 거리보다, 나와 내 앞 사람의 거리가 일정한 수의 제곱만큼 더 멀다. 이 분포 안에 있는 모든 사람이 같은 처지다.

즉, 우리나라 모든 가구를 자산 보유액을 기준으로 한 줄로 세운다면, 내 바로 뒤에 있는 집과 우리 집은 큰 차이가 나지 않는 것 같은데, 나보다 앞에 있는 집은 훨씬 더 멀리 달아나고 있는 것 같은 느낌이 들게 되어 있다. 앞 사람을 따라잡을 수 없어 좌절을 느끼고, 뒷사람이 따라오고 있어 초조해지는 구조다. 예컨대 집 가진 사람들은 내 앞 사람 집이 저리 비싼 걸 보니 나는 서민임이 분명한데 세금만 더 낸다고 화를 낸다. 집 없는 사람들은 낙오자가 되었다고 화를 내게 되어 있는 구조인 것이다.

물론 모든 사회의 부의 분포가 똑같은 속도와 형태로 지수분포를 향해 움직이는 것은 아닐 것이다. 특히 2장에서 확인한 것처럼, 국가의 분배 정책을 통해 소득분포와 중산층 비중에는 개입할 여지가 충분히 있다.

그런 점에서 가구경상소득 분포 변화 양상은 시사하는 바가 크다 (<그림 6>). <그림 3>에서 시장소득은 정규분포에서 지수분포로 이동하는 양상이 완연하게 드러났던 반면, <그림 6>를 보면 경상소득은 1990년 이후 정규분포에서 지수분포로 변화하는 모습을 보이다가도, 2022년에는 다시 정규분포와 유사한 형태로 돌아가는 듯한 모습도 보인다. 정부의 재정 확장과 전국민재난지원금 등의 수당이 생겨났던 2020년 이후에는 중산층 비중이 늘면서 소득분포 역시 정규분포 방향으로 되돌아가기도 했던 것이다.

그림 6 가구경상소득의 분포 변동

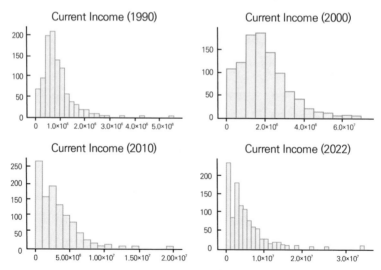

주: 통계청(2022) 원자료의 가구 균등화 시장소득(근로소득+사업소득) 보유금액별 빈도. 원자료에서 1000 표본을 추출해 사용.

제2부 분 배

IV. 소득분배 변동의 구조

그런데 왜 대부분 자본주의 선진국에서 소득분포가 지수분포화되고 있는 것일까? 고소득층에게 편향적인 정책이 실시되는 등의 특수한 상황의 결과일까? 아니면 일반 법칙이 작동하고 있는 것일까?

부의 불평등 확대에 대한 연구는 피케티(Piketty)가 1900년대 이후 전 세계 소득 및 자산 데이터를 수집해 분석한 이후 빠르게 확대되고 있다. Benhabib et al.(2019)은 미국의 상위 1%가 부의 33.6%를 갖고 있다고 보고했다. 피케티와 사에즈(Saez) 등은 World Inequality Database를 구축해 세계 각국의 부의 분포 데이터를 수집해 공개하고 있는데, 대부분 국가에서 소득과 자산이 최상위 1%와 10% 계층으로 집중되는 격차 확대 양상을 띠고 있다.

또한 많은 연구에서 부의 분포의 일반 법칙을 내놓고 있다. 부의 분포에 대한 일반 법칙의 선구자는 파레토(Pareto)이다. Pareto는 19세기 말 이미 대부분의 도시에서 소득의 분포가 최상위 계층으로 집중되어 있으며 특정한 분포를 따른다는 점을 발견했다. 이때 그가 발견한 분포가 '파레토 분포'로 불리며 다양한 연구에 활용되고 있다.

한편 Drăgulescu와 Yakovenko(2001)는 미국의 소득 분포와 영국의 자산 분포를 살펴본 결과 95% 이상의 개인이 파레토 분포가 아니라 지수분포를 따른다는 점을 밝혔다. Yakovenko(2000) 역시 미국의 소득분포가 지수분포를 따른다는 결론을 내렸다.

Jones(2015)는 Piketty가 내놓은 부의 분포에 관한 실증 데이터를 검토한 결과, 중하위 계층에서는 지수분포가 나타나지만 최상위 계층에서 Pareto가 주장한 파레토 분포가 나타난다는 점을 밝혔다.

Jones(2015)는 이를 '지수적으로 분포된 시간 동안 벌어지는 지수적 성장은 파레토 분포를 낳는다'고 이론적으로 논증하기도 했다. Drăgulescu와 Yakovenko(2000) 등은 소득과 자산 분포가 최상위 계층 일부를 제외하면 지수분포를 따르는 데 대한 설명을 물리 법칙을 통해 시도한다. 이론적 설명의 바탕은 볼츠만-깁스 법칙(Boltzmann-Gibbs Law)인데, 이는 총량이 보존되는 어떤 물질이 폐쇄된 시스템에서 교환되는 모형에서 나타나는 특징이다. 이 법칙에 따라 나타나는 볼츠만-깁스 분포는 19세기 오스트리아의 물리학자 루트비히 볼츠만이 상자 안의 가스 분자에 대한 연구를 수행하면서 검토한 것이다. Drăgulescu와 Yakovenko(2000)는 부에 대한 통계적 법칙을 이런 볼츠만 법칙으로 설명하면서, '닫힌 경제 시스템에서 화폐는 보존되며, 이에 따라 화폐의 분포가 지수분포로 나타난다'고 논증한 바 있다.

Tao et al.(2019)과 Venkatasubramanian et al.(2015)는 부의 분포 논의를 시장경제의 공정성 논의와 연결시킨다. 이들은 시장에서 공정성(구체적으로는 롤스(Rawls)의 공정성)이 관철되었을 때 결과적으로 지수분포 형태가 나타난다고 분석했다. 신고전파 경제학의 믿음대로 시장이 공정하게 운영된 결과 지수분포 형태의 소득분포가 나타났다는 진단으로 이어질 수 있는 분석이다. 즉, 대부분 자본주의 선진국에서 중산층 비중이 축소되는 현상은 특수한 환경에 기인했다거나 불공정한 관행 때문에 생겨난 게 아니라, 거꾸로 공정하고 효율적인 시장경제의 필연적인 귀결이라는 이야기다.

Wilensky와 Rand(2015)는 '간단한 경제 모형(simple economy)' 모의실험을 통해 가장 공정하고 단순한 거래 상황도 오랜 시간 반복되면 지수분포 형태로 부가 집중되는 결과를 낳는다는 점을 보여준다. 간단한 경제 모형은 다음의 규칙을 따르는 경제를 구현한 행위자 기반 모형(agent-based modeling)이다.

(1) 인구는 500명이다.
(2) 한 사람이 처음에 100달러의 부(wealth)를 소유하고 있다.
(3) 매 단위시간마다 다른 사람을 골라 1달러씩 무작위로 준다.
(4) 누구도 소유한 돈이 0보다 작아질 수는 없다.
(5) 돈을 다 써버리면, 돈이 다시 생기기 전에는 다른 사람에게 돈을 줄 수 없다.
(6) 총 화폐의 규모는 고정되어 있다.

간단한 경제 모형을 실행하면 어떤 형태의 부의 분포를 가져올까? 완전히 무작위 교환이라는 특성 탓에 평평한 부의 분포 또는 정규분포를 가져올 것처럼 여겨지지만, 실제로 이 모형을 실행하면 부의 분포는 지수분포 형태가 된다. 즉, 대부분은 가난하고 일부 최상위층은 막대한 부를 가진 형태로 수렴한다. 이런 분포는 화폐가 보전된다는 전제 아래 나타나게 된다.

'무작위 교환'이라는 간단한 경제 모형의 전제는 실제 현실과는 거리가 있다고 여겨질 수 있다. 그러나 결과적으로 현실과 비슷하게 지수분포 형태의 부의 분포로 수렴한다는 점에서, 부의 분포를 이해하기 위한 목적으로는 상당히 유용한 모형이라고 볼 수도 있다. 또한 현실에서는 능력이 뛰어나거나 보유자산이 큰 사람들이 그렇지 않은 사람들보다 상대적으로 부의 획득 가능성이 높을 것으로 보이는데, 이는 간단한 경제 모형에서의 무작위 교환에서보다 더욱 불평등한 부의 분포를 낳을 가능성이 높다. 따라서 이 연구는 상대적으로 부의 분포가 평평하게 나올 수 있는 보수적 모형을 사용하고 있

그림 7 간단한 경제 모형에서 부의 분포 변동(0-5만 단위시간)

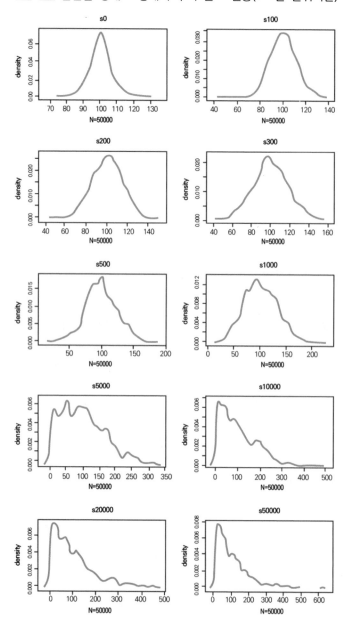

다고 볼 수 있다.

필자는 간단한 경제 모형을 행위자 기반 모형 분석도구인 NetLogo를 통해 모의 실험을 진행했다. <그림 7>은 50,000 단위시간까지 모의 실험해 나타난 부의 분포이다. 모의실험은 각각 100차례씩 시행해 그 평균값을 취하는 방법으로 진행했다. 분석 결과, 간단한 경제 모형의 분포 변동 양상은 <그림 3>에 나타난 우리나라 시장소득 분포의 변동 양상과 놀랍도록 유사하다. 처음에는 모든 행위자가 같은 크기의 부를 보유하고 있고, 무작위로 교환을 수행하므로 한동안 정규분포 형태가 유지되나, 시간이 갈수록 하위 계층의 수가 늘어나고 상위 계층의 수가 줄어들면서 지수분포 형태로 변화된다는 사실을 알 수 있다. 간단한 경제 모형은 소수 행위자들 사이의 무작위 교환이라는 지나치게 단순해 보이는 가정을 갖고 있지만, 어느 정도 현실의 소득분포 동학을 설명하고 있는 모형일 수 있다.

간단한 경제 모형의 교환 규칙이 현실에서와 달리 행운만으로 이루어져 있다는 점을 감안하면, 이는 놀라운 결과일 수 있다. 능력이나 자산의 크기 등 다른 요소들이 전혀 개입하지 않고, 어떤 의미에서는 완전히 공정한 분배 규칙을 적용했음에도 부의 분포에 불평등이 나타났기 때문이다. 그러나 이는 앞서 언급했듯 다양한 연구를 통해 이미 입증된 사실이다. 투명하고 공정한 시장원리 자체가 소득분포를 지수분포 형태로 만든다는 것이다.

물론 현실에서는 나라마다 다양한 상황에 따라 각기 다른 부의 분포에서 출발해 분배하며, 행운도 작용하지만 추가로 다른 규칙을 더해 운용되며, 화폐 수량이 보존되지 않고 성장이나 무역을 통해 확대 축소되며 운용된다. 간단한 경제 모형이 이런 모든 세부 사항을 생략하고도 현실에 이미 나타난 지수분포 형태의 부의 분포가 구현되는 원리와 과정을 적절하게 모사했다는 점 역시 분명하다.

왜 이런 변화가 생기고 있을까? 기술혁신이 이어지면서 중간 숙련 일자리 비중이 줄어들고 있어서 그렇다는 설명이 유력하다. 황세원 외(2019)는 OECD의 연구를 인용해 '중간 수준 임금 및 숙련도를 가진 일자리의 감소'를 지적한다. 중산층이 주로 갖는 일자리가 기술혁신과 함께 가장 먼저 줄어들고 있다는 것이다(<그림 8>). 저숙련 일자리와 고숙련 일자리 비중이 동시에 늘어나고 있다는 점도 지수분포화 현상이 의미하는 바와 일치한다.

그림 8 OECD 국가들의 숙련도 별 일자리 증감 비율(%)

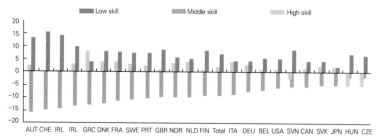

출처: OECD(2019: 황세원 외, 2019에서 재인용)

우리나라에서도 자동화와 함께 중간 숙련 일자리가 줄어드는 현상이 일어났다. 과거에는 제조업 일자리에서 나타난 현상이다. 상당수 제조업 생산직 일자리는 1987년 이후 노동운동의 성과와 1990년대 이후 한중수교 등의 호재를 맞아 수출기업들이 빠르게 성장하면서 우리나라에서는 대표적인 중간 수준 일자리가 됐다. 특히 지방 도시에서 제조업 노동자층은 지역 중산층을 형성하게 됐다.

그런데 1장에서 지적했듯 한국 기업은 전략적으로 로봇을 도입해 노동을 대체하는 혁신을 빠르게 진행했다. 1990년대부터 시작된 이

혁신의 결과로, 2017년 현재 한국은 세계 최고의 제조업 로봇 침투율(제조업 노동자 1만 명당 로봇 도입 대수)인 710대를 기록하는 나라가 됐다.

코로나19 이후에 이런 흐름은 심화되고 있다는 연구 결과도 나온다. 오삼일 외(2021)은 2019년 4분기와 2021년 3분기의 고용을 고숙련, 중숙련, 저숙련으로 나누어 분석한 결과, 고숙련과 저숙련 일자리는 늘어났지만 중숙련 일자리만 줄어들었다는 결과를 내놓았다. 즉, 중산층이 줄어들고 소득분포가 지수분포 형태로 변동하는 추세는 시장 자체에 내재한 원리이므로 지속적으로 진행될 것이며, 자동화를 향한 기술혁신이 빨라질수록 더욱 가속화될 추세라고 볼 수 있다.

그림 9 코로나19 이후 일자리 특성별 취업자 수 증감률

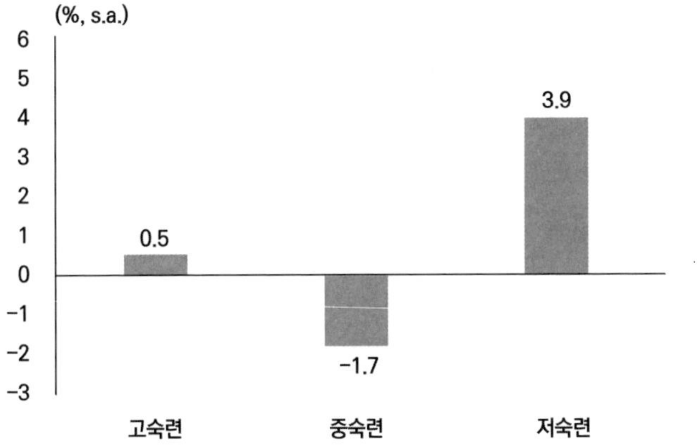

출처: 경제활동인구조사(오삼일 외, 2021에서 재인용)
주: 19.4/4분기 대비 21.3/4분기 증감률

V. 미래: 중산층 시대를 향한 새로운 분배 규칙

지금까지의 논의를 요약하면 이렇다. 중산층은 한 사회의 경제적 중추다. 중산층은 사회통합의 중추 역할을 할 수 있다. 역으로 중산층의 비중이 지나치게 낮아지면, 한 사회 구성원들이 동질성을 유지하기는 점점 어려워지고 갈등과 혐오를 피할 수 없게 된다.

그런데 불행하게도 시장경제는 중산층 비중이 축소될 수밖에 없는 원리를 가지고 있다. 경제발전이 진행되면서 소득분포가 지수분포화하는 현상이 대부분 자본주의 선진국에서 보편적으로 일어나고 있다는 데서 알 수 있다. 하위층은 많아지고, 평균 근처에 있는 중산층은 줄어들고, 상위층은 숫자가 유지되거나 많아지지만 슈퍼리치의 등장으로 상위층 내 격차가 점점 커지는 현상이다.

다시 처음의 질문으로 돌아가 보자. 그렇다면 중산층을 비중을 다시 늘리려면 어떻게 해야 할까? 한때 '중산층 복원'은 인기 높은 슬로건이었다. 선진국의 정치인들은 입만 열만 '중산층 복원'을 하겠다고 외쳤다. 한국의 정당들은 모두가 중산층을 위한 정당을 표방했다. 그런데 왜 그런 슬로건이 시들해졌을까? 중산층을 위하거나 대표한다는 레토릭(rhetoric)은 넘쳐났지만, 실제 경제적으로 중산층을 복원하려는 시도는 실패로 돌아갔기 때문이다. 사실 대부분의 경우 그런 시도조차 없었다고 표현하는 게 더 정확하다. 마땅한 정책 수단을 찾지 못했다는 데서 그 핵심 원인을 찾을 수 있을 것이다.

사실 단순히 경제력의 격차가 벌어지면서 중산층 비중이 축소되고 있는 게 아니라, 그 분포가 변화하고 있는 상황에서, 전통적 정책수단으로 흐름을 바꾸기는 쉽지 않다.

소득지원 정책을 보자. 기초생활보장제도와 EITC 등 주로 저소득층을 선별해 지원하는 제도가 소득보장제도 주류이다. 그런데 3장에서 살펴본 지수분포화 문제는, 중위소득 근방에 있는 계층이 함께 소득이 늘어나야 해결되는 문제다. 저소득층을 돕는 것을 목적으로 한 정책으로는 중간층을 두텁게 만들기가 어렵다. 분산이 커지는 상황에서 정규분포가 유지되려면, 중간값이 오른쪽으로 움직여야 한다.

그러나 고소득자에 과세해 저소득자에게 나누는 전통적 분배방식으로는 이런 변동을 만들기 어렵다. 웬만큼 큰 규모의 재분배 정책이 아니고서는, 결과적으로 지수분포 형태의 경제력 분포로 귀결될 것이다.

한편 '일자리를 많이 만들겠다'는 고용정책으로도 중산층을 복원하기는 어렵다. 어떤 일자리를 만드느냐가 중요한데, 4장에서 살펴본 것처럼 기술혁신이 빨라질수록 중숙련 일자리가 급격히 줄어들기 때문이다. 따라서 중간숙련 일자리를 위한 보편적 일자리 정책은 드물고 실효성을 내기도 까다롭다. 표준화된 직업훈련 또는 재취업 지원 등이 그나마 중간 일자리 정책이라고 할 수 있는데, 실효성을 의심받는 경우가 잦다.

결국 국가의 고용 정책은 주로 저숙련이나 고숙련 일자리에 집중된다. 노인일자리 사업이나 공공근로 사업을 보면, 일자리 개수는 많지만 대부분 저숙련 저임금 일자리라는 사실을 알 수 있다. 또는 인공지능이나 빅데이터 일자리를 지원하거나, 정부 예산으로 모태투자펀드를 만들어 첨단기술 창업을 독려하며 소수의 고숙련 일자리를 만든다. 결과적으로 정부의 현재 고용 정책은 다수의 저숙련 노동자. 소수의 고숙련 노동자, 극소수의 초고숙련 노동자로 구성된 일자리 분포를 강화하는 방향으로 설계되어 있는 것이다.

시장에 맡겨두면 시간이 갈수록 중산층이 사라지는데, 전통적 정책 수단은 과녁이 잘못되어 있는 셈이다. 이런 상황에서 중산층을 다시 두텁게 만들려면, 중산층 자체가 정책 대상이 되어야 한다. 즉 보편적 소득 보장 정책, 보편적 고용 정책이 필요하다.

그런 의미에서 보편적 기본소득제를 재조명할 필요가 있다. 기본소득제는 일자리가 사라진 시대 실업자를 위한 공적부조이거나, 선별소득보장제도의 사각지대를 없애기 위한 제도 등으로 제한적으로 설명되어 왔다. 그러나 중산층이 사라지는 현상을 막고 다시 중산층 시대를 열 수 있는 정책일 수도 있다. 특히 1차 분배의 불완전성을 보완하는 잔여적 정책이 아니라, 1차 분배 이전의 '0차 분배'로서 자본주의 시장경제의 핵심적 분배방식으로 간주할 때 중산층 문제를 해결할 가능성이 열린다.

실제 모의실험을 통해 살펴보면, 선별급여는 하위층의 경상소득을 늘리지만 소득분포는 단일분포 형태로 변화하는 것을 알 수 있다. 반면, 보편적 기본소득제는 분포 자체를 정규분포 형태로 유지하는 특성을 가졌다는 점을 알 수 있다. 따라서 선별 지급 때보다 보편 지급 때 중산층의 비중이 더 커지게 된다.

중산층 복원은 가능하다. 국가가 직접 분배에 나서면 된다. 국가의 분배를 '재분배'라는 잔여적 개념 안에 가둘 게 아니라, '선분배'로 적극적으로 이해하면 가능하다. 물론 정책 효과를 단정할 수는 없다. 이미 진행 중인 정책 실험들을 분석하고 확장하면서 사회적 공론화 작업을 이어나가야 한다. 경기도 농촌기본소득 실험, 서울시 안심소득 실험, 전국 각지의 청년 기본소득 등 대상별 소득보장 제도 실험이 모두 소중한 이유이고, 이들이 더 확산되어야 하는 이유다. 결국 국민들이 그 모든 실험의 결과를 공론장에서 토론한 뒤 '사회보장은 재분배가 아니라 선분배'라는 점을 이해하고 받아들여야 정책화가 가능해질 것이다.

이제 소득분배정책, 복지정책의 역할은 단순히 어려운 이들을 돕는 일에 그치지 않는다. 우리 모두가 동질감을 느낄 수 있고 손잡을 수 있도록 해주는 매개일 수 있다. 찢어져가는 사회를 그나마 이어붙일 수 있는 중요한 도구다. 다시 중산층 시대를 열고 공감과 연대가 갈등과 혐오를 덮을 수 있는 사회를 만드는 데 이 도구를 잘 사용해야 한다.

참고문헌

고재연·박재원. (2022.4.6). 부동산·주식 폭등에 소외감…30代 절반 이상이 "나는 하위층". 한국경제. (최종검색일: 2023.1.20) https://www.hankyung.com/finance/article/2022040686851

구교준·최영준·이관후·이원재. (2018). 자유안정성 혁명: 행복하고 혁신적인 대한민국을 위한 제안. 솔루션2050. LAB2050.

권병인. (2019.1.31). [논단] 당신은 중산층인가요? 치과신문. (최종검색일: 2023.1.20) http://dentalnews.or.kr/news/article.html?no=23533

기획재정부. (2019.9.2). 중산층 기준 및 최근 중산층 소득개선 현황 [보도자료].

김윤기. (2019.4.11). 한국 가계 소득격차 확대되며 OECD 36개국 중 32위. 매일신문. (최종검색일: 2023.1.20) https://news.imaeil.com/page/view/2019041113175225000

오삼일·송효진·이종하. (2021). 코로나19 이후 고용재조정 및 거시경제적 영향. BOK이슈노트. 한국은행.

통계청. (2021). 가계금융복지조사(2017-2020년)(공공용). https://doi.org/10.23333/P.930001.001.

통계청. (2022). 가계동향조사 분기자료(1990-2022년)(공공용). https://doi.org/10.23333/P.101006.001.

황세원·고동현·서재교. (2019). 제조업 도시들이 흔들린다: 지역별 고용위기 시그널과 위기 대응 모델. LAB2050 연구보고서.

Benhabib, J., Bisin, A., and Luo, M. (2019). Wealth distribution and social mobility in the US: A quantitative approach. American Economic Review, 109(5), 1623-1647.

Drăgulescu, A., & Yakovenko, V. M. (2000). Statistical mechanics of money. *The European Physical Journal B-Condensed Matter and Complex Systems*, 17(4), 723-729.

Drăgulescu, A., & Yakovenko, V. M. (2001). *Exponential and power -law probability distributions of wealth and income in the United Kingdom and the United States. Physica A: Statistical Mechanics and its Applications*, 299(1-2), 213-221.

Jones, C. I. (2015). Pareto and Piketty: The macroeconomics of top income and wealth inequality. Journal of Economic Perspectives, 29(1), 29-46.

OECD. (2018). Job Creation and Local Economic Development 2018: Preparing for the Future of Work. Paris: OECD.

Tao, Y., Wu, X., Zhou, T., Yan, W., Huang, Y., Yu, H., ... and Yakovenko, V. M. (2019). Exponential structure of income inequality: evidence from 67 countries. Journal of Economic Interaction and Coordination, 14(2), 345-376.

Venkatasubramanian, V., Luo, Y., and Sethuraman, J. (2015). How much inequality in income is fair? A microeconomic game theoretic perspective. Physica A: Statistical Mechanics and its Applications, 435, 120-138.

Wilensky, U., and Rand, W. (2015). An introduction to agent-based modeling: modeling natural, social, and engineered complex systems with NetLogo. Cambridge: Mit Press.

토론문

신동면(경희대학교 행정학과 교수)

I. 들어가며

서구 복지국가에서 탈산업화와 인구 고령화 등으로 인해 사회보험체계의 포괄성과 지속가능성에 대한 의문이 제기되어 왔다. 최근 코로나19 팬데믹이 3년 가까이 지속되면서 사회보장제도, 특별히 사회보험이 사회적 위험을 해결하는 데 한계가 있다는 인식이 확산되고 대안적 사회보장에 관한 관심이 증대되었다. 기본소득(basic income)을 필두로 노동시장 내 고용 지위와 관계없이 보편적 사회보장체계를 수립해야 한다는 주장들이 설득력을 더하고 있다. 이들은 사회보장제도에서 기여(contribution)와 보장(security) 원리의 변화를 주장한다. 기여자−수급자 일치와 기여금−수급액 비례 원리에 벗어나 사회보장의 대상, 재원조달, 급여방식 등에서 혁신적 변화를 모색하고 있다. 바야흐로, 2차 세계대전 후 서구 복지국가의 청사진이 되었던 베버리지 보고서가 사회보장의 패러다임 지위를 위협받고 있으며, 대안적 패러다임에 관한 논의가 이어지고 있다.

한국의 사회보장체계도 예외가 아니다. 사회보험 중심의 보장체계는 낮은 보장성뿐 아니라 노동시장 고용 지위와 연계된 사각지대

문제를 안고 있어(고용보험과 국민연금에서 심각하다) 노동시장의 이중구조 문제를 해결하지 못하고 있다. 또한 공공부조는 지나치게 엄격한 자격심사로 비수급 빈곤층이 광범위하게 존재하여 기초보장의 사각지대 문제를 안고 있으며, 사회보험의 사각지대에 놓여 있는 저소득 근로자를 위한 안전망으로 작동하지 못하고 있다. 이러한 상황에서 문재인 정부는 기존 사회보장제도의 보편성 강화를 목표로 하여 사회보험 가입자를 확대하고 정부의 재정 지원을 늘렸으며, 공공부조의 수급 대상을 확대하기 위해 수급 조건 완화를 추진하였다. 그러나 20대 대통령 선거를 거치면서 기존 사회보장제도의 보편성을 강화하는 조치로는 노동시장의 구조변화와 인구 고령화 등에 효과적으로 대처하기 어렵다고 보고, 한국 사회보장체계의 혁신적 변화를 도모하는 대안적 주장들이 등장하였다. 대표적으로 기본소득, 안심소득, 노동참여소득, 부의 소득세(Negative Income Tax, NIT), 최저소득보장 등을 꼽을 수 있다. 두 발제자는 각각 기본소득과 안심소득을 제안하여 사회보장 패러다임 재편을 주장하는 대표적 인물들이다. 이들의 주장은 사회보장에서 기여와 보장 원리의 변화를 주장한다는 점에서 공통점을 지니지만, 문제 정의 및 처방에서 서로 다른 가치, 사상, 이론 등에 기초하고 있다.

II. 문제 진단 및 정의

이원재는 자본주의 선진국들이 대부분 소득분배의 지수분포화 현상을 경험한다는 데 주목한다. 중산층이 사라지고, 슈퍼리치가 등장하며 하위층이 많아지는 현상을 공통으로 경험하면서 경제발전과 정치발전의 토대가 약화되고 있음을 지적한다. 그리고 소득의 지수분포화 현상은 자본주의 축적체제의 결과임을 강조한다. 요소비용을 절감하기 위한 자동화의 진전과 탈산업화는 중간수준의 임금 및 숙련도를 지닌 일자리의 감소, 저숙련 일자리와 고숙련 일자리 비중의 동시 증가를 가져왔다고 지적한다. 향후 이러한 변화는 시장 자체에 내재한 경쟁원리의 발현이므로 더욱 가속화될 것으로 예상한다. 이 같은 변화에 직면하여, 논문에서는 중산층이 한 사회의 경제적 중추이며, 사회통합의 중추 역할을 담당해야 한다는 것을 강조하고, "중산층 비중을 어떻게 다시 늘릴 수 있을까?"라는 질문을 제기한다.

　박기성은 한국을 비롯한 선진 자본주의국가들에서 노동소득분배율 추세의 유사성을 지적하며, 한국은 노동소득분배율이 산업화 시기인 1960년 이후 꾸준하게 증가하였으나 1990년대 후반 경제위기 이후 감소·정체하다 2018년 이후 다시 증가 경향으로 돌아섰음을 보여준다. 그리고 피용자의 보수에 대한 자영업 이익 비중이 크게 감소하였음을 통해 영세자영업자의 소득분배 감소를 지적한다. 한국 사회에서 소득5분위배율과 지니계수가 추세적으로 악화하고 있으나, 영국, 미국, 일본 등 자유주의 국가에 비해 양호하다고 본다. 정규직과 비정규직의 임금 격차를 보면, 정규직 대비 비정규직 근로자의 시간당 임금이 62.2%(2014년 고용노동부 고용형태별 근로실태조사 기준) 수준이지만, 성·연령·학력·근속·직종을 통제한 후 동일 사업체 내 정규직 대비 비정규직 근로자의 시간당 임금은 93.7%에 해당하여 노동시장에서 고용 지위에 의한 차별의 최대치는 6.3%이며, 임금 격차의 상당 부분은 관찰이 안 된 이질성의 결과라고 강조한다. 그러므로 박기성은 한국의 사회경제적 문제는 노동시장, 시장경제의 문제라기보다 복지국가의 분배정책이 문제라고 본다. 한국

사회에서 분배 문제는 시장의 잘못이 아니라 정치의 잘못이라는 것이다. 소득 재분배를 위한 대표적인 정책인 국민기초생활보장제도에서 현금 급여인 생계급여와 주거급여는 복지 사각지대와 근로유인 저상의 문제를 안고 있다고 지적한다.

III. 처방

이원재는 중산층의 복원을 위하여 정부의 분배자 역할이 중요하다는 것을 강조한다. 그러나 복지국가의 선별적 공공부조와 소득지원 정책을 통해 중산층의 복원은 가능하지 않으며, 중위소득 근방에 있는 계층의 소득이 늘어날 수 있는 정책수단이 필요하다고 지적한다. 또한 저임금 일자리를 늘리는 재정지원 일자리사업, 인공지능 일자리 지원, 모태투자펀드를 통한 첨단기술 창업 지원 정책도 중간 숙련 일자리를 만들지 못하였음을 지적한다. 그러므로 국가의 분배 정책을 통해 소득분포와 중산층 비중에 개입하기 위해서는 중산층을 정책대상으로 삼는 보편적 소득보장정책과 보편적 고용정책이 필요하다고 주장한다. 시장분배의 불완전성을 보완하는 잔여적 정책이 아니라 1차 분배 이전의 '0차 분배'로서 보편적 기본소득(universal basic income)이 필요하다고 본다. 선별적 소득지원보다 보편적 지급 때 중산층의 비중이 더 커지고 중산층의 복원이 가능하므로 국가의 분배를 '재분배'라는 잔여적 개념 안에 가두지 말고, '선분배"로 적극적으로 이해하여야 한다고 주장한다.

박기성은 한국 사회의 분배 개선을 위해 공공부조의 개혁이 필요하며, 부의 소득세 방식을 적용한 환급형 세액공제인 안심소득을 대안으로 제안한다. 안심소득제는 연소득이 일정액에 미달하는 가구(4

인 가구 경우 6,000만원)에게 미달소득의 일정 비율(50%)을 현금으로 지원하는 제도이다. 안심소득의 시행과 함께 기존 생계급여와 주거급여 그리고 기초연금을 대체하며, 다른 복지 및 노동제도는 그대로 존치하고, 소득세제의 현행 비과세 감면 공제제도 등도 유지할 것을 제안한다. 그에 따르면 안심소득은 공공부조에서 정부의 실패를 극복할 수 있는 대안이다. 안심소득은 복지사각지대를 완전히 해소하고, 소득격차를 축소하는 데 탁월하며, 근로유인 저상을 완화하여 노동공급 증가를 통해 GDP 증가를 가져오고, 행정비용을 절약하고 예산 누수를 최소화하며, 유효수요 창출에 탁월한 효과를 지닌다고 지적한다. 그리고 안심소득 시행에 필요한 예산은 기존의 생계급여, 주거급여, 기초연금 소요 예산에 추가 예산으로 '22년 기준 연 32.4조 원이면 가능하므로 부담가능한 수준이라고 설명한다.

IV. 상호 평가

이원재는 박기성의 안심소득에 대하여 직접적으로 평가하지 않았지만, 보편적 기본소득을 주장하기 때문에 선별적 소득지원제인 안심소득에 대하여 비판적 입장을 지닌다. 박기성은 보편적 기본소득에 대한 반대 입장이 확고하다. 보편적 기본소득이 현행 사회보장제도를 대체하는 경우, 2021년 기준 연간 187조의 복지예산을 고려하면 매월 30만 원을 모든 국민에게 지급하는 것이 가능하다고 주장하지만(이원재 안), 아동수당, 실업부조 등 현행 복지제도를 폐지하는 경우 저소득층과 중산층의 반발이 예상되며, 소득세 혜택을 폐지하는 경우 중산층도 소득세제 혜택이 줄어들어 반발할 것으로 예상한다. 또한 대통령 선거 과정에서 제시되었던 이재명의 보편적 기본소득(전 국민을 대상으로 매월 50만 원 지급)은 막대한 예산이 소요되고, 지역화폐로 지급하는 경우 소비와 투자를 유효수요 측면에서 동일시하는 오류를 지니며, 모두가 안심하고 경제활동을 하도록 지원하는 보편적 복지가 아니라 무조건적이고 획일적인 복지라고 평가한다.

V. 순수주의를 넘어서

과학철학에서는 패러다임 간에 통약불가능성(incommensurabity)을 지닌다고 본다. 기본소득과 안심소득은 분배 문제의 진단과 정의가 다르고 해결책에서 차이를 보이기 때문에 서로 합의를 형성하는 것이 불가능한가? 서구의 성공한 복지국가들은 이념적 편향이나 교조에 대한 집착에서 벗어나, 합의적·실용적 관점에서 문제에 접근하여 실행과 수정의 중단 없는 작업을 진행해 왔음을 기억해야 한다. 기본소득을 주장하는 대표적 학자인 판 파레이스와 판데르보흐트(Van Parijs and Vanderborght, 2018)는 "공정하게 말해, 정치적 실현 가능성의 관점에서 보면 부의 소득세(NIT) 제도가 중요한 이점을 지닌다는 것을 인정하지 않을 수 없다"고 밝혔다. 그리고 "지나친 순수주의적 접근이야말로 현실적으로 아무것도 하지 못하게 만드는 최고의 비법이다"라고 지적하였다.

한국의 사회보장체계에서 사회보험과 공공부조는 노동시장에서 활동하는 저소득 근로계층, 소득분위로 보면 3·4·5 분위를 위한 사회보장의 역할을 담당하지 못하고 있다. 사회보험에서 기여자와 수급자의 일치와 공공부조에서 자산조사와 엄격한 자격 심사가 지속되는 상황에서 보편 보장의 강화는 구호에 그칠 수밖에 없다. 한국 노동시장의 이중구조화와 인구 고령화에 대응하여 사회보장이 분배 문제를 해결하기 위해서는 스웨덴의 대표적 사민당 이론가인 비그포르스(Wigforss)가 지적한 것처럼 "잠정적 유토피아를 향하여 작업가설을 세우고 이를 실천 검증하는 작업"이 필요하다.

한국 복지국가에서 보편적 기본소득은 인간다운 삶을 영위하기에 적정한 수준의 현금을, 매월 정기적으로, 개인 누구에게나, 무조건 적으로 지급한다면 막대한 금액이 소요되는 문제를 안고 있다. 지난 대선에서 이재명 후보가 제시한 기본소득 공약은 낮은 수준의 기본소득(연간 100만 원)임에도 소요 예산이 연간 50조 원에 이른다. 보편적 기본소득을 주장하는 사람들은 재정적 지속가능성에 대한 비판과 막대한 예산 소요로 인해 소액의 기본소득을 제공하는 경우 사각지대에 놓인 취약집단에 적정소득을 보장하지 못하며, 재분배 효과가 미약하고, 복지행정 비용을 최소화하지 못하고, 증세정치에 유리하다고 볼 수도 없다는 비판에 눈을 감아서는 안 된다. 부의 소득세 방식에 기초한 최저소득보장제를 주장하는 사람들은 기존 복지제도를 해체하고 복지 축소를 주장한다는 비판, 최소소득 보장과 근로 동기 확보가 상충한다는 비판, 그리고 사회적 연대를 약화시킬 수 있다는 우려 등에 귀 기울여야 한다.

토론자는 한국 복지국가에서 노동시장의 이중구조화 문제에 효과 적으로 대처하기 위해서는 저소득 근로계층, 소득분위 3·4·5 분위를 위한 최저보장 방안이 필요하다고 본다. 이를 위해 소액의 기본소득을 도입하는 것보다 안심소득과 마찬가지로 부의 소득세 방식을 활용한 최저소득보장제를 도입하는 것이 정치적으로 실현가능성이 더 높다고 본다. 최저소득보장제를 도입하는 경우 자산조사를 통해 지급해왔던 기존 현금성 복지급여, 구체적으로 말해 생계급여,

주거급여, 근로장려금, 자녀장려금, 국민취업지원제도(실업부조)를 대체하여야 한다(단, 주거급여는 지역별 주거비 차이를 반영해 부가급여로 운영). 그러나 안심소득제에서 제안한 것처럼 수당 성격을 지닌 기초연금을 대체하는 것은 국민연금에 미치는 파급효과, 재원 규모 등을 고려할 때 적절하지 않다. 또한 저소득 근로계층을 대상으로 환급형 세액공제의 형식을 띤 최저소득보장제는 시민권에 근거하지만 근로계층 가구의 가처분소득 증가가 본인의 노동과 밀접하게 연결되어 있다는 시그널을 줄 수 있도록 설계되어야 한다. 안심소득제에서 제안하는 지급률(환수율, 한계세율 50%)은 미국의 부의 소득세 실험에서 입증된 바와 같이 근로시간 축소의 문제를 지니기 때문에 조정이 필요하다(우리나라 상위 1% 고소득의 한계세율 35%). 가구 소득만을 고려하여 수급자와 지급액을 결정하는 안심소득제와 달리 소득과 재산을 반영한 가구 소득인정액을 활용하여 수급자와 지급액을 결정해야 한다. 또한 최저소득보장제의 사회적 수용가능성을 높이기 위해 농민, 소규모 영세자영업자, 특수직·일용직 근로자 등 소득 파악 사각지대에 놓여 있는 취약집단의 실시간 소득 파악이 이루어져야 할 것이다.

참고문헌

Van Parijs, P. and Vanderborght, Y. (2018). 21세기 기본소득: 자유로운 사회, 합리적인 경제를 향한 거대한 전환[Basic Income]. (홍기빈, 역). 서울: 흐름출판. (원본 출판 2017)

토론 02

토론문

안미영(국민대학교 행정학과 교수)

　새로운 분배 원리로 부상한 기본소득과 안심소득에 대한 논의는 한국 복지국가의 발전역사에 중요한 발자국을 남기고 있다. 두 제도 모두 시범사업이 진행되면서 그 논의가 활발해지고 있는데 본 토론문은 발제문을 중심으로 각 대안의 특징과 주장을 정리하고 보다 나은 분배 원리로 발전하기 위해 고려해야 할 이슈를 제시하는 것을 목적으로 하고자 한다.

　기본소득과 안심소득은 개입의 목적과 방법에서 차이를 보인다. 기본소득은 보편성, 무조건성, 정기성이 특징인데 모든 시민에게 노동에 대한 요구나 자산조사 없이 개인단위로 정치공동체(political community)가 제공하는 소득이다(Van Parijs, 2004: 7). 기본소득에 대한 주장은 소득불평등 완화(백승호, 2010), 중산층 확대와 그에 따른 사회통합과 안정 등을 강조하고 있다. 또한 기본소득은 유급노동을 포함한 모든 종류의 사회경제적 활동 또는 노동에 가치를 부여하여 개인의 경제적 자원에 대한 접근을 강화할 수 있는 가능성을 지니고 있다. 특히 전통적 복지국가에서 배제되어왔던 많은 여성의 소득능력 향상에 기여할 수 있는데(김혜연, 2014). 결과적으로 가구 내 가사 및 돌봄 노동 분담에 긍정적인 영향도 기대해 볼 수 있다. 반면,

안심소득은 개인에게 지급하는 기본소득과 달리 연소득이 일정액 이하인 가구에게 미달소득의 일정 비율을(50%) 현금으로 지급하는 제도이다. 저소득 가구의 처분 가능한 소득 증가뿐만 아니라 노동 공급 증가, 행정비용 절약 등이 왜 안심소득이어야 하는지에 대한 주장을 뒷받침하고 있다(복거일 외, 2017: 139). 박기성·변양규(2017) 는 기존제도나 기본소득에 비해 소득 격차 완화 효과가 매우 높다 는 점을 강조한다.

기본소득에 대한 발제는 중산층 확대를 강조하는데 그 주장의 전 개에 있어 고려되어야 할 점이 있다. 기본소득의 가장 강한 강점 중 하나는 가구의 경제 상황과 상관없이 현금 지급을 통해 개인의 경 제적 독립성과 자율성을 증진하고자 한다는 점이다. 그러나 이 강점 은 중산층의 확대라는 논점과 연결되면서 그 빛이 흐려지는 듯하다. 발제문은 중산층에 대한 OECD의 개념을 인용하는데 소득이 중위 소득의 4분의 3보다 크고 2배보다 작은 '사람'으로 기술하고 있다. 그러나 OECD 보고서를 보면 중산층은 "중위소득의 75%에서 200% 사이 소득의 '가구에 사는 인구'"를 뜻한다(OECD, 2019: 19). 즉, 소 득 기준 단위가 개인이 아닌 가구라는 점을 알 수 있다. 또한 해당 보고서는 소득을 기준으로 중산층을 결정하는 것이 유용하지만 충 분하지 않음을 지적하며 중위소득계층(middle-income class)으로 조 작화할 것을 분명히 하고 있다(OECD, 2019: 19). 왜냐면 많은 사람 에게 중산층은 안정적인 직업과 경력개발의 기회를 누리는 사람들 을 말하며 자녀의 보다 나은 미래를 도모할 수 있는 사회경제적 조 건을 의미하기 때문이다(OECD, 2019: 13). 그렇다면 한국의 중산층 확대를 위한 기본소득 주장은 기본소득이 가구 단위 개념인 중산층 과 어떻게 연결될 수 있는지와 한계는 무엇인지, 현실적 또는 정치적으로 어떤 대안이 있을 수 있는지, 중산층이 누리는 삶의 특징이라 할 수 있는 안정적 직업과 경력 개발 기회, 가족 형성 및 자녀의 인적자원개발을 위한 투자 등이 어떻게 기본소득과 관련 있는지 등을 제시해야 할 필요가 있어 보인다. 보다 많은 연구를 통해 기본소득의 가능성과 한계에 대한 이해가 보다 더 풍부해질 수 있다고 본다.

안심소득 주장의 핵심 중 하나는 저소득계층의 경제적 안녕이다. 수급자 선정이 소득과 재산에 대한 평가를 기반으로 한다는 점에서 국민기초생활보장제도와 크게 다르지 않은데 급여의 관대성 측면에서 우려가 나오고 있다. 유영성 외(2021: 96)는 몇몇 복지급여가 폐지될 경우 복지 축소가 우려됨을 지적한다. 또한 기본소득에 비해 소득 불평등 완화 효과가 월등하다는 주장에 대해 경험적 분석에 오류가 있다고 주장한다. 시범사업이 진행되면서 제도적 보완이 이뤄질 수 있겠지만, 기존에 받던 급여보다 낮은 경우 차액을 보전하기보다 제도의 지속적 안정성과 효과를 증진하기 위해 급여 산정 방식의 변화 등을 고려할 필요가 있어 보인다. 기존 제도나 기본소득보다 급여의 관대성이 강하게 확보되어야 명실상부한 안심소득이 될 수 있을 것이기 때문이다.

기본소득과 안심소득에 대한 발제문은 '누구의 경제적 안녕을 위한 분배 원리인가?'라는 중요한 질문을 다루고 있는데, 이는 모두 계층 중심적 관점에서의 논의라고 할 수 있다. 기본소득과 젠더에 대한 논의들이 보여주듯(윤자영, 2016; 김교성·이나영, 2018; 안숙영, 2020) 새로운 분배 방식에 대한 논의는 계층뿐만 아니라 젠더와 세대의 문제로 이뤄져야 한다. 중산층이 증가하고 저소득층의 소득 상황이 나아졌다고 하여 해당 계층의 모든 이들에게 미치는 효과가 동일하지 않다는 점은 예상하기 어렵지 않다. 따라서 계층, 젠더, 세대 관점에서의 기본소득과 안심소득의 영향에 대한 경험적 연구가 활성화될 필요가 있다. 보다 많은 국민이 사회경제적 독립성과 자율성을 누릴 수 있는 분배 원리에 대한 합의를 도출하기 위한 정치 및 정책적 노력과 함께 학문적 노력도 지속되길 희망한다.

참고문헌

김교성·이나영. (2018). 젠더협곡을 넘어 젠더정의로: 가부장적 복지체제의 균열과 변혁적 대안. 한국사회복지학, 70(2), 7-33.

김혜연. (2014). 기본소득 제안이 여성의 경제적 상태에 미치는 효과분석. 사회복지정책, 41(1), 33-63.

박기성·변양규. (2017). 안심소득제의 효과. 노동경제논집, 40(3), 57-77.

백승호. (2010). 기본소득 모델들의 소득재분배 효과 비교분석. 사회복지연구, 41(3), 185-212.

복거일·김우택·이영환·박기성·변양규. (2017). 기본소득 논란의 두 얼굴: 기본소득과 안심소득, 진정한 한국적 분배 복지는 무엇인가? 서울: 한국경제신문사.

안숙영. (2020). 젠더의 렌즈로 본 기본소득: 가능성과 한계. 한국여성학, 36(2), 41-74.

유영성·정원호·서정희·마주영. (2021). 기본소득과 유사제도 비교연구. 정책연구 2021-18. 경기연구원.

윤자영. (2016). 돌봄노동과 기본소득모형. 여성학논집, 33(2), 3-29.

OECD. (2019). Under Pressure: The Squeezed Middle Class. Paris: OECD.

Van Parijs, P. (2004). Basic Income: A Simple and Powerful Idea for the Twenty-first Century. Politics & Society, 32(1), 7-39.

가
치

제 1 장

공공가치의 개념화

I. Kant의 의무론과 J.S. Mill의 목적론의 종합[1]

임의영(강원대학교 행정학과 교수)

I. 서론

공공가치론은 경쟁과 시장의 논리를 강조하는 신공공관리론의 한계를 극복하고 행정의 공공성을 강화하기 위한 대안적 담론으로 등장하였다. 공공가치론을 대표하는 이론은 두 부류로 범주화할 수 있다. 하나는 마크 무어(Mark H. Moore)류의 공공가치창출론이고, 다른 하나는 배리 보즈만(Barry Bozeman)류의 공공가치규범론이다. 공공가치론의 출발점이라고 할 수 있는 무어의 공공가치창출론은 기업이 사적 가치를 창출하는 것과 마찬가지로 정부가 공적 가치를 효율적으로 창출할 수 있는 조건을 모색하는 데 초점을 맞춘다

---

[1] 이 글은 임의영(2021b)을 수정하여 서술한 것이다. 밀과 칸트의 공공성에 대한 상세한 논의는 임의영(2021a, 2022) 참조.

(Moore, 1995, 2014). 보즈만의 공공가치규범론은 정부가 추구하는 다양한 공공가치들을 확인하고 분류하여 정부 활동을 평가할 수 있는 지표를 만드는 데 초점을 맞춘다(Bozeman, 2002, 2007).

그동안 많은 연구가 축적되었으나 정작 공공가치의 개념에 대한 동의가 이루어지지 않은 것으로 보인다(김명환·강제상, 2022; Alford and O'Flynn, 2009; Jørgensen and Rutgers, 2015; Kelly et al., 2002; O'Flynn, 2007; Roberts, 1995; Smith, 2004; Stocker, 2006). 그도 그럴 것이 공공가치는 질문을 받지 않으면 알고 있는 개념 같으면서도 막상 질문을 받으면 대답이 궁색해지는 개념이기 때문이다. 공공가치는 무엇인가? 공공가치는 실체적인 것인가, 구성적인 것인가? 공공가치는 규범적인 것인가, 경험적인 것인가? 공공가치는 공중을 위한 것인가, 공동체 자체를 위한 것인가? 공중은 이익집단인가, 소비자인가, 고객인가, 시민인가? 공공가치는 공공성, 공익, 공동선, 공동선호와 같은 것인가 다른 것인가? 기존의 연구에서는 이러한 질문들에 대한 명확한 대답을 찾기 어렵다.

공공가치 개념은 세 부류로 나눌 수 있다. 첫째는 공공가치창출론의 공공가치 개념으로서 무어의 개념이 대표적이다. 그는 공공가치를 정부 활동의 성과와 그 성과에 반영된 가치로 정의한다(Moore, 1995, 2014). 이 개념은 공공재와 공공서비스를 의미하는 공익 개념이나 공공재와 공공서비스에 부여되는 가치 그리고 그것들의 생산 과정에서 파생되는 규범적 가치들을 기초로 하는 전통적인 행정이념과 다르지 않다.

둘째는 공공가치규범론의 공공가치 개념으로서 보즈만의 개념이 대표적이다. 그는 공공가치를 '시민들에게 부여되는 권리들, 편익들, 특권들, 시민들이 사회, 국가, 그리고 서로에 대해 지는 의무들, 그리고 정부와 정책이 따라야 하는 원칙들과 관련하여 규범적으로 합의된 것들'이라고 정의한다(Bozeman, 2007: 13). 이는 공공가치 개념을 정의한 것이라기보다는 공공가치의 종류들을 나열한 것에 지나지 않는다. 시민의 권리와 의무 그리고 정부의 책임을 기초로 하는 공공가치 개념은 전통적인 행정이념과 다르지 않다.

셋째는 공공가치창출론과 공공가치규범론을 통합하기 위한 시도로서 티모 메인하트(Timo Meynhardt)의 공공가치 개념을 들 수 있다(Meynhardt, 2009: 212). 그에 따르면, 공공가치는 '공중과 관련하여 가치 있는 모든 것'이다. 요컨대 공공가치는 '공중을 위한 가치'이며 '공중의 가치'다. 이는 포괄적이고 추상적인 표현이지만 메인하트는 규범적인 개념화가 아니라 비규범적인 욕구 기반의 개념화를 추구한다. 공중을 위한 가치로써 공공가치는 공중의 욕구와 관련된 평가를 기초로 한다. 공중의 가치로서 공공가치는 욕구하는 공중의 경험을 기초로 한다. 개인과 사회 간의 관계에서 양질의 경험을 공유할 수 있게 하는 것은 무엇이든 공공가치로 볼 수 있다. 이러한 정의는 공공가치창출론과 공공가치규범론을 아우른다. 메인하트의 공공가치 개념의 핵심은 공중이다. 그럼에도 불구하고 그는 공중의 정체성에 대한 논의를 진전시키지 않는다.

공공가치론은 이론적 토대를 다지는 작업에 충실하지 않다는 인상을 준다. 공공가치론이라는 명칭은 규범적인 이론을 토대로 하고 있을 것이라는 인상을 주지만, 실제로 공공가치론을 지배하는 정신은 '실용성'이다. 현장에서 공공관리자가 공공가치를 창출하기 위해 당장 무엇을 어떻게 해야 하는지, 또는 실제 정부 활동을 평가하기 위한 규범적 지표가 무엇이어야 하는지를 확인하는 데 이론적 역량을 집중한다. 무어가 제시한 '공공가치회계'(Moore, 2014) 개념은 공공가치론자들이 철학적, 윤리적 논의를 어떻게 전유하고 있는지를 보여주는 대표적인 사례라고 하겠다. 공공가치회계는 공공가치론의 추상성을 극복하고 보다 구체적인 적용 방법을 모색하려는 의도에서 비롯된 것이다. 기업에서 의사결정에 유용한 정보를 확보하기 위해 회계 정보를 이용하는 것과 마찬가지로 공공기관에서도 회계 정보를 이용해보자는 것이다. 공공가치회계의 전제는 공공가치는 공중에 의해 결정된다는 것, 공공가치 창출을 위해 정부가 사용하는 자산에는 공적 자금뿐만 아니라 국가의 권위도 포함된다는 것, 정부의 산출을 평가하기 위한 규범적 기준으로는 목적론적 가치와 의무론적 가치가 포함되어야 한다는 것이다. 공공가치회계에서 공적 자금과 공적 권위는 투입 항목에 해당된다. 공적 자금과 공적 권위의 사용에 대한 목적론적 평가 기준은 능률성과 효과성이며, 의무론적 평가 기준은 공정성과 정의다. 이처럼 무어가 윤리론을 전유하는 방식은 피상적이며, 평가 기준을 구성하는 데 초점을 맞춘다. 공공가치론자들의 윤리론에 대한 일반적인 태도는 무어의 경우와 크게 다르지 않다.

공공가치론은 신공공관리론을 비판하면서 거리를 유지하고 있지만 그 의도와는 다르게 신공공관리론을 닮아있다는 인상을 지울 수 없다. 다시 말해서 관리적 관점이 지배한다. 그러다 보니 '공공가치론'보다는 '공공가치관리론'이라는 명칭이 공공가치론자들의 이론적 기획을 명확히 보여주는 것처럼 보인다. 공공가치론이 대안적 이론으로서 그리고 패러다임으로서 정립되기 위해서는 우선적으로 신공공관리론의 근본정신과 대결하지 않으면 안 된다. 신공공관리론은 정부 활동의 정당성을 경쟁과 시장의 논리에서 찾는다. 그것이 정부 활동의 공공성을 위축시키고 있다는 것은 주지의 사실이다(Haque,

2001). 공공성은 신공공관리론의 근본정신과의 대결을 위한 이념이라고 하겠다. 관리주의적 관점에서 벗어나서 규범적으로 공공성의 원리에 토대를 둔 공공가치론을 구축하는 것이 이론적인 궤도를 설정하는 데 중요한 계기가 될 수 있을 것으로 판단된다.

이 글은 공공가치의 규범적 토대를 다지기 위해 윤리론에 내포된 공공성의 원리를 기반으로 공공가치 개념을 구성하는 데 초점을 맞춘다. 윤리학의 대표적인 분야는 덕 윤리, 의무론, 목적론이다. 덕 윤리는 인간의 품성과 덕에, 의무론과 목적론은 인간의 행위에 초점을 맞춘다. 덕 윤리는 일반적으로 공동체적 성격이 강한 사회나 이론적으로 공동체주의적 입장을 가진 사람들이 취하기 쉬운 윤리론이다. 요컨대 덕 윤리는 공동체적 삶에 적합한 품성이나 덕이 무엇인지에 초점을 맞춘다. 공동체적 삶이 무너지기 시작한 근대 이전까지는 덕 윤리가 지배적이었다고 할 수 있다. 공동체적 삶의 원리가 개인주의적 삶의 원리로 대체되는 근대 이후로는 품성과 덕을 강조하는 덕 윤리보다는 개인들의 행위에 초점을 맞춘 윤리론이 주를 이루게 된다. 그 가운데 하나는 덕 윤리를 비판하면서 행위의 도덕법칙을 강조하는 의무론이고, 다른 하나는 의무론의 형식성을 비판하면서 행위의 결과가 가져오는 공리적 효과를 강조하는 목적론이다. 덕 윤리에서는 그 배경이 되는 공동체 자체가 조화로운 삶의 원리인 공공성의 근거로서 주어진다. 반면에 개인주의적 삶의 원리를 배경으로 하는 의무론과 목적론은 다양한 개인들이 조화롭게 살아갈 수 있는 원리로서 공공성의 근거를 재구성하고 정당화해야 하는 과제가 항상 따라다닌다.

일반적으로 의무론과 목적론은 윤리론에서 가장 중요한 문제라고 할 수 있는 도덕적 판단의 기준 문제, 즉 옳고-그름과 좋음-나쁨

가운데 무엇이 도덕적 판단의 중심이 되어야 하는가라는 물음에 대한 응답에 따라 분류된다. 의무론은 좋음보다는 옳음을 우선시하고, 목적론은 옳음보다는 좋음을 우선시한다. 물론 극단적으로 의무론은 옳음-그름만을 강조하고, 목적론은 좋음-나쁨만을 강조하는 것으로 보아서는 안 된다. 다만 판단의 중심축이 다를 뿐이다. 이러한 차이에도 불구하고 두 입장은 조화로운 사회적 관계를 위한 옳은 행위 또는 좋은 행위의 기준을 제시하고 있다는 점에서 공히 공과 사의 조화, 즉 공공성을 추구하고 있다고 하겠다(임의영, 2019). 의무론과 목적론의 스펙트럼은 매우 넓다. 이 글에서는 의무론을 대표하는 임마누엘 칸트(Immanuel Kant, 1724-1804)와 목적론을 대표하는 존 스튜어트 밀(John Stuart Mill, 1806-1873)을 중심으로 논의한다. 이 글의 목적은 의무론과 목적론에 초점을 맞춰 공공성의 원리를 도출하고, 그것을 토대로 하여 공공가치를 개념화하는 것이다.

II. 임마누엘 칸트의 의무론과 공공성의 원리

칸트의 의무론은 도덕의 근거를 신이나 공동체와 같은 주체의 밖또는 도덕 감정과 같은 주체의 감정에서 찾는 전통적인 방식에서 벗어나 주체의 이성의 실천적 사용 능력에서 찾는다. 칸트의 윤리론은 도덕의 중심축을 바꾸었다는 점에서 윤리론 분야에 코페르니쿠스적 전회를 가져왔다고 할 수 있다(순수: BXVI). 여기에서는 칸트의 윤리론적 전제들을 살펴보고, 그것을 토대로 공공성의 원리를 도출한다.

1. 전제

1) 인간의 본질은 자유다.

칸트가 생각하는 철학의 과제는 기본적으로 인간의 앎과 의무 그리고 희망의 문제를 다루면서 궁극적으로 인간의 정체성을 해명하는 것이다. 전통적으로 '이성적 존재'라는 명칭은 인간의 정체성을 규정하는 대표적인 말이다. 그러나 칸트는 인간의 본질을 이성에서 찾지 않고 '자유'에서 찾는다. 다시 말해서 자유에서 목적적 존재로서 인간 존엄성의 근거를 찾는다. 전통적으로 인간의 본질을 대변하는 것으로 생각되었던 이성은 단지 수단에 불과한 것으로 치부된다. "오직 이성적 존재만이 목적 자체가 될 수 있다면, 그것은 그가 이성을 가지고 있기 때문이 아니라 자유를 가지고 있기 때문이다. 이성은 단지 수단에 지나지 않는다. … 이성이 없다면 어떠한 존재도 목적 자체가 될 수 없다. 왜냐하면 그 존재는 자신의 존재를 의식할 수도 없고 성찰할 수도 없기 때문이다. 그러나 이성이 인간이 목적 자체로서 다른 무엇과도 바꿀 수 없는 존엄성을 갖는 원인은 아니다. 이성은 우리에게 그러한 존엄성을 부여하지 않는다. … 자유가, 오직 자유만이 우리를 목적 자체로 만든다"(Guyer, 2007: 15 재인용).

자유를 본질로 하는 인간이 당면하게 되는 문제는 자연적으로 주어진 '이성의 사용'과 관련된다. 권위에 의존하여 자신의 이성을 수동적으로 사용할 것인가 아니면 오직 자신에게 의존하여 자신의 이성을 자율적으로 사용할 것인가? 그는 계몽주의의 본질을 설명하면서 이 물음에 대한 답을 분명하게 제시한다. "계몽이란 우리가 마땅히 스스로 책임져야 할 미성년 상태로부터 벗어나는 것이다. 미성년 상태란 다른 사람의 지도 없이는 자신의 지성을 사용할 수 없는 상태다. 이 미성년 상태의 책임을 마땅히 스스로 져야 하는 것은, 이 미성년의 원인이 지성의 결핍에 있는 것이 아니라 다른 사람의 지도 없이도 지성을 사용할 수 있는 결단과 용기의 결핍에 있을 경우다. 그러므로 '사파레 아우데!' '너 자신의 지성을 사용할 용기를 가져라!' 하는 것이 계몽의 표어다"(계몽, 13).

칸트는 두 차원에서 자유 개념을 사용한다(실천, 92). 하나는 자연적 경향성으로부터 벗어날 수 있는 능력으로서 소극적 차원의 자유다. 예컨대 인간은 아무리 배가 고프고 눈앞에 맛있는 음식이 있어도 먹지 않고 참을 수 있다. 인간이 다른 동물들과 다른 점은 자연적 경향성에 무조건 복종하는 것이 아니라 그것을 거부할 수 있는 능력이 있다는 것이다. 자유는 바로 이러한 거부 능력의 다른 이름이다. 이를 통해서 인간은 자연의 세계(또는 필연의 세계)에서 자유의 세계로 들어가는 자격을 얻는다. 다른 하나는 자기 입법 능력으로서 적극적 차원의 자유다. "자유는, 비록 자연법칙들에 따르는 의지의 성질은 아니지만, 그럼에도 전혀 무법칙적이지 않고, 오히려 불변적인 법칙들에 따르는 원인성이되, 그러나 특수한 종류의 것임에 틀림없다"(정초, 180). 인간은 이성을 실천적으로 사용하여 행위원칙을 세우고 그 원칙에 대해 책임지는 능력을 가지고 있다는 것이다. 적극적 의미의 자유는 '자율'을 의미한다. 칸트의 철학이 갖는 중요한 의미는 자기 입법과 자기 책임을 본질로 하는 개인주의적인 도덕적 주체의 개념을 제시한 것이다. "인격은 그의 행위들에 대해 책임질 능력이 있는 주체다. … 인격은 그가 자기 자신에게 수립한 법칙들 외의 다른 법칙들에는 복종하지 않는다는 것이다"(윤리, VI223/AB22).

2) 사유는 대화다.

사유는 이성의 본질적인 기능이다. 그렇다면 사유한다는 것은 무엇을 의미하는가? 그것은 주체 안에서 이루어지는 대화다. 사람들은 스스로에게 묻고 답하면서 사유를 하게 된다. 그런 의미에서 사유는 본질적으로 대화라고 하겠다. 사유는 주체의 상상적 대화의 형식을 취할 수도 있으며, 다른 사람들과의 실제적인 대화의 형식을 취할 수도 있다. 칸트는 상상적 대화의 형식에 '확장된 사유의 준칙'을 제안한다(판단, §40). 이것은 모든 타자의 관점에서 생각해야 한다는 것이다. "정신이 대상들을 모든 인식 가능한 관점에서 바라보고 그래서 각각의 관점에서의 관찰들이 다른 관점에서의 관찰들을 검증할 수 있도록 모든 측면에서 대상을 바라보고 그 지평을 미시적인 관찰에서 일반적인 전망으로 확장하기 위해 항상 준비되어 있어야 한다"(편지, 1772.2.21.).

실제적 대화는 나와 특정한 타자나 불특정한 공중 사이에 이루어진다. 칸트가 주목하는 것은 상상적 대화와 실제적 대화가 불가분의 관계에 있다는 사실이다. 상상적 대화가 실제적 대화를 자극하는 동시에 실제적 대화가 상상적 대화를 자극하는 관계에 있다는 것이다. 따라서 어느 한쪽이 왜곡되면 다른 쪽도 왜곡된다는 것이다. "사람들은 상위의 권력이 우리에게서 말을 하거나 글을 쓸 수 있는 자유를 박탈할 수 있지만, 결코 생각의 자유를 박탈할 수는 없다고 말한다. 그렇지만 우리가 우리의 생각을 전하고 우리에게 자신들의 생각을 전하는 다른 사람들과 함께 생각하지 않는다면, 우리가 과연 얼마나 많이 그리고 얼마나 올바르게 생각할 수 있겠는가! 그러므로 우리는 사람들에게서 자신의 생각을 공개적으로 전달할 수 있는 자유를 박탈하는 바로 그 외부의 권력이 사람들에게서 생각의 자유도 박탈한다고 말할 수 있다"(사유: 247).

3) 법칙은 존재한다.

칸트의 묘비명으로 쓰인 <실천이성비판>의 마지막 부분은 칸트 철학의 전체적인 기획을 적절하게 보여준다. "내가 자주 그리고 계속해서 생각하면 할수록 더욱 새롭고 더 한층 감탄과 경외심으로 내 마음을 가득 채우는 두 가지가 있다. 그것은 내 위의 별이 빛나는 하늘과 내 안의 도덕법칙이다"(실천: V162/O289). '내 위의 별이 빛나는 하늘과 내 안의 도덕법칙'이라는 문구는 밤하늘에 반짝이는 무수한 별들이 하나의 자연법칙에 의해 운행되고 있다는 사실과 무수히 많은 사람들의 마음속에 하나의 도덕법칙이 존재한다는 사실에 대한 경탄과 외경의 감정을 시적으로 표현한 것이다.

16-17세기의 과학혁명은 철학적 사고에 커다란 영향을 미쳤다. 많은 철학자들이 수학과 과학을 철학적 사유의 모델로 삼는 경우를 어렵지 않게 볼 수 있다. 칸트 역시 예외는 아니다. 그가 <순수이성비판>, <실천이성비판>, <판단력비판> 등 세 비판서를 저술하기 이전의 글들은 자연철학에 관한 것이 주를 이룬다. 그는 상당한 수준의 과학적 지식을 가지고 있었던 것으로 보인다. 그는 자연에서 자연법칙을 발견할 수 있는 것처럼, 자유로운 인간의 행동을 지배하는 도덕법칙을 발견할 수 있을 것이라고 생각한다. 칸트는 아이작 뉴턴(Isaac Newton, 1642-1727)과 장-자크 루소(Jean-Jacques Rousseau, 1712-1778)를 그러한 법칙을 발견한 모범적인 사례로 제시한다. "뉴턴은 그전까지 무질서하고 복잡하게 보였던 곳에서 처음으로 아주 단순한 질서와 규칙성을 찾아냈다. … 루소는 처음으로 사

람들이 취하고 있는 다양한 모습들 아래에 깊게 묻혀있는 인간의 본성과 신의 섭리를 정당화해줄 숨어있는 법칙을 발견하였다"(단편: 9).

칸트의 철학적 기획은 자연의 영역에서와 마찬가지로 자유의 영역에서 법칙을 발견하고 정당화하는 것이다. 다만 칸트는 영역에 따라 이성의 사용방식이 달라야 한다고 생각한다. 자연의 영역에서는 이성을 이론적(사변적)으로 사용하고, 자유의 영역에서는 이성을 실천적으로 사용해야 한다는 것이다. 칸트의 이성비판은 기본적으로 이론적 이성이 자유의 영역까지 확장하려는 월권을 방지하기 위한 것이다(실천: V116/O31). "내가 사변 이성으로부터 동시에 그것의 과도한 통찰들의 월권을 빼앗지 않는다면, 나의 이성의 필수적인 실천적 사용을 위해 신, 자유 그리고 [영혼의] 불멸성을 전혀 받아들일 수 없다. … 그러므로 나는 신앙을 위한 자리를 만들기 위해 지식을 자제해야만 했다"(순수, BXXX). 지식은 이성의 이론적 사용을, 신앙을 위한 자리는 이성의 실천적 사용을 위한 공간을 상징한다.

2. 공공성의 형태

공공성의 이념은 공과 사의 조화를 실현하는 것이다. 칸트는 도덕법칙, 법법칙 그리고 이성의 공적 사용에서 공공성의 이념을 실현할 수 있는 원리를 제시한다.

1) 도덕법칙: 준칙의 보편성 검증

칸트의 도덕형이상학적 과제는 자유의 영역에서 인간이 따라야 할 도덕법칙을 구성하는 것이다. 그에 따르면, 의지의 보편적인 규정을 함유하는 명제를 '원칙'이라고 하고, 그 가운데 주관에 의해서 단지 주관의 의지에 대해서만 타당한 것으로 간주되는 주관적 원칙을 '준칙'이라고 하며, 모든 이성적 존재자의 의지에 타당한 것으로 인식되는 객관적 원칙을 '법칙'이라고 한다(실천이성, §1). 법칙은 경험적 내용들의 다양성을 초월하는 보편성을 특징으로 한다. 법칙은 개인적인 이해관계가 완전히 배제되고 무조건적인 명령, 즉 정언명령(categorical imperative)으로 받아들여질 수 있는 것이어야 한다. 따라서 법칙은 형식적인 형태를 띨 수밖에 없다. 앞에서 정의한 개념과 법칙의 조건에 따라 칸트는 다음과 같은 도덕법칙을 제시한다. "너의 의지의 준칙이 항상 동시에 보편적 입법의 원리로서 타당할 수 있도록 그렇게 행위하라"(실천, §7). 칸트의 도덕법칙에 내포된 의미는 무엇인가? 첫째, 인간은 자기 입법적 존재라는 것이다. 둘째, 사람들이 자신의 준칙을 세울 때, 그것이 보편성의 조건을 충족할 수 있을지 따져보라는 것이다. 즉 자신이 세운 준칙을 다른 모든 사람들이 채택할 경우에 어떤 일이 발생하게 될지 스스로 질문을 던져보라는 것이다. 예를 들어, 내가 '나에게 이익이 될 때는 거짓말을 해도 된다'는 준칙을 세우려고 하는 경우에, 다른 모든 사람이 이 준칙을 세운다면 어떤 일이 발생하게 될지 사고실험을 해보면 그 준칙을 세우는 것이 타당한지를 판단할 수 있다는 것이다. 모두가 이 준칙을 세우게 되면 어느 누구도 나의 말을 믿지 않을 것이기 때문에 나는 나의 준칙을 통해 나의 목적을 이룰 수 없다. 따라서 이 준칙은 나의 준칙으로서 타당하지 않다.

도덕법칙은 인간의 보편적 목적성을 강조하는 방식으로 변형할 수 있다. "네가 너 자신의 인격에서나 다른 모든 사람의 인격에서나 인간(성)을 항상 동시에 목적으로 대하고, 결코 한낱 수단으로 대하지 않도록, 그렇게 행위하라"(정초, 4: 429). 이 원칙에 따르면, 자신의 이익을 위해 거짓말을 하는 것은 다른 사람들을 수단으로 대함으로써 인간의 보편적 목적성을 훼손하는 것이기 때문에 타당하지 않다. "자신의 의지의 모든 준칙을 통해서 보편적인 법칙을 세우고 그 관점에서 자기 자신과 자신의 행위를 판단하는 이성적 존재자의 개념은 그것에 의존하는 매우 풍요로운 개념, 즉 목적의 나라 개념으로 이어진다. 나라는 다양한 이성적 존재자들이 공통의 법칙에 의해서 체계적으로 결합된 체제를 의미한다. 법칙은 보편적 타당성에 따라 목적을 규정하기 때문에, 이성적 존재자들 사이의 개인적인 차이와 그들의 사적인 목적들에 담긴 모든 내용을 제거하면, 모든 목적들의 체계적인 결합체제로서 목적의 나라가 사유될 수 있을 것이다"(정초, 4: 433). 따라서 도덕법칙은 목적의 나라 준칙으로 변형될 수 있다. "모든 이성적 존재는 자신의 준칙을 통해서 언제나 보편적인 목적의 나라의 입법자인 것처럼 행위하라"(정초, 4: 438). 내가 자신에게 이익이 될 때 거짓말하는 것을 준칙으로 세운다면 사익을 추구하는 나는 공익을 추구하는 보편적인 목적의 나라의 입법자로서 자격이 없기 때문에, 그 준칙은 타당하지 않다. 칸트의 도덕법칙은 행위의 기준이 아니라 행위준칙의 기준이다. 도덕법칙은 다양한 이해관계를 추구하는 개인들이 자율적으로 삶의 원칙을 세우고 조화롭게 살기 위한 원칙, 즉 공과 사의 조화를 실현하기 위한 원칙이라고 하겠다. 그리고 그것의 핵심 원리는 개인이 사고실험을 통해서 자신의 준칙에 대해 보편성 검증을 실행하는 것이다.

2) 법법칙: 자유의 원칙과 공개성의 원칙

법법칙은 정치적 주체들이 입법과정에서 따라야 할 원칙을 말한다. 칸트는 두 가지 측면에서 법법칙을 제시한다. 하나는 자유의 법법칙이고, 다른 하나는 공개성의 법법칙이다.

첫째, 자유의 법법칙은 다음과 같다. "어떤 행위가 또는 그 행위의 준칙에 따른 각자의 선택의 자유가 보편적인 법에 따라 모든 사람의 자유와 공존할 수 있다면, 그 행위는 정당하다"(법 §C). 법법칙에 따르면, 법은 모든 사람들의 자유로운 행위가 서로 공존할 수 있는 방식으로 만들어져야 한다는 것이다. 법법칙은 정치적 주체로서 개인의 자유를 중심에 둔다. 일반적으로 자유는 '남에게 해를 끼치지 않는 범위 안에서 행동할 수 있는 가능성'이라는 소극적 의미로 이해된다. 이에 반해 칸트는 적극적 의미의 자유, 즉 자기 입법적 자율로서 자유를 개념화한다. 자유는 '내가 합의할 수 있었던 것들을 제외하고는 어떠한 법률에도 복종하지 않을 권능'이라는 것이다. 평등의 의미도 법과의 관계 속에서 '어떤 사람이 그 역시 구속되는 법률을 준수하지 않으면서 동시에 타인에게 그 법률의 준수를 요구할 수 없는 시민들 간의 관계'로 정의된다(평화, 26-27). 그렇다면 법법칙이 우리에게 요구하는 것은 무엇인가? 일반적으로 입법에는 합법성만을 요구하는 경우와 합법성과 도덕성 모두를 요구하는 경우가 있다. 합법성은 행위의 동기와 무관하게 행위와 법의 일치 여부에만 초점을 맞춘다. 도덕성은 행위와 법의 일치성만이 아니라 행위의 동기에도 초점을 맞춘다. 엄밀한 의미에서 법법칙은 합법성에 초점을 맞춘다. 그러다 보니 법법칙은 외적 강제를 조건으로 한다(법, 132-133). 자유의 법법칙에 따르면, 정치적 주체로서 개인들은 서로가 준수해야 할 보편적인 법을 합의를 통해 만들고, 그 법을 스스로 준수하고 서로에게 강제하는 것이 공공질서를 세우고 유지하는 길이라는 것이다. 여기에서의 법적 강제는 스스로가 부과한 것이기 때문에 자유를 전혀 손상하는 것이 아니며, 오히려 자유를 강제

제3부 가 치

하는 것이라고 할 수 있다. 자율의 법법칙에 내포된 공공성의 원리는 자율적 주체들의 자발적인 합의와 합의를 통해 만들어진 법의 준수다.

둘째, 공개성의 법법칙은 기본적으로 법들의 내용적인 부분을 사상하면 오직 공개성의 형식만이 남는다는 인식에 근거한다. 내용적으로 어떠한 법이든 법적 주장이 공개될 때, 그 주장의 타당성이 검증될 수 있기 때문이다(평화, 125). 그래서 칸트는 공법을 '보편적 공표를 필요로 하는 법의 총체'(법, 263)로 규정한다. 공개성의 법법칙은 소극적인 형식과 적극적인 형식으로 표현될 수 있다. 소극적인 공개성의 법법칙은 "다른 사람들의 권리에 영향을 미치는 모든 행위는 그 준칙이 공개될 수 없다면 부당하다"(평화, 126)는 것이다. 이 원칙에 따르면, 다른 사람들의 저항을 불러일으킬 가능성이 있기 때문에 공개될 수 없는 법적 주장은 보편적 동의를 구할 수 없는 것이기 때문에 정당하다고 할 수 없다. 소극적인 법법칙은 다른 사람들과의 관계에서 부당한 것을 확인하는 수단으로 기능한다. 적극적인 공개성의 법법칙은 "그 목적을 달성하기 위해 공개성을 필요로 하는 모든 준칙은 법 및 정치와 조화를 이룰 수 있다"는 것이다(평화, 130). 목적의 달성을 위해 공개를 해야만 하는 준칙은 사람들의 보편적인 목적과 조화를 이루어야 한다. 그래서 공개를 필요로 하는 준칙은 사람들 간의 조화를 고유한 임무로 하는 정치뿐만 아니라 사람들의 목표의 통합을 가능하게 하는 공법과 조화를 이룰 수 있다.

칸트는 법법칙이 적용되지 않는 정치체제로서 전제정과 대비하여 법법칙이 관철되고 있는 정치체제를 공화정이라고 규정한다(평화, 25-26). 공화정은 인간으로서 한 사회 구성원의 자유의 원리에 의해, 신민으로서 모두가 단 하나의 공통된 입법에 의존하는 의존의 원리에 의해, 국민으로서 평등의 원칙에 의해 확립된다. 그렇다면 민주정과 공화정은 어떻게 다른가? 칸트에 따르면, 공화정과 민주정은 상이한 기준에 따라 분류된 정체다. 민주정은 지배자의 수를 기준으로 다수가 지배하는 정체다. 공화정은 지배의 방식을 기준으로 법법칙에 의한 지배가 이루어지는 정체다. 칸트는 법법칙이 관철되는 공화정에서 진정한 공과 사의 조화가 가능하다고 본다.

3) 이성의 공적 사용

칸트에 따르면, 공동체의 질서유지를 위해서는 법의 강제력과 구성원들의 복종이 필수적이지만, 동시에 '자유의 정신'도 있어야 한다는 것이다(이론, A267). 칸트의 이러한 생각은 '계몽이란 무엇인가'라는 질문에 대한 응답에서 명확하게 드러나고 있다. "계몽을 위해서는 자유 이외의 다른 어떤 것도 필요하지 않다. 그리고 그것은 자유라고 이름 할 수 있는 것 중에서도 가장 해가 없는 자유, 즉 모든 국면에서 그의 이성을 공적으로 사용할 수 있는 자유이다. … 이성의 공적인 사용은 언제나 자유롭지 않으면 안 된다. 이 이성의 공적 사용만이 인류에게 계몽을 가져올 수 있다. … 내가 말하는 이성의 공적 사용이란 어떤 사람이 한 사람의 지식인/학자로서 독자 대중 앞에서 이성을 사용하는 경우이다. 반면에 이성의 사적인 사용은 그에게 맡겨진 어떤 시민적 지위나 공직에서 이성을 사용하는 경우를 가리킨다"(계몽, 15-16).

이성의 공적 사용이란 어떤 사람이 지식인/학자로서 글을 읽을 수 있는 대중 앞에 자신의 의견을 표출하는 것이다. 이성의 사적 사용이란 시민적 지위나 공직에서 이성을 사용하는 것이다. 이는 시민적 지위나 공직을 전제로 이루어지는 활동을 공적인 것으로 보는 일반적인 인식과 배치되지만, 일단 칸트의 논리를 따라가 보자. 칸트가 이성의 사적 사용의 사례로 든 경우는 군의 명령에 복종하는 장교, 교회의 교리에 순종하는 성직자, 그리고 세금을 납부하라는 정부의 명령에 복종하는 시민이다. 그러므로 이성의 사적 사용은 이성을 타율적으로 그리고 주어진 범위 안에서 제한적으로 사용하는 것을 말한다. 장교는 부하들에게 군의 명령에 대한 비판적 의견을, 성직자는 신도들에게 교리에 대한 비판적 의견을, 시민들은 세금을 납부하는 것에 대해 비판적인 의견을 표명할 수 없다. 그러나 지식인/학자로서 장교는 군의 문제에 대해, 지식인/학자로서 성직자는 교리의 문제에 대해, 그리고 지식인/학자로서 시민은 조세제도에 대해 비판적인 의견을 글로써 대중을 상대로 표명할 수 있다. 그런 의미에서 이성의 공적 사용은 이성을 자율적으로 그리고 무제한적으로 사용하는 것을 말한다. 이성의 공적 사용은 계몽의 본질이 '비판'에 있음을 보여주고 있으며, 거기에 공론장—특히 위르겐 하버마스(Jürgen Habermas)와 존 롤스(John Rawls)의 경우—의 핵심 원리가 담겨 있다고 하겠다. 이성의 공적 사용에 내포된 의미는 어떤 의견이든 공론장에서 공개적인 비판의 검증과정을 통과한 의견이 또 다른 비판에 의해 기각될 때까지는 보편성을 갖는 것으로 인정될 수 있다는 것이다.

일반적으로는 비판에 대해 열린 자세를 취해야 하는 이유를 인간의 오류 가능성에서 찾는다. 그런데 칸트에게서 흥미로운 것은 그 이유를 또한 인간의 총체적 오류 불가능성에서 찾고 있다는 점이다(Hinske, 2004). "역사적(경험적) 주장에 있어서는 누군가가 완전히 틀릴 수 있다. 예들 들어 예수 탄생 이후에 일어난 사건을 예수 탄생 이전에 일어났다는 식으로 완전히 틀릴 수 있다. 반면 이성적 판단에서는 누군가는 항상 한 측면에서만 옳을 수밖에 없다. 그래서 그에 대해 우선 이 옳은 것에 관해 동의하고 그리고 그 후에 옳지 않은 덕을 한계로서만 부언하는 것이 절적하다"(Hinske, 2004: 57 재인용). 총체적 오류의 불가능성 원리가 제시하는 행위규칙은 다음과 같다(Hinske, 2004: 69-75). 첫째, 다르게 생각하는 사람들의 견해에 대해 신중하고 조심스러워야 한다. 이 규칙에 따르면, 다른 생각이나 의견을 반박하기에 앞서 그 안에 숨겨져 있을 수 있는 진리를 조사하는 신중함이 필요하다. 둘째, 다르게 생각하는 사람들의 인식 노력에 대해 마음을 열어야 한다. 반대되는 생각과 의견에서조차도 진리의 계기를 인식하고 수용하려는 마음을 가져야 한다는 것이다. 두 개의 규칙은 보편적 이성을 소유하고 있는 인간을 존중하고, 보다 많은 인식의 재산을 공동으로 소유하는 길을 열어준다. 셋째, 다른 사람의 입장에서 생각해야 한다. 칸트는 이를 '확장된 사유의 준칙'(판단, §40)으로 제시한 바 있다. 넷째, 자신의 오류 가능성을 염두에 두고 언제든 오류가 드러나면 그것을 인정하는 자세를 취해야 한다는 것이다. 다른 사람의 비판이 완전히 틀릴 수는 없기 때문에 다른 사람의 비판에서 드러나는 자신의 오류 가능성에 대해 개방적이어야 한다는 것이다. "만약 누군가 진정으로 진지하게 진리를 발견하려고 숙고한다면 … 그는 배운 것과 스스로 생각한 모든 것을 전적으로 비판에 종속시킨다"(Hinske, 2004: 75 재인용). 이상에서 제시된 총체적 오류의 불가능성 원리에 내포된 행위규칙들은 공론장에서 비판의 중요성을 다시 한 번 부각시킨다.

3. 공공성의 원리: 보편성 검증의 원리

공공성은 기본적으로 공과 사의 조화를 추구하는 이념이다. 칸트의 논의에서 중요한 의미를 갖는 공공성의 형태는 도덕법칙, 법법칙 그리고 공론장이다. 도덕법칙은 도덕적 주체로서 개인이 준칙을 세울 때, 정신의 확장을 통해 모든 관점에서 자신의 준칙을 검토하거나 사고실험을 통해 그 준칙을 보편적으로 적용할 때 발생할 수 있는 결과에 대해 판단해보는 것이다. 법법칙은 정치적 주체로서 개인들이 공동으로 준수해야 할 법을 만들 때, 법은 공개적으로 비판을 통한 검증을 받아야 한다는 것이다. 그리고 비판의 기준은 법이 개인들의 권리를 평등하게 보장하는가 여부다. 공론장은 생각의 자유와 표현의 자유를 전제로 한다. 공론장에서 사람들은 비판과 토론을 통해 어떤 의견의 타당성을 판단하게 된다. 도덕법칙, 법법칙, 공론장은 보편성을 검증하는 원리를 다르게 표현한 것이라고 할 수 있다. 결론적으로 칸트의 의무론에서 도출할 수 있는 공공성의 원리는 형식적 차원에서 상호주관적인 '보편성 검증'을 통해 공과 사의 조화를 추구하는 것이라고 하겠다(Gerhardt, 2018: 301-302).

III. 존 스튜어트 밀의 목적론과 공공성의 원리

밀은 고전적 공리주의를 완성시킨 사람이다. 특히 그는 제레미 벤담(Jeremy Bentham, 1748-1832)의 양적 공리주의를 넘어서 질적 공리주의를 발전시켰다. 그리고 그는 그러한 공리주의의 원리에 따라 도덕적, 제도적 개혁을 통해 사회의 진보를 추구했던 사상가다. 여기에서는 밀의 윤리론적 전제들을 살펴보고, 그것을 토대로 공공성의 원리를 도출한다.

1. 전제

1) 인간은 행복을 추구하는 존재다.

어느 누구도 인간이 행복을 추구하는 존재라는 사실을 부인할 수는 없을 것이다. 밀의 사상은 바로 이러한 단순하면서도 경험적으로 쉽게 증명할 수 있는 생각을 대전제로 한다. "공리주의 이론에서 행복은 목적으로서 바람직한 것이며, 행복만이 목적으로서 유일하게 바람직하다고 말한다. 다른 모든 것은 저 목적을 달성하기 위한 수단으로서 바람직할 뿐이다."(공리, 234) 행복을 삶의 궁극적인 목적으로 삼는 이론은 행복을 증진시키는 것과 방해하는 것이라는 이분법에 따라 행동의 원칙을 찾을 수밖에 없다. 행복을 증진시키는 행동은 옳고, 그것과 반대되는 상황을 초래하는 행동은 그르다(공리, 210).

그렇다면 행복이란 무엇인가? 벤담에 의하면, 인간은 천성적으로 쾌락과 고통이라는 두 군주의 지배를 받을 수밖에 없는 운명의 굴레에서 벗어날 수 없다(Bentham, 2018: 48). 따라서 행복은 쾌락과 고통의 함수로 보아야 한다. 행복은 고통이 적으면 적을수록, 쾌락이 크면 클수록 증가하고, 고통이 크면 클수록, 쾌락이 적으면 적을수록 감소한다.

행복은 어떻게 측정할 수 있는가? 벤담의 경우는 모든 종류의 쾌락과 고통의 크기가 동등하다는 전제 아래서 행복을 측정한다. 예컨대 사람들이 시를 읽으면서 느끼는 쾌락의 크기와 밥을 먹으면서 느끼는 쾌락의 크기는 동등하다는 것이다. 그러나 밀은 쾌락과 고통에도 등급이 있다고 주장한다. 어떤 종류의 쾌락은 다른 종류의 쾌락보다 더 바람직하고 가치가 있다는 것이다(공리, 211). 시를 읽으

면서 느끼는 쾌락과 밥을 먹으면서 느끼는 쾌락이 질적으로 같을
수는 없다는 것이다. 이처럼 밀은 쾌락과 고통의 질적 차이를 반영
하여 행복을 측정하여야 한다고 주장한다.

그렇다면 쾌락과 고통의 질적 차이를 판단하는 기준은 무엇인가?
그것은 '인간의 존엄성'이다. 존엄성을 강화하는 것은 높은 수준의
쾌락이고, 존엄성을 약화시키는 것은 낮은 수준의 쾌락이다. "두 가
지 쾌락을 모두 잘 알고, 똑같이 통찰을 할 수 있는 사람들은 자신
이 가진 탁월한 능력을 발휘하도록 하는 존재 방식을 더 선호할 것
이다. … 짐승이 누리는 쾌락을 마음껏 즐길 수 있게 해준다고 동물
이 되겠다고 할 사람은 없을 것이다. … 인간이라면 누구든 어떤 형
태로든 존엄성에 대한 분별력을 가지고 있다. … 존엄성을 해치는
일이라면 일시적인 예외를 제외하고는 욕망의 대상이 될 수 없다"
(공리, 211-212). 인간의 존엄성을 기준으로 보면, 육체적, 감각적
쾌락보다는 지적, 도덕적, 미적 쾌락이 더 높은 수준의 쾌락이다(벤
담, 112). "배부른 돼지보다는 배고픈 인간이 되는 것이 더 낫고, 만
족하는 바보보다는 불만에 찬 소크라테스가 되는 것이 더 낫다"(공
리, 212).

2) 인간은 사회적 존재다.

밀은 인간이 가지고 있는 자연적 속성으로서 인간의 사회성에 초
점을 맞춘다. 밀은 사회성을 위협하는 사람들 사이의 경쟁보다는 사
람들이 서로에 대해 갖게 되는 동류의식에 주목한다. "사회적 감정
은 동류의 인간과 결속하고 싶은 욕구다. 이런 욕구는 이미 인간의
본성에 있는 강력한 원리이며, 특별히 가르치지 않아도 문명이 발전
할수록 더욱 강력해지는 경향이 있다. … 사회적 상태는 인간에게

아주 자연스럽기도 하고, 필요하며, 일상적이어서 몇몇 이례적인 상황이나 스스로 사회와 분리해서 뭔가에 빠져있는 것이 아니라면 인간은 자신을 한 집단의 구성원으로 생각한다"(공리, 231).

이러한 사회적 감정이 타인에 대한 관심과 공감을 강화하는 방향으로 발전하기 위해서는 두 가지 조건이 충족되어야 한다. 하나는 사회가 건전하게 성장해야 한다는 것이다. "사회적 유대가 더욱 강화되고 사회가 아주 건전하게 성장한다면 사람마다 실제로 타인의 안녕을 고려하는 데 더 큰 관심을 가질 뿐만 아니라, 자신의 감정을 타인의 이익과 점차 동일시하거나 적어도 타인의 이익을 훨씬 실질적으로 배려하는 마음이 된다. 마치 본능인 양 당연히 타인을 배려하는 존재로 자신을 인식한다"(공리, 232). 다른 하나의 조건은 교육과 도야를 통해 사회적 감정이 성숙되어야 한다는 것이다. "사회적 감정이 온전히 발달한 사람은 타인을 행복의 수단을 얻기 위해 다투는 경쟁자라고 생각할 수 없고, 자신의 행복을 얻기 위해 분명 타인의 목적이 좌절되는 것을 바라지도 않는다. 모든 개인은 스스로 사회적 존재라고 하는 뿌리 깊은 관념을 가지고 있다."(공리, 233)

3) 인간은 진보하는 존재이다.

밀은 스코틀랜드 계몽주의의 세례를 받은 개혁적인 사상가다. 그는 계몽주의자들이 일반적으로 가지고 있는 진보주의적 역사관을 공유한다. "일반적인 경향은 … 개선의 경향이며 앞으로도 계속 그럴 것이라는 것이 나의 믿음이다. 그것은 더 좋고 더 행복한 상태를 지향한다. … 인류의 성격과 그들에 의해 지금까지 만들어진 환경에는 진보적인 변화가 존재한다"(논리, 913-914). 밀은 인간이 장기적이고 넓은 의미에서 진보하는 존재라고 생각하였기 때문에 인류의 진보를 확신했다(자유론, 224). 인간은 '영혼의 완전성을 그 자체로서 추구할 수 있는 존재, 즉 자신의 품성을 자신이 추구하는 탁월성[덕]의 기준에 일치시키기를 바랄 수 있는 존재'다(벤담, 95). 그리고 인간 본성에는 자기를 도야할 수 있는 능력이 존재한다(벤담, 98.) 자기교육 또는 자기도야는 스스로 훈련을 통해 지성, 의지력, 감정을 개선하는 능력이다. 그렇다면 밀이 기대하는 인간성 진보의 지향점은 무엇인가? 그것은 '지성은 물론 의지와 감정의 도야를 통해서 자신이 추구하는 바가 야기할 수 있는 고통이나 쾌락에 초연한 유덕한 인간, 다른 사람들의 행복과 인류의 개선에서 행복을 찾는 인간, 지적 능력은 물론이고 옳은 일을 하는 데 있어서 흔들리지 않는 도덕적 에너지와 용기를 가지고 있는 인간'이다(Harris, 1956: 166).

이러한 인간성의 진보는 사회의 진보와 궤를 같이한다. 따라서 바람직한 사회의 상은 인간성의 지향점과 동시에 고려되어야 한다. 바람직한 사회의 상은 자유가 보장되고, 불평등과 차별이 존재하지 않으며, 사람들이 사회적 합의에 따라 가치의 분배가 정의롭게 이루어짐으로써 공과 사가 완벽하게 조화를 이루는 사회다. "우리는 개인에 대한 사회의 전제를 열렬히 비난하면서도, 사회가 더는 게으른 사람과 부지런한 사람으로 구분되지 않는 시대, 일하지 않는 사람은 먹지도 말라는 원칙이 빈민만이 아니라 모든 사람에게 공평하게 적용되는 시대, 노동 생산물의 분배가 지금 대부분 그런 것처럼 출생이라는 우연에 의해 이루어지는 것이 아니라 정의의 원리에 따라 합의에 의해 이루어지는 시대, 인간이 자신만의 이익이 아니라 자신이 속한 사회와 함께 나누는 이익을 얻기 위해 열심히 노력하는 것이 더는 불가능하지 않고 그렇다고 생각되지도 않는 시대를 대망했다"(자서전, 238).

2. 공공성의 형태

공공성은 절차적으로 민주주의를, 내용적으로 정의의 가치를 추구한다. 밀은 내용적으로 최고선으로서 최대행복 개념, 안전, 자유, 평등, 정의 등을, 절차적으로는 민주주의와 공적 토론을 강조한다. 이를 통해서 공과 사의 조화라는 공공성의 이념을 실현하고자 한다.

1) 최고선: 최대행복

목적론적 윤리론의 핵심은 최대행복의 원리다. 그렇다면 누구의 행복을 최대화하고자 하는가? 그것은 개인 또는 특정 집단이나 지배계급의 행복의 총량이 아니라 모든 사람들의 행복의 총량을 최대화하려는 것이다. "공리주의의 기준은 행위자 자신의 최대행복이 아니라 모든 사람들의 행복을 합친 총량이다"(공리, 213). 따라서 공리주의가 권하는 도덕은 무조건 사익에 집착하기보다는 공익과 사익 중에 하나를 선택해야 하는 상황에 처하면 자기애에 치우치지 말고 공정한 판정자로서 결정을 하도록 노력해야 한다는 것이다. "공리주의의 행복은 행위자 자신의 행복이 아니라 관련된 모든 사람의 행복이다. 행위자 자신의 행복과 타인의 행복 사이에서 선택을 해야 할 때, 공리주의는 행위자에게 사심이 없고 인정이 많은 방관자처럼 엄격한 불편부당성을 요구한다"(공리, 218). 물론 이러한 요구는 어려운 상황에서 무의식적으로 자기 자신을 우선적으로 생각하는 인간의 자연적 본성에 반하는 것으로 보일 수 있다. 그래서 밀은 무엇보다도 사람들이 고결한 품성을 도야할 필요성을 강조한다. "고결한 인물이 그 고결한 품성 덕분에 항상 더 행복할지에 대해 의문을 가질 수도 있겠지만, 고결한 품성이 다른 사람들을 더 행복하게 한다거나 세상 전체에 엄청난 이득이 된다는 점에는 의문의 여지가 없다. 그러므로 각 개인이 타인의 고결한 품성을 통해서만 행복의 혜택을 누릴 수 있고, 자기의 고결한 품성이 자신의 행복에는 아무런 도움이 되지 않는다 하더라도 공리주의는 전반적으로 구성원들의 고결한 품성이 연마되어야만 그 목적을 달성할 수 있다"(공리, 213-214).

최대행복의 원리가 종종 오해를 받는 가장 큰 이유는 전체의 행복을 위해 개인의 행복을 희생시켜도 된다는 의미로 해석되기 때문이다. 물론 이러한 오해의 소지가 없는 것은 아니지만, 밀이 최대행복의 원리를 통해서 이루고자 하는 것은 개인과 사회의 조화다. 이를 위해 밀은 다음과 같은 방법을 제시한다. "첫째, 법과 사회제도는 모든 개인의 행복이나 (보다 현실적으로 말하자면) 개인의 이익이 전체의 이익과 가능한 한 조화를 이루게 해야 한다. 둘째, 인간의 성격 형성에 엄청난 영향을 미치는 교육과 여론은 그 영향력을 이용해서 모든 개인의 머릿속에 자신의 행복과 전체로서의 좋음 사이에는 떼려야 뗄 수 없는 관계가 있음을 알게 해야 한다"(공리, 218). 누군가 전체의 행복을 위해 자신의 행복을 철저히 희생해야 하는 사회는 구조적으로 매우 불안정한 사회다. 따라서 개인의 희생이 전체의 행복은 물론 궁극적으로 개인 자신의 행복도 증대시킬 수 있도록 법과 제도가 공정하게 제정되고 설계되어야 한다는 것이다. 그리고 교육과 여론은 개인의 행복과 사회 전체의 행복이 불가분의 관계에 있음을 깨달을 수 있도록 이루어져야 한다는 것이다. 이를 통해 공익을 위해 사익을 절제하는 능력이 향상될 수 있다는 것이다. "개인의 본성 중에서 이기적인 부분을 억제하면, 사회적인 부분이 더 발전하게 되고, 이것은 그 개인에게도 충분한 보상이 된다. 다른 사람들을 위해 엄격한 정의의 규범을 고수하게 되면, 다른 사람들을 이롭게 하는 것을 자신의 목적으로 삼아서 행동하는 감정과 능력이 발전된다"(자유론, 266). 한마디로 밀은 사람과 제도를 함께 개선함으로써 개인과 사회가 또는 사익과 공익이 조화를 이룰 수 있도록 해야 한다는 것이다.

윤리적 기준으로서 최대행복은 자칫 전체를 위해 소수의 희생을 정당화하는 논리로 오용될 소지를 가지고 있다. 밀에 따르면, 최대행복을 위한 개인의 자발적인 희생은 최고의 덕으로서 인정받아 마땅하다. 그러나 최대행복을 위해 강제적으로 개인의 희생을 요구하는 것은 개인의 권리를 훼손하는 것이기 때문에 정당화될 수 없다. 이러한 측면에서 보면, 최대행복은 소수의 희생을 강제하지 않는 사익과 공익의 진정한 조화를 전제로 하면서 동시에 추구하는 공공성의 한 형태라고 하겠다.

2) 기본 가치: 안전, 자유, 평등, 정의

밀이 제시하는 가장 기본적인 가치는 안전, 자유, 평등, 정의다. 이러한 가치들이 실현되어야 공과 사의 조화가 적절하게 이루어질 수 있다는 것이다. 각각의 가치에 대해 살펴보자.

첫째, 안전은 기본적인 가치들 중에서도 가장 기본적인 것이라고 할 수 있다. 사람들이 생명, 재산, 권리를 안전하게 지킬 수 없다면, 미래에 희망을 걸 수 없으며 단지 현재의 순간적인 만족을 추구하게 될 것이다. 따라서 "인간은 안전이 없이는 아무것도 할 수 없다. 사악함에서 벗어나려는 우리의 모든 노력과 온갖 선의 모든 가치를 추구하는 모든 노력이 순간의 만족을 뛰어넘도록 하려면 안전이 필요하다. 왜냐하면 우리보다 강한 사람에 의해 다음 순간 모든 것을 빼앗길 수 있다면 우리에게 가치 있는 것은 순간적인 만족밖에 없기 때문이다. … 안전에 대한 요구는 절대적이며, 제한이 없고, 그 무엇과도 비교할 수 없다."(공리, 251) 안전은 그 어떤 것과도 비교할 수 없는 절대적 가치라는 점에서 자유, 평등, 정의에 관한 논의의 대전제라고 하겠다.

둘째, 밀이 추구하는 평등은 기회의 평등, 법 앞의 평등, 사람들의 행복의 동등성 등과 같은 절차적, 형식적 평등이다. "경쟁자들에 대한 입법의 공평성은 그들이 공정하게 출발하도록 노력하는 데 있지, 빠른 자와 느린 자 간의 거리를 좁히기 위해서 빠른 자에게 핸디캡을 부과하는 데 있지 않다. 실제로 많은 사람들이 성공한 사람들보다 더 많은 노력을 했음에도 불구하고 실적의 차이가 아니라 기회의 차이 때문에 실패한다. 좋은 정부가 기회의 불평등을 감소시키기 위해 교육과 입법을 통해서 총력을 기울였다면, 사람들의 벌이에서 생기는 재산의 차이는 정당한 불만의 대상이 아니다."(경제학, 811)

셋째, 자유는 다른 사람의 권리를 침해하지 않는 범위에서 자신이 원하는 대로 하는 것을 의미한다. 내가 남의 권리를 침해하지 않는 한 그 무엇도 나의 자유를 제한할 수 없다는 것이다. 한마디로 자유는 간섭이 없는 상태로서 소극적 자유를 말한다. 이러한 관념에 기초해서 밀은 '위해원칙'을 제시한다. "사회가 형사적 처벌의 형태인 물리적 힘을 이용하건 여론의 도덕적 압박을 이용하건 강제와 통제로 개인을 대하는 방식을 전적으로 결정할만한 매우 간단한 하나의 원칙은 … 인류가 개인적으로나 집단적으로 어떤 개인의 행위의 자유에 간섭하는 것을 정당화해주는 유일한 목적은 자기보호라는 것이다. 권력이 문명화된 공동체의 구성원에게 본인의 의사에 반해서 정당하게 행사될 수 있는 유일한 조건은 타인에 대한 해악을 막는 것이다"(자유론, 223-224).

넷째, 정의는 응보적 정의와 분배적 정의로 나누어 살펴볼 수 있다. 먼저 응보적 정의는 위해원칙에 근거하여 행위의 결과에 상응하는 책임을 부과하는 데 초점을 맞춘다. "개인은 자기 자신 이외의 다른 사람들의 이해관계와는 아무런 상관이 없는 자신의 행동들에 대해서는 사회적 책임을 지지 않는다. 개인이 다른 사람들의 이익을 침해하는 행동을 했을 때에는 사회적 책임을 져야 하고, 사회가 자신을 보호하기 위해서 불가피하다고 생각한 경우에는 사회적 또는 법적 처벌을 부과할 수 있다"(자유론, 292). 다음으로 분배적 정의는 정당한 소유권에 초점을 맞춘다. 소유권은 사회체제의 성격에 따라 다르게 규정된다. 따라서 분배적 정의의 문제는 사회체제와의 관계에서 논의되어야 한다. 자본주의는 기본적으로 경쟁의 원리와 일한 만큼 벌 수 있다는 원리를 통해 생산성을 향상시킨다는 점에서 바람직하나, 실제로 이루어지는 분배는 착취적이기 때문에 비도덕적이다. 평등과 공동소유를 기본으로 하는 사회주의는 경쟁을 죄악시하고 노동의 동기를 약화시키기 때문에 비생산적이다. 밀은 두 체제의 약점을 배제하고 강점을 살리기 위한 체제로서 협동조합체제를 제안한다. 그것은 사유재산의 토대 위에서 구성원들이 공동으로 생산하고 공동으로 소비하는 다양한 형태의 수많은 협동조합들이 서로 경쟁하며 사회의 전체적인 생산성을 향상시키는 체제다. 이러한 체제에서는 "자본과 노동 간의 불화가 치유되며, 인간생활이 이해대립으로 인한 계급갈등으로부터 모두를 위한 공동선을 추구하는 우호적인 경쟁관계로 전환되며, 노동의 신성함이 고양되며, 노동자계급이 새로운 안정감과 독립심을 획득하며, 각자의 일상 작업이 사회적 공감과 실용적인 지성의 배움터로 전환된다"(경제학, 792).

3) 민주주의

밀은 정치공동체의 합리적 의사결정 제도의 선택에 있어서 고려해야 할 두 가지 조건을 제시한다. 하나는 제도가 사회의 전반적인 정신 수준, 즉 지적, 도덕적, 실무적 능력을 향상시키는 데 기여할 수 있는 공적 교육 잠재력이고, 다른 하나는 제도가 공익을 실현하기 위해 사회의 지적, 도덕적, 실무적 능력들을 적절하게 조직화할 수 있는 실질적인 문제해결능력이다(정부, 392). 밀은 공적인 교육효과와 실질적 문제해결능력에 있어서 민주주의가 다른 정체들보다 효과적이라고 생각한다. 그는 민주주의를 '주권이 국가의 구성원 전체에 귀속되고, 모든 시민이 궁극적 주권의 행사에 발언권을 가질 뿐만 아니라 적어도 가끔씩은 지방 또는 전국 차원에서 공공의 임무를 수행함으로써 정부의 일에 직접 참여할 수 있는 체제'로 정의한다(정부, 403–404).

밀이 민주주의를 선호하는 가장 중요한 이유는 그것이 가지고 있는 공적 교육의 잠재력이다. 민주주의의 핵심 원리 가운데 하나인 '참여'가 공적인 교육효과를 증대시키는 데 결정적인 기여를 할 수 있다는 것이다. 공적 영역에 참여하는 사람들은 자신의 사익보다는 공익에 근거한 말과 행동이 설득력과 정당성을 갖는다는 것을 깨닫게 된다. 또한 사회 전체의 이익이 궁극적으로 자신에게도 이익이 된다는 생각을 갖게 된다. "공적 정신을 배양하는 이런 학교가 없는 곳에서는 특별한 사회적 위치에 있지 않은 보통 사람들이 법을 지키고 정부에 복종하는 것 말고는 사회에 대한 책임감 같은 감정을 느끼는 경우가 아주 드물다. … 공공영역이 완전히 소멸된 곳에서는 개인의 사적 도덕도 황폐하고 만다"(정부, 412). 민주주의의 정신에 가장 적합한 형태는 직접민주주의이지만, 거대한 현대국가에서 그것은 물리적으로 불가능하다. 따라서 현실적으로 대의제가 가장 이상적이다(정부, 412).

대의민주주의가 부딪히는 가장 어려운 문제는 '대표성'을 실질적으로 확보하는 것이다. 일반적으로 대표성은 다수결에 의해 확보된다. 그런데 다수에 의한 결정은 '사악한 이해관계'에 의해 왜곡될 가능성이 있다. 다시 말해서 지배 권력이 특정 집단이나 계급의 이해관계에 포획되어 공익과 배치되는 행동을 취할 수도 있다. 밀은 실질적으로는 특정한 세력의 이해관계를 대표하면서 겉으로는 모든 인민을 대표하는 것처럼 기만적으로 작동하는 민주주의를 거짓민주주의라 규정한다. 참된 민주주의는 모든 인민의 이해관계를 평등하게 대표하는 것이어야 한다고 본다(정부, 448).

그렇다면 대의민주주의의 대표성을 실질적으로 확보할 수 있는 방법은 무엇인가? 밀이 주목하는 것은 선거제도다. 선거제도에 구조적으로 개입할 수 있는 편견을 제거하자는 것이다. 그는 남녀를 불문하고 정치공동체의 모든 성인의 참여를 보장하는 보통선거제도를 가장 기본적인 원리로 생각한다. 더불어 비례대표제와 복수투표제를 제안한다. 비례대표제의 정신은 일반적으로 배제되기 쉬운 소수의 의견을 제도적으로 반영하기 위한 장치이다. 비례대표제의 효용은 다음과 같다. 첫째, 다수이건 소수이건 모든 유권자집단이 그 수에 비례해서 대표를 낼 수 있다. 둘째, 유권자들이 투표도 하지 않은 후보에 의해 명목상으로만 대표되는 일을 막을 수 있다. 셋째, 전국의 유능한 엘리트들을 의회에 모음으로써 대표들이 선의의 경쟁을 통해 내면적 성장을 이루게 할뿐만 아니라 정부의 부패나 퇴보를 방지할 수 있다(정부, 455-457; 김기순, 2018: 152). 복수투표제는 사회적 교육 수준이 전체적으로 높아질 때까지 '잠정적'으로 지적 능력이 상대적으로 뛰어난 사람들에게 복수의 투표권을 부여하자는 것이다(정부, 478).

밀은 정치공동체의 의사결정과정에 실질적으로 더 많은 구성원들이 참여할 수 있게 하고(보통선거제), 실질적으로 대표성을 강화하며(비례대표제), 가능하면 더 좋은 의견을 반영할 수 있게 함(복수투표제)으로써 민주주의의 정신을 실현하고자 한다. 이러한 민주주의 제도의 설계는 실질적으로 공과 사의 조화를 보다 강화하고자 하는 공공성의 한 형태라고 하겠다.

4) 공적 토론

세상은 복잡한 데 반해 인간의 인식능력은 제한되어 있기 때문에 우리는 항상 오류를 범할 가능성이 있다(Berlin, 1991: 148). 우리는 자신의 지식이 절대 진리라는 교조주의에 빠지지 않도록 경계해야 한다. 즉 '거짓을 진리로 받아들이는 것보다는 진리의 일부를 진리의 전부인 것으로 착각'하지 않도록 경계해야 한다는 것이다(콜리지, 122-123). 우리는 언제든 자신이 오류를 범할 수 있기 때문에 자신의 지식을 공적인 검증의 장에 기꺼이 노출시킬 필요가 있다. 공적 토론을 통해서 자기 자신의 생각이나 다른 사람의 생각에서 배울 것은 배우고 버릴 것은 버려야 한다(자서전, 4).

밀은 더 타당한 지식과 의견을 확보하기 위한 기제로서 공적 토론에 주목한다. 공적 토론의 조건은 '표현의 자유'가 보장되어야 한다는 것이다. 여론, 관습, 다수의 힘 때문에 사람들이 자신의 의견을 표현하지 못하게 된다면, 사회의 공동선에 결코 도움이 되지 않는다는 것이다. "온 인류가 한 사람을 제외하고 동일한 의견을 갖고 있고, 오직 한 사람만이 반대 의견을 갖고 있다고 해서 강제력을 동원하여 그 한 사람을 침묵시키는 것은 권력을 장악한 한 사람이 강제력을 동원해서 인류 전체를 침묵시키는 것만큼이나 정당하지 못하다. ⋯ 만약 그 견해가 옳다면, 인류는 오류를 진리로 대체할 기회를 빼앗긴 것이다. 만약 그 견해가 그르다면, 인류는 오류와의 충돌을 통해서 진리를 더욱 분명하게 인식하고 더욱 생생하게 드러낼 수 있는 아주 유익한 기회를 놓쳐버린 것이다"(자유론, 229).

표현의 자유가 보장된 조건 하에서 공적 토론이 합리적으로 이루어지기 위해서는 어떠한 조건들이 충족되어야 하는가? 밀은 세 가지 조건을 제시한다(자유론, 259). 첫째, 지배적인 의견이든 소수의 의견이든 정직성이 결여되어 있거나 악의적이거나 자신의 주장을 일방적으로 고집하거나 다른 사람들의 감정을 전혀 용납하지 않는 방식으로 자신의 의견을 표명해서는 안 된다. 둘째, 어떤 문제와 관련해서 우리의 입장과 반대되는 입장에 서 있다는 이유만으로 그 사람이 자신의 의견을 개진하는 것을 좋지 않게 바라보고서 그 사람과 그의 의견을 악하고 부도덕한 것으로 단정해서는 안 된다. 셋째, 어떤 사람이 어떤 의견을 지니고 있든 자신의 반대자들과 그들의 의견들이 진정으로 어떤 것인지를 아무런 사심 없이 경청하고서 그들에게 불리한 것들을 부풀리거나 그들에게 유리한 것들을 은폐하지 않는 가운데 그들의 의견에 대한 자신의 솔직한 의견을 밝히는 모든 사람을 존중해야 한다.

한마디로 공적 토론에 참여하는 사람들은 이해관계나 편견에 매몰되지 않고 서로를 존중하면서 다른 사람과 자기 자신에 대해 공정한 태도를 견지해야 한다는 것이다. 이러한 조건이 충족된다면, 우리는 공적 토론을 통해서 일반적으로 더욱 타당한 것으로 인정받을 수 있는 지식이나 의견에 접근할 수 있다. 이처럼 공적 토론은 공동선과 진보의 실현을 가능하게 하는 기제라는 점에서 공공성의 한 형태라고 하겠다.

3. 공공성의 원리: 최대행복의 원리

밀은 공과 사의 조화를 위한 원리를 찾는 데 초점을 맞추고 있다. 공과 사의 조화가 이루어지는 정도에 따라 진보의 정도가 판정된다. 그런 의미에서 밀의 경우 공공성은 특히 중요한 이념이라고 하겠다. 밀의 논의에서 공공성의 형태는 최대행복, 기본 가치, 민주주의, 공적 토론이다. 최대행복의 원리는 개인의 희생을 강제하지 않는 조건 하에서 사회 전체의 행복의 총량을 최대화하는 원리다. 안전, 자유, 평등, 정의와 같은 기본 가치는 인간의 존엄과 사회적 조화를 위한 규범적 조건들이다. 최대행복과 기본 가치는 공공성의 내용적 측면과 관련된 것이다. 민주주의는 참여와 대표성의 정도에 따라 그 제도의 정신이 실현된 정도를 판단할 수 있다. 밀은 참여와 대표성의 강화를 통해서만이 기본 가치와 최대행복의 실현 가능성이 보다 향상될 수 있다고 본다. 공적 토론은 사람들의 의견을 서로 비판적으로 검증하는 과정이다. 이를 통해 우리는 보다 타당한 의견에 접근할 수 있다. 민주주의와 공적 토론은 공공성의 절차적 측면과 관련된 것이다. 결론적으로 밀의 목적론에서 도출할 수 있는 공공성의 원리는 '최대행복과 그것에 기여하는 것'을 통해 공과 사의 조화를 모색하는 것이라 하겠다.

IV. 공공성의 원리와 공공가치

지금까지 칸트의 의무론과 밀의 목적론을 공공성의 관점에서 살펴보았다. 이 장에서는 칸트의 의무론과 밀의 목적론에서 도출된 공공성의 원리를 토대로 공공가치 개념을 구성한다.

첫째, 의무론에서 도출된 공공성의 원리는 보편성 검증의 원리다. 이 원리에 따르면, 공공가치는 '공동체에서 보편성 검증을 통과한 것'이다. 이는 공공가치를 내용적으로 특정하지 않고, 다만 형식적으로 공공가치의 구성 조건을 제시할 뿐이다. 따라서 공공가치를 구성하거나 확인하는 데 있어서 중요한 것은 보편성 검증절차를 합리화하는 것이다.

보편성 검증절차를 합리화하기 위해서는 첫째, 공동체의 구성원들이 이성을 공적으로 사용할 수 있는 역량을 강화하고 사회적 조건을 적절하게 구성해야 한다. 이성의 공적 사용의 핵심인 비판과 토론은 의견의 보편성을 검증하는 매우 중요한 기제이기 때문이다. 이성의 공적 사용과정에서 비판을 가장 잘 견뎌내고 설득력을 갖는 의견으로 생각들이 수렴될 것으로 기대할 수 있다. 이성의 공적 사용을 위한 역량을 강화하기 위해서는 기본적으로 계몽 교육이 이루어져야 한다. 이성의 공적 사용을 위한 사회적 조건으로는 생각과 표현의 자유 및 언론의 자유를 들 수 있다. 둘째, 공동체 구성원들은 정신의 확장 원리를 판단의 원리로 삼아야 한다. 자신의 의견이건 타인의 의견이건 다른 모든 사람의 입장에서 검토하는 과정을 거침으로써 보편성을 견지할 수 있도록 해야 한다. 셋째, 공동체 구성원들은 사람들의 주장이 완전하게 오류를 범할 가능성이 거의 없다는 전제 아래 토론에 참여해야 한다. 그래야 상호비판을 통한 의

견 조정이 가능하고 보다 보편적인 의견에 접근할 수 있는 가능성
이 커진다.

　둘째, 목적론에서 도출된 공공성의 원리는 최대행복의 원리다. 이
원리에 따르면, 공공가치는 '공동체의 최대행복과 그것에 기여하는
것'이다. 이는 공공가치를 내용적으로 특정한다는 점에서 의무론과
다르다. 최대행복은 공공선, 공동선, 공익 등과 같은 의미로 해석될
수 있을 것이다. 최대행복은 단순히 공동체의 행복 총량의 최대치만
을 의미하는 것은 아니다. 그것은 안전, 자유, 평등, 정의와 같은 가
치들을 수반한다. 그런 의미에서 특정한 개인이나 집단 또는 계급의
희생을 수반하는 행복 총량의 최대화는 최대행복의 원리에 반하는
것이다.

　문제는 행복, 안전, 자유, 평등, 정의 등과 같은 개념이 논쟁적인
개념이라는 데 있다. 행복을 물질적인 관점에서 볼 것인지 정신적인
관점에서 볼 것인지, 안전을 생명에만 국한된 것으로 볼 것인지 인
간적 삶이라는 넓은 관점에서 볼 것인지, 자유를 소극적인 것으로
볼 것인지 적극적인 것으로 볼 것인지, 평등을 산술적 평등으로 볼
것인지 비례적 평등으로 볼 것인지, 정의를 과정적인 관점에서 볼
것인지 결과적인 관점에서 볼 것인지 확정적으로 답하기 어려운 문
제다.

　민주주의와 공적 토론은 이러한 문제에 대한 공적 해석이 이루어
질 수 있는 기제들이다. 민주주의는 투표를 통해서 특정 해석에 대
한 지지가 수렴되게 하는 정치적 기제다. 공적 토론은 다양한 해석
들의 충돌을 통해 가장 설득력 있는 해석으로 의견이 수렴되게 하
는 사회적 기제다. 따라서 중요한 것은 민주주의와 공적 토론을 합
리화하는 것이다. 민주주의의 합리화는 다수의 횡포가 작동할 가능

성을 최소화하는 것이다. 공적 토론의 합리화는 표현의 자유를 제한하는 권력의 작용을 최소화하고, 공정한 토론의 절차를 마련하는 것이다. 이러한 조건이 마련될 때, 가장 그럴 듯한 해석이 공공가치의 의미로 규정될 수 있을 것이다.

의무론과 목적론에서 도출된 공공가치 개념은 불완전하고 안정적이지 않다. 왜냐하면 도덕적 판단 기준의 어느 한 측면만을 강조하는 인상을 주기 때문이다. 따라서 통합적으로 공공가치 개념을 구성할 필요가 있다. 의무론과 목적론은 도덕적 판단의 중심축을 달리하지만 옳음-그름과 좋음-나쁨의 축 가운데 어느 하나를 선택하고 배제하는 것은 아니다. 칸트는 옳음-그름을 도덕적 판단의 중심축으로 삼지만 거기에 머무르지 않는다. 그는 <덕윤리>에서 의무이면서 동시에 목적인 것을 덕의무로 규정하고(덕, Ⅳ383/A8), 그 예로 자신의 완성과 타인의 행복을 제시한다(덕, Ⅳ385/A13). 칸트가 이렇게 목적을 말하는 이유는 사람들이 '목적 없는 형식'이 초래하는 존재론적 허무에 빠지는 것을 막기 위한 것이다. 밀도 마찬가지로 좋음-나쁨을 도덕적 판단의 중심축으로 삼지만 거기에 머무르지 않는다. 그는 민주주의와 공적 토론이라는 형식적 절차를 강조한다. 밀이 이렇게 절차를 말하는 이유는 사람들이 '형식 없는 내용'이 초래하는 존재론적 맹목에 빠지는 것을 막기 위한 것이다. 따라서 의무론과 목적론에서 도출된 공공성의 원리들과 그것들을 토대로 한 공공가치 개념들을 배타적으로 볼 필요는 없다. 오히려 두 개념의 통합을 시도하는 것이 타당하다고 하겠다. 형식과 내용의 통일을 통해 보다 안정적인 공공가치를 개념을 구성할 수 있다는 것이다.

'공동체에서 보편성 검증을 통과한 것'이라는 의무론적 공공가치 개념과 '최대행복과 그것에 기여하는 것'이라는 목적론적 공공가치 개념을 결합하여, '공동체의 최대행복과 그것에 기여하는 것으로 공동체의 보편성 검증을 통과한 것'이라는 종합적 공공가치 개념을 구성할 수 있다. 공동체의 최대행복은 공동체의 공익, 공동선, 공공선으로서 공과 사의 조화를 전제로 하는 것이다. 즉 개인의 행복이 전체의 행복과 불가분의 관계에 있는 상태를 전제로 한다. 최대행복에 기여하는 것은 공동체의 구성단위들(개인, 집단, 조직, 국가 등)의 권리 및 권한과 의무와 관련된 것들을 포함한다. 공동체의 보편성 검증은 공동체의 다양한 행위주체들이 참여하여 어떤 의견의 타당성에 대한 비판적 토론이 이루어지는 절차를 말한다. 이와 관련해서는 특히 공론장에 주목할 필요가 있다. 공론장을 매개로 공중이 형성되고 공공가치의 내용을 해석하는 주체가 될 수 있다. 공론장은 토론을 통해 여론이 형성되는 공간이다(Habermas, 1974: 49). 합리적인 보편성 검증이 이루어지기 위해서는 건전한 공론장을 형성하는 데 관심을 집중해야 한다. 사회에 구조적으로 배태된 차별과 배제에 의해 공론장이 왜곡되지 않도록 해야 한다. 지금까지의 논의를 요약하면 <표 1>과 같다.

표 1 윤리론, 공공성의 원리, 공공가치

윤리론	칸트의 의무론	밀의 목적론
전제	• 인간의 본질은 자유다. • 사유는 대화다. • 법칙은 존재한다.	• 인간은 행복을 추구하는 존재다. • 인간은 사회적 존재다. • 인간은 진보하는 존재다.
공공성 형태	• 도덕법칙: 준칙의 보편성 검증 • 법법칙: 자유의 원칙, 공개성의 원칙 • 이성의 공적 사용	• 최고선: 최대행복 • 기본 가치: 안전, 자유, 평등, 정의 • 민주주의 • 공적 토론

공공성 원리	보편성 검증을 통한 공과 사의 조화	최대행복과 그것에 기여하는 것을 통한 공과 사의 조화
공공 가치	공동체에서 보편성 검증을 통과한 것	공동체의 최대행복과 그것에 기여하는 것
	공동체의 최대행복과 그것에 기여하는 것으로 공동체의 보편성 검증을 통과한 것	

V. 결론

공공가치론은 정책적 차원에서 신자유주의의 영향을 크게 받고 있으며, 조직적 차원에서 신공공관리론의 영향을 크게 받고 있는 현대행정의 이론적, 실천적 궤도를 조정하는 데 기여할 수 있는 잠재력을 가지고 있다. 그러나 그러한 잠재력을 현실화하기 위해서는 다지고 다듬어야 할 문제들이 적지 않다. 가장 근본적인 과제는 공공가치 개념을 관리적 관점을 넘어 보다 근본적이고 규범적인 차원에서 구성하는 것이다. 이 글은 이러한 문제의식에서 윤리이론 가운데 의무론과 목적론에 초점을 맞추어 공공성의 원리를 도출하고, 그것에 기초해서 공공가치 개념을 구성하였다. 공공가치는 '공동체의 최대행복과 그것에 기여하는 것으로 공동체의 보편성 검증을 통과한 것'이다. 이러한 규범적 공공가치 개념은 '정부 활동의 성과와 그 성과에 반영된 가치'라는 무어의 개념, '시민의 권리와 의무 그리고 정부의 책임'을 내용으로 하는 보즈만의 공공가치 개념, '공중에게 가치 있는 모든 것'이라는 메인하트의 개념을 아우르는 개념이 될 수 있을 것이다.

공공가치론의 지평을 넓히기 위해서는 철학적, 사상적, 규범적인 연구가 풍부하게 이루어질 필요가 있다. 적어도 윤리론 분야에서만도 이글에서 다루지 않은 덕윤리, 돌봄윤리, 담론윤리 역시 공공가치론의 지평을 넓히는 데 기여할 수 있는 영역이다. 예컨대 덕윤리는 공공가치를 추구하는 공적 행위주체들-공무원이나 시민-의 바람직한 품성과 덕에 대한 연구에, 돌봄윤리는 사회적 약자에 대한 공적 관심과 그들을 위한 구체적인 실천의 논리에 대한 연구에, 담론윤리는 공론장의 의미와 합리적 설계에 관한 연구에 크게 기여할 수 있다. 그런 의미에서 공공가치론은 연구자들의 발길을 기다리는 미답의 땅이라고 하겠다.

참고문헌

1. 1차 자료

1.1. I. Kant [인용을 위해 Cambridge University Press 영역판 칸트 전집 대조]

계몽: What is Enlightenment? in Kant Political Writings. edited by H.S. Reiss. Cambridge/ New York: Cambridge University Press, 2010.[계몽이란 무엇인가에 대한 답변. (이한구, 편역). 칸트의 역사철학, 13-22. 파주: 서광사. 2009.]

단편: Notes and Fragments. edited by P. Guyer, translated by C. Bowman, P. Guyer and F. Rauscher. Cambridge/ New York: Cambridge University Press, 2005.

덕: 덕이론, 윤리형이상학. (백종현, 역). 서울: 아카넷. 2012.

법: 법이론, 윤리형이상학. (백종현, 역). 서울: 아카넷. 2012.

사유: What is Orientation in Thinking? in Kant Political Writings. edited by H.S. Reiss. Cambridge/ New York: Cambridge University Press, 2010.[사유 안에서 방향 정하기란 무엇인가. (홍우람, 역). 비판기저작 I (1784-1794), 91-111. 파주: 한길사. 2019.]

순수: 순수이성비판. (백종현, 역). 서울: 아카넷. 2006.

실천: 실천이성비판. (백종현, 역). 서울: 아카넷. 2002.

윤리: 윤리형이상학. (백종현, 역). 서울: 아카넷. 2012.

이론: On the Common Saying: This May be True in Theory But it does not Apply in Practice. in Kant Political Writings. edited by H.S. Reiss. Cambridge/ New York: Cambridge University Press, 2010.[이론에서는 옳을지 모르지만 실천에는 쓸모없다고 하는 속설. (정성관, 역). 비판기저작 I (1784-1794), 263-317. 파주: 한길사. 2019.]

정초: 윤리형이상학정초. (백종현, 역). 서울: 아카넷. 2018.

판단: 판단력비판. (백종현, 역). 서울: 아카넷. 2009.

편지: Correspondence. translated and edited by A. Zweig. Cambridge/ New York: Cambridge University Press, 1999.

평화: Perpetual Peace: Philosophical Sketch. in Kant Political Writings. edited by H.S. Reiss. Cambridge/ New York: Cambridge University Press, 2010.[영구 평화론: 하나의 철학적 기획. (이한구, 역). 파주: 서광사. 2008.]

1.2. J.S. Mill[인용 위해 Routledge & Kegan Paul의 John Stuart Mill 전집 대조]

경제학: Principles of Political Economy with Some of Their Applications to Social Philosophy. in Collected Works of John Stuart Mill (Vol. II & III). edited by J.M. Robson and introduction by V.W. Bladen. Toronto: University of Toronto Press/ London: Routledge and Kegan Paul, 1965. [정치경제학 원리: 사회철학에 대한 응용을 포함하여. (박동천, 역). 파주: 나남. 2010.]

공리: Utilitarianism. in Collected Works of John Stuart Mill (Vol. X): Essays on Ethics, Religion and Society, edited by J.M. Robson and introduction by F.E.L. Priestley. Toronto and Buffalo: University of Toronto Press / London: Routledge & Kegan Paul.

1969. [타인의 행복. (정미화 역). 서울: 이소노미아. 2018.]

벤담: Bentham. in Collected Works of John Stuart Mill (Vol. X): Essays on Ethics, Religion and Society, edited by J.M. Robson and introduction by F.E.L. Priestley, 75-115. Toronto and Buffalo: University of Toronto Press/ London: Routledge & Kegan Paul. 1969.

사회주의: Chapters on Socialism. in The Collected Works of John Stuart Mill (Vol. V): Essays on Economics and Society Part II. edited by J.M. Robson, and introduction by L. Robbins. Toronto and Buffalo: University of Toronto Press/ London: Routledge & Kegan Paul. 1967. [존 스튜어트 밀의 사회주의론. (정홍섭, 역). 고양시: 좁쌀한알. 2018.]

자서전: Autobiography. in The Collected Works of John Stuart Mill, Volume I - Autobiography and Literary Essays, 1-290. edited by John M. Robson and Jack Stillinger, and introduction by Lord Robbins. Toronto: University of Toronto Press/ London: Routledge and Kegan Paul, 1981.[존 스튜어트 밀 자서전. (박홍규, 역). 서울: 문예출판사. 2019.]

자유론: On Liberty. in Collected Works of John Stuart Mill(Vol. XVIII): Essays on Politics and Society, edited by J.M. Robson and introduction by A. Brady, 213-310. Toronto and Buffalo: University of Toronto Press/ London: Routledge & Kegan Paul. 1977. [자유론. (박문재, 역). 파주: 현대지성. 2018.]

정부: Considerations on Representative Government. in Collected Works of John Stuart Mill (Vol. XIX): Essays on Politics and Society, edited by J.M. Robson and introduction by A. Bready. Toronto and Buffalo: University of Toronto Press / London: Routledge & Kegan Paul. 1977. [대의정부론. (서병훈, 역). 서울: 아카넷. 2012.]

콜리지: Coleridge. in Collected Works of John Stuart Mill (Vol. X):
    Essays on Ethics, Religion and Society, edited by J.M. Robson
    and introduction by F.E.L. Priestley. Toronto and Buffalo:
    University of Toronto Press/ London: Routledge & Kegan Paul.
    1969.

2. 2차 자료

김기순. (2018). J.S. 밀의 민주주의론. 영국연구, 40, 143-175.

김명환·강제상. (2022). 공공가치: 이론과 실제. 서울: 윤성사.

임의영. (2019). 공공성의 이론적 기초. 서울: 박영사.

임의영. (2021). 공공성의 사상적 기초: J.S. Mill의 공과 사의 조화논리를 중심으
    로. 정부학연구, 27(2), 1-34.

임의영. (2021b). 공공가치의 윤리적 기초: I.Kant의 의무론과 J.S.Mill의 목적론
    을 중심으로. 한국정책과학회보, 25(4), 89-114.

임의영. (2022). 공공성의 철학적 기초: I. Kant의 사상을 중심으로. 정부학연구,
    28(2), 1-28.

Alford, J. and O'Flynn, J. (2009). Making Sense of Public Value:
    Concepts, Critiques and Emergent Meanings. International
    Journal of Public Administration, 32, 171-191.

Berlin, Isaiah. (1991). John Stuart Mill and the Ends of Life. In Gray
    J. and Smith G. W.(Eds.). J.S. Mill On Liberty in Focus
    (pp.131-161). London/New York: Routledge.

Bozeman, B. (2002). Public-Value Failure: When efficient markets
    may not do. Public Administration Review, 62(2), 145-160.

Bozeman, B. (2007). Public Values and Public Interest:
    Counterbalancing Economic Individualism. Washington D.C.:
    Georgetown University Press.

Gerhardt, V. (2018). 다시 읽는 칸트의 영구평화론[Immanuel Kants

Entwurf "Zum ewigen Frieden": eine Theorie der Politik]. (김
종기, 역). 서울: 백산서당. (원본 출판 1995)

Guyer, P. (2007). Kant's Groundwork for the Metaphysics of Morals.
London/New York: Continuum.

Habermas, J. (1974). The Public Sphere: An Encyclopedia
Article(1964). New German Critique, 3, 49-55.

Haque, M. S. (2001). The Diminishing Publicness of Public Service
under the Current Mode of Governance. Public
Administration Review, 61(1), 66-82.

Hinske, N. (2004). 현대에 도전하는 칸트[kant als Herausforderung an
die Gegenwart]. (이엽, 김수배, 역). 서울: 이학사. (원본 출판 1980)

Jørgensen, T. B. and Rutgers, M. R. (2015). Public Values: Core or
Confusion? Introduction to the Centrality and Puzzlement of
Public Values Research. The American Review of Public
Administration, 45(1), 3-12.

Kelly, G., Mulgan, G., and Muers, S. (2002). Creating Public Value:
An Analytical Framework for Public Service Reform.
Discussion paper prepared by the Cabinet Office Strategy
Unit, United Kingdom.

Meynhardt, T. (2009). Public Value Inside: What is Public Value
Creation? International Journal of Public Administration,
32(3), 192-219.

Moore, M. (1995). Creating Public Value: Strategic Management in
Government. Cambridge and London: Harvard University
Press.

Moore, M. (2014). Public Value Accounting: Establishing the
Philosophical Basis. Public Administration Review, 74(4),
465-477.

O'Flynn, J. (2007). From New Public Management to Public Value:

Paradigmatic Change and Managerial Implications. Australian Journal of Public Administration, 66(3), 353-366.

Roberts, A. (1995). 'Civic Discovery' as A Rhetorical Strategy. Journal of Public Policy Analysis and Management, 14(2), 291-307.

Smith, R. (2004). Focusing on Public Value: Something New and Something Old. Australian Journal of Public Administration, 63(4), 68-79.

Stoker, G. (2006). Public Value Management: A New Narrative for Networked Governance? American Review of Public Administration, 36(1), 41-57.

제 2 장

사회적 가치의 재발견

개념, 틀, 새로움에 대한 재고

정명은(사회적가치연구원 책임연구원)

  '재발견'이라는 단어는 사람을 설레게 하는 것 같다. 단어 자체가
주는 새로움, 생각을 자극하거나 마음에 작은 감동이라도 줄 것 같
은 막연한 기대감 때문이다. 연구자에게 있어서 '재발견'은 연구 행
위 그 자체다. 대부분의 연구자는 기존 연구에 비해 새로운 연구 결
과를 발견하는 것을 목표로 하기 때문이다. 정부에게 있어서 '재발
견'은 더 나은 국가를 만들기 위한 숙명적 과제다. 진단을 통해 기
존 문제가 다른 양상으로 진행되는 것을 발견하고 정책적 대안을
구상하는 것이 정부의 일이기 때문이다.
  그런데 요즘은 예전만큼 '재발견'이라는 단어가 반갑지는 않다.
한때 공공부문에서 '혁신피로'라는 단어가 유행했을 때와 같은 심정
일 수도 있다. 새로운 것을 발견하려고 노력을 투입한 것에 비해서

딱히 해 아래 새것이 없는 것 같기도 하다. 연구자나 정부가 새로운 것을 발견하고 발표하기 전에 이미 내 생활에 영향을 미치는 다양한 사회 요소들이 빠르게 변화하고 있음이 피부로 느껴지는 탓도 있다. 일종의 시차가 있는 것 같다. 어떤 측면에서는 재발견을 목표로 하지만 이를 위한 도구는 여전히 전통적인 관점이나 방법을 사용하기 때문에 목표와 수단 사이의 괴리가 있는 것 같기도 하다.

'재발견'이 '사회적 가치'와 결합되니 더 마음이 쓰인다. 이 논의는 '사회적 가치의 개념적 정의가 무엇인가?'에서부터 시작되는데, 공공부문에서는 '공공가치와 사회적 가치가 어떻게 같고 다른가?'의 논의가 필수적이다. '경제적 가치와 사회적 가치는 구분할 수 있는가? 구분해도 되는 것인가? 사회적 가치와 사회 가치 중 무엇이 더 적합한가? 사회적 가치와 사회적 경제의 관계는 어떠한가? 사회적 가치와 ESG(Environmental, Social, Governance)의 관계는 어떠한가?' 등과 같이 더 근본적인 질문부터 하위 영역과 비교하는 질문에 이르기까지 끝이 없다. 이는 이미 많은 선행연구에서 논의되었으며[1] 다수가 사용하는 혹은 교과서처럼 정통의 정의와 개념적 구분을 정답이라고 추천하고 싶지는 않기 때문에 이에 대한 소개는 생략하고자 한다.

한편에서 개념적 논의를 하는 동안 다른 한편에서는 재발견 행위 자체를 '부지런히' 하는 것이 사회적 가치 연구에 있어서는 더 의미 있을 수도 있다. 그 이유는 '사회적 가치'를 단순하게 '어떤 사회의 대다수의 사람들이 중요하다, 의미 있다, 바람직하다고 생각하는 것'으로 정의한다면, 그 의미대로 사람들의 생각이 어떻게 변화하며 같고 다른지 다양한 방법과 시각으로 관찰하고 반복하는 것이 현실에 더 도움이 될 수도 있기 때문이다. 본 글에서는 최근 몇 가지 관

---

1 이재열(2019), 박명규(2020)

찰 결과를 소개할 예정인데, 그전에 관찰의 배경부터 소개한다.

I. 사회적 가치 개념화에 대한 재고

2018년 SK그룹에서 사회적가치연구원이라는 비영리연구재단을 설립하였다. 지난 5년간 연구원에 근무하면서 가장 많이 받은 질문을 꼽자면, '사회적 가치를 무엇이라고 정의하는가?'와 '왜 기업이 사회적가치연구원을 설립하였는가?'인 것 같다. 이 두 가지 질문의 의미와 답을 통해 우리가 사회적 가치를 '부지런히 관찰'해야 하는 이유를 설명하고자 한다.

1. 사회적 가치의 사회구성적 속성

첫째, '사회적 가치를 무엇이라고 정의하는가?'에 대한 대답은 이렇다. 5년 전에도 지금도 사회적가치연구원은 '사회적 가치'에 대해 공식적인 정의를 발표하거나 문서화하지는 않고 있다.

다만, 연구원의 대표 목적사업인 '사회적 가치의 정량적 측정과 보상을 기반으로 하는 시장 시스템 연구'를 위해서 사회적 가치에 대해 정의를 내릴 뿐이다. 이 목적사업 및 연구 영역에서는 사회적 가치를 '사회성과(social performance)'라고 표현하고 '사회문제 해결양' 정도로 조작적 정의를 내린다. 기업이 얼마를 투입(input)했는가보다는 어떤 사회문제를 얼마나 해결했는지(outcome) 측정하기 때문에 사회성과라고 표현한다. 단순 산출(output)이 아닌 실질적인 변화로서 성과(outcome)를 중시한다. 이때 어떤 경제적 행위자(기업으로 대표되는)의 행태로 사회문제가 해결된 양(사회성과)을 측정하고 화폐단위로 환산한다. 그리고 그 성과에 비례하여 일정 수준의 시장에서 교환가능한 보상(현금, 크레딧, 유가증권, 거래권 등)이 주어지면 더 많은 사회문제를 해결하게 될 것이고(사회성과의 향상), 이는 우리 사회 전체의 사회적 가치 향상으로 이어질 것이라는 가정을 실험해 보는 연구를 하고 있다(최태원, 2014).

경제적 가치가 시장에서 거래되는 것처럼 사회적 가치가 시장에서 거래되는 시스템을 구상하고 있기 때문에 특정 기관이 '이것은 사회적 가치이다, 아니다'라고 정의 내리는 것이 중요하지는 않다. 어떤 사회인가, 시장인가, 어떤 시기인가 등에 따라 사회적 가치는 가변적으로 구성될 것이다. 물론 측정과 관련한 인증은 필요하지만 이것도 거래당사자들의 상호협의를 기반으로 하는 인증기관이 유효한 의미를 지니는 것이지 어떤 학계나 특정 기관에서 정의 내린다고 시장에서 수용될 수 있는 것은 아닐 것이다. 즉, 사회적으로 중요한 가치인지 아닌지, 얼마나 중요한지가 시장 사회에서 수요공급에 의해 매겨질 수 있을 것이라는 상상인데, 아주 실현 불가능한 상상은 아니다. 성과의 논란은 있으나 탄소배출권거래제가 네거티브 (negative) 거래권으로서 의미를 지닌다면, 여기에서는 개념적으로 퍼지티브(positive) 거래 시장을 지향하는 것이다. 최근 자발적 탄소시장, 사회성과 채권 등의 등장도 유사하다.

그렇다면 사회적 가치 자체가 '사회구성적 속성(socially constructed norms)'이 있으니, 개념적 정의를 만들어보는 작업을 한편에 제쳐두어도 괜찮은가? 그렇진 않다. 사회적 가치가 시장 혹은 대중에 의해 결정되는 시스템을 꿈꾸더라도, 첫째, 더 많은 경제 행위자가 경제활동과 사회적 가치 창출을 병행할 유인을 제공하고, 둘째, 어떤 사회적 가치 창출로 방향을 잡으면 더 많은 사회성과를 창출할 수 있을지에 대한 의사결정을 돕고, 셋째, 미래의 위기와 기회를 예측하기 위해서 지속적인 관찰은 필요하다. 사람들의 마음과 사회의 문화를 파악하는 관찰, 의사결정과 행동 변화에 도움이 되는 관찰이 중요하다는 의미이다. 이러한 귀납적 접근을 바탕으로 하여 사회적 가치의 개념화와 이론화를 시도하는 것이 현실적 유용성을 높일 것이다.

2. 사회적 가치의 제도화

몇 년 전부터 한국 사회에서 '사회적 가치'라는 단어가 확산되고 유행하다가 최근에는 글로벌 투자시장의 ESG 바람까지 불어 여러 단어가 유사한 그룹으로 묶이기도 하고 자주 사람들의 입에 오르내리는 것을 보니, '사회적 가치의 제도화[2]' 시대라고 부르지 않을 수 없다. 사회적 가치라는 단어가 태생적으로 지니는 도덕적, 인지적 정당성에 더하여 글로벌 투자시장에서 ESG 지표의 등장 등을 보면 이제는 실용적 정당성까지 갖추게 되었으니,[3] 사회적 가치 및 유사 개념들이 사람의 행동 변화와 사회를 움직이는 더 강력한 제도적 논리(institutional logic)가 되었다고 볼 수 있다.[4]

---

2 "제도(institution)란, 광의의 개념으로서 사회문화적 규칙의 총합체이며 이는 사회적 행위에 '일반화된 의미'를 부여하고 특정한 패턴(pattern)을 제공하는 것이다 (Thomas et al., 1987). 제도적 효과(institutional effects)는 이러한 사회문화적 규칙들이 '당연한 것'으로 인식 또는 수용되는 과정을 포함한다(Jang, 2000: 250)" (정명은 외, 2009: 254).

3 "Suchman(1995: 574)에 의하면, 정당성(legitimacy)이란 사회적으로 구성된 체제 내에서의 바람직한 활동에 대한 일반화된 인식 또는 전제이다."(정명은 외, 2009: 257)

4 "Thornton and Ocasio(1999)는 Jackall(1988)과 Friedland and Alford(1991)의 정의를 발전시켜 제도적 논리에 대하여 "조직들 간에 신념, 가치, 규범 등이 시공간적으로 공유되고 확산되게 하는 논리(Thornton and Ocasio, 2008: 100)"로 정의하였다. 제도적 논리는 강압적이거나 규칙적인 논리체계, 가시적으로 드러나는 것에

여러 수준에서 이러한 현상을 쉽게 발견할 수 있는데, UN의 SDGs 가 전 세계 국가들의 정책 표준이 된 것은 오래된 사실이다. 국가뿐 만이 아니다. 지난 10년간 하버드 비즈니스 리뷰의 아티클들을 살펴 보면 2020년 들어서는 인종, 젠더, 깨어있는 자본주의, 기업의 책임, 공급망 관리 등의 이슈가 급증하였다(사회적가치연구원 내부자료). 2021 년 세계경제포럼에서는, 주주 자본주의가 지난 수십 년간 세계적으로 비약적인 경제적 번영을 가져다주었지만 극심한 불평등과 심각한 환경 문제를 야기했고, 이를 극복하기 위해 이해관계자 자본주의의 도입이 필요하다는 주장이 제기되었다(Schwab, 2021). 사실 이미 2017－2019 년 주요 글로벌 기업들의 주주총회 CEO 연설문을 보면 Community, People, Purpose, Climate change 등의 단어가 등장하기 시작했다 (사회적가치연구원 내부자료). 이보다 10년 앞선 2007년 빌 게이츠의 창조적 자본주의 제안과 이에 대한 토론을 담은 글들에서도 기존 자 본주의에 대한 반성은 충분히 접할 수 있다(Kinsley, 2011).[5]

2000년대 들어 한국 공공부문과 기업의 변화 역시 기존의 이분법 적 가치관이 융합형으로 전환되고 있음을 보여 준다. 정명은·김미현 (2014)의 연구에서는 한국 지방정부들의 시군구정 가치지향성을 분석 하였는데, 1998년에 비해 2012년에 인간적 가치 지향성은 월등히 높 아지고, 나머지 전문적 가치·민주적 가치·윤리적 가치의 지향성은 낮아진 것으로 나타났다. 글로벌 사회에서 ESG의 등장은 2005년 전

더하여, 일상생활을 제약하는 보다 문화적이고 비공식적인 논리들을 포함한다. 제도 적 논리는 조직장이나 조직군, 개별 조직의 논리들을 제약하면서 동시에 이들의 영 향을 받는다. 제도적 논리에 의해 제도적 배열과 제도들 간의 우선순위가 정해지기 도 한다. 또한 제도적 논리는 동형화뿐만 아니라 다형화도 설명할 수 있으며, 조직 정체성의 변화에 더하여 제도의 변화도 설명할 수 있다"(정명은·안민우, 2016: 42)
5 창조적 자본주의란 이익과 사회적 인정이라는 두 가지 인센티브가 사익 추구와 타 인을 돌보는 마음이라는 두 가지 인간 본성에 동기를 부여하는 시스템을 의미한다.

후였는데, 한국 시장에는 2020년 즈음하여 본격적인 변화의 바람으로 불기 시작했다. 이는 장용석·조희진(2013)의 연구를 인용하면, 공공부문과 민간부문 경영 패러다임의 융합화 현상으로 설명할 수 있다.

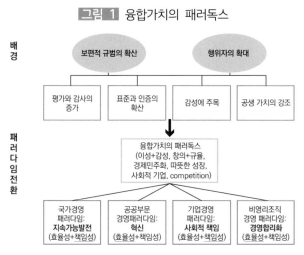

그림 1 융합가치의 패러독스

출처: 장용석·조희진(2013)

다시 앞서 나왔던 질문 '왜 기업이 사회적가치연구원을 설립하였는가?'로 돌아가 보면, 이상의 논의가 일정 부분 답이 될 수 있다. 조직이나 부서의 설립은 제도적 효과, 제도화의 대표적인 사례다. 최근 수많은 기업에서 ESG 담당 부서를 신설하였다. 한국경제신문의 2022년 5월 조사에 의하면 시총 상위 100대 기업의 90%가 별도의 ESG 조직을 꾸렸고, 60%가 ESG 외부 컨설팅을 받은 것으로 나타났다(남정민, 2022). 기업의 사회적 가치, ESG 관련 조직의 설립은 경제적 가치와 사회적 가치가 상호대립 관계가 아닌 융합적 가치로 발전되어 가고 있음을 보여주는 대표적인 증거이다.

사회적 가치가 확산되는 과정에서 초기 혁신가(entrepreneur)가 등장하고 이들과 후속 주자(follower)의 속성이 구분되기도 한다. 더불어 사회적 가치 추구의 진정성 의혹, 그린 워싱(greenwashing) 등의 문제 제기는 사회적 가치뿐만 아니라 다양한 제도적 논리의 확산 과정에서 나타나는 현상이다. 공공부문도 마찬가지다. 이는 조직의 생존과 성장 과정에서 벌어지는 디커플링 현상이기도 하고,[6] 조직장(organizational field)에서 제도적 논리의 확산 양태에 따른 현상이기도 하다. 당연히 예상되었던 놀랍지 않은 이슈이지만 그 내용이 '사회적 가치'이기 때문에 사회적 가치의 재구성과 행동 변화에 대해 더욱 도덕적, 윤리적으로 진단해야 하고 진정성과 성과에 대해 관찰해야 한다.

그림 2 기업의 ESG 제도화 현상

출처: 남정민(2022)

---

6 "동형적 변화에 따라 외부 정당성 확보, 생존을 위해 도입된 제도와 실제로 조직이 처한 구체적 문제를 해결하기 위한 기술, 자원 등과 관련한 조직 운영 사이의 괴리가 수반될 수 있다(Meyer and Rowan, 1977: 355-356). 이러한 현상에 대해 Meyer and Rowan(1977)은 '부정합화(decoupling)'라고 표현하였다. 제도의 효과성에 상관없이 형식적으로 제도를 도입한 결과로서 부정합화가 의도치 않게 나타날 수 있지만 경우에 따라서는 이것이 전략적으로 사용되기도 한다. 부정합화는 제도의 도입목표가 실제 제도 운용에서 반드시 실현되지 않아도 조직에 해가 되지 않을 뿐만 아니라 오히려 정당성을 획득하는 데 합리적인 제도보다 도움이 될 수 있다는 논리를 뒷받침해주기 때문이다"(정명은 외, 2009: 265)

3. 재발견 방법: 부지런히 관찰하기

요약하면, 사회적 가치를 연역적으로 정의하는 것보다 귀납적으로 관찰하는 것이 필요한 이유는 다음과 같이 정리된다. 첫째, 사회적 가치라는 개념 자체가 지닌 '사회구성적 속성' 때문이다. 사람들의 마음과 사회문제를 다양하게 반복적으로 읽고 해석해야 한다. 둘째, 사회적 가치가 수용성이 매우 높은 제도적 논리이기 때문이다. 몇 년 사이에 정부, 기업, 시민사회 등 영역을 불문하고 사회적 가치 및 유사 개념이 지배적인 의사결정과 행동 변화의 논리가 되고 있다. 사회적 가치가 다른 가치에 우선하는 절대적으로 높은 수준의 합리성을 지녔다고 말하고 싶은 것이 아니다. 합리화되는 수준이 높아지고 영역이 넓어졌으므로 무엇이 수용성이 높은지, 무엇이 선택되는지에 대한 관찰과 해석이 중요하다는 의미이다.

사회적 가치의 재발견은 이론적으로 잘 정리된 개념을 현실에서 적용하고 발견하기보다는 개념적 정의에 대한 갈망은 잠시 내려두고 부지런히 관찰하고 그 해석도 유연하게 하는 것이 나을 수 있다. 정책 시차를 줄이기 위한 노력과 크게 다르지 않다.

II. 사회적 가치를 발견하는 틀에 대한 재고

사회적가치연구원에서는 사회문제의 심각성, 사람들의 마음을 관찰하는 방법으로 두 가지의 사회문제 조사 방법을 사용하고 있다. 지난 3년간의 조사 결과를 소개하고 더 나은 관찰을 위해 어떤 틀을 벗어나야 할지 제안해 보고자 한다.

1. 국민 1,000명에게 매년 물어보는 방법

사회적가치연구원에서는 2020년부터 매년 국민 1,000명을 대상으로 사회문제 심각성 인식조사를 시행하고 있다. 사회문제에 대한 인식의 차이를 극복하면 사회문제라는 위기를 기회로 만들 수 있을 것이라는 취지를 담아 <한국인이 바라본 사회문제>라는 보고서로 발간하는 것이다. 2020년부터는 국민들이 생각하는 '현재'와 '미래'에 심각한 사회문제의 차이, 2021년부터는 '국민'과 '기업'이 집중하는 ESG의 차이, 2022년에는 'MZ세대'와 'Non-MZ세대' 간의 생각 차이를 분석하였다.

그림 3 국민 1,000명 대상 사회문제 심각성 인식 조사 프레임

3대 목표	사회문제 10대 테마	2022 한국이 주목하는 100대 사회 이슈
공평하고 지속가능한 경제 (Economy)	소득(경제) 및 주거 불안	
	고용 및 노동 불안정	
안전하고 행복한 삶 (Society)	교육 불평등	
	삶의 질 저하	
	급격한 사회구조 변화	
	사회통합 저해	
	안전 위험	
미래와 공존하는 환경 (Environment)	환경오염과 기후변화	
	자연재해	
	에너지 및 자원 불균형	

매년 동일 / 매년 갱신(미디어 키워드 빈도수 기준)

22년 추가 이슈
어려운 재취업, 대기업/중소기업 임금격차 및 중소기업 인력난, 산모 및 신생아 보호 부족(출생 관련 권리 보장 부족), 심각한 게임중독 증가, 유실·유기동물 안전 부족

22년 제외 이슈
노인 일자리 및 노후 대비 문제, 취약계층 일자리 문제, 통신비 부담, 한부모 가족/다문화 가족 등 지원 부족, 환경 및 기후변화 인식 부족

- 특정 집단(노인, 취약계층)의 일자리 문제 보다 불특정 다수의 재취업/임금격차에 더 초점
- 21년에 제외된 '어려운 재취업', '산모 및 신생아 보호 부족'이 22년 재등장 + '게임중독' 이슈 추가
→ 코로나 19(실업 증가, 병상 부족, 외부활동 감소 등)로 인한 사회문제 관심 증대

출처: 사회적가치연구원(2022)

사회문제 유형은 <그림 3>과 같이 3대 사회적 가치 실현 목표, 10대 사회문제 테마로 매년 고정된 프레임으로 접근하되 매년 국내 미디어 빅데이터 분석을 통해 한국이 주목하는 100대 사회이슈를 선정하고 이 단어들을 중심으로 조사한다. 기본 틀은 가져가되 매년 사회이슈의 변화를 반영하다 보니 연도별로 100위 안에 들어가는 단어와 들어가지 못하는 단어가 추려지게 된다.

<그림 4>에 보다시피 2022년 조사 결과에 의하면, 국민 1,000 명이 현재 심각하다고 느끼는 사회문제 1위는 집값 불안정(전셋값 폭등 등) 및 주거부담 증가, 2위는 소득 양극화 심화(부익부 빈익빈), 3위는 개인정보 유출 및 사생활 침해 증가(사이버 범죄 및 온라인 성범죄 증가 등)로 나타났다. 특히 집값 불안정은 10년 후에도 심각할 사회문제로 1위로 조사되었다. 이 조사에서는 OECD 국가 대비 한국의 심각성 수준도 발표되고 있는데 OECD 국가들과 순위 비교를 하여 100점 만점으로 역환산한 값이다. 이 지표로 봤을 때는, 환경 이슈, 재취업, 공교육, 노인 일자리 등이 심각한 것으로 나타났다(사회적가치연구원, 2022).

그림 4 2022년 한국인이 심각하게 생각하는 사회문제

공평하고 지속가능한 경제
■ 안전하고 행복한 사회
■ 미래와 공존하는 환경

순위	현재 국민의 삶을 가장 어렵게 만드는 사회문제 Top 20	현재 심각하다 현재 임팩트 (전년 대비)	10년 후에 심각하다 미래 임팩트 (전년 대비)	OECD 국가 대비 한국의 심각성 문제 해결 난이도
1	집값 불안정(전셋값 폭등 등) 및 주거부담 증가	100(-)	100(▲2)	45
2	소득 양극화 심화(부익부 빈익빈)	99(-)	99(-)	63

3	개인정보 유출 및 사생활 침해 증가(사이버범죄 및 온라인 성범죄 증가 등)	98(5)	94(▼2)	8
4	복지 수요에 비해 부족한 복지(복지 정책 및 제도 부족)	97(▲2)	91(▼4)	81
5	이념·지역·정치적 갈등 심화	96(▲8)	85(▲2)	56
6	투명하지 못한 정부 운영(정부 신뢰 하락)	95(▲2)	86(▼6)	47
7	폭염·한파 증가	94(-)	97(▲4)	13
8	학벌지상주의 및 학력/학벌 차별 관행	93(▲10)	84(▲5)	21
9	감염병 확산 및 대응 체계 부족	92(▼6)	89(▼5)	36
10	대기업/중소기업 임금격차 및 중소기업 인력난	91(신규)	76(신규)	16
11	노후 주거지 및 주거생활권 불안	90(▼1)	92(▲1)	40
12	어려운 재취업	89(신규)	93(신규)	87
13	노인 빈곤 심화 및 불안정한 노후생활	88(▼3)	96(▼1)	83
14	플라스틱 등 일회용품 사용 및 생활 폐기물 배출	87(-)	80(▼7)	54
15	청년 일자리 부족	86(▼6)	68(▼4)	65
16	공교육 붕괴 및 사교육 심화	85(▼4)	74(▼2)	86
17	대체 에너지 개발 기술 부족(친환경 미래 에너지 발굴 부족)	84(▲10)	90(▲5)	92
18	대형산불 증가	83(▲56)	65(▲47)	4
19	고령화 심화 및 생산가능인구 감소	82(-)	98(▲8)	25
20	미세먼지 증가	80(▼16)	55(▼34)	92

※ 모든 숫자는 커질수록 부정적 임팩트가 큰 것을 의미함.
출처: 사회적가치연구원(2022)

이번에는 질문을 바꾸어 조금 더 국민들이 정책 및 예산 권한을 가지고 있다고 가정해 보았다. '당신에게 100조 원으로 사회문제를 해결할 권한이 있다면, 어떤 사회문제에 얼마를 쓸 것인가?'라고 질문한 것이다. <그림 5>의 3년 평균 분포를 보면, 소득(경제) 및 주거불안에 19.4%, 고용 및 노동 불안정에 15.5%, 환경오염 및 기후변화에 10.2%, 삶의 질 저하에 9.3%의 예산을 배정하겠다고 하였다. 연평균 예산 증가율은 환경 부문이 높았는데, 에너지 및 자원 불균형이 13.9%, 환경오염 및 기후변화가 8.3%를 보였다. 3년간 순위 변화는 대체로 유사한 것으로 나타났다.

그림 5 당신에게 100조원으로 사회문제를 해결할 권한이 있다면?

순위	2020년	2021년	2022년
1	소득(경제) 및 주거 불안 19조1960억원	소득(경제) 및 주거 불안 20조2190억원	소득(경제) 및 주거 불안 18조7610억원
2	고용 및 노동 불안정 16조6910억원	고용 및 노동 불안정 15조9130억원	고용 및 노동 불안정 13조9940억원
3	삶의 질 저하 9조6390억원	환경오염 및 기후변화 9조9850억원	환경오염 및 기후변화 11조1540억원
4	환경오염 및 기후변화 9조5095억원	삶의 질 저하 9조5850억원	에너지 및 자원 불균형 9조2040만원
5	안전 위험 9조405억원	교육 불평등 8조7740억원	안전 위험 8조6900만원
6	교육 불평등 8조8450억원	안전 위험 8조4660억원	삶의 질 저하 8조7390억원
7	에너지 및 자원 불균형 7조930억원	급격한 사회구조 변화 7조7760억원	교육 불평등 8조6600억원
8	급격한 사회구조 변화 7조880억원	에너지 및 자원 불균형 6조990억원	자연재해 7조4940억원
9	자연재해 6조7535억원	자연재해 6조7460억원	급격한 사회구조 변화 6조7270억원
10	사회통합 저해 6조1445억원	사회통합 저해 6조2450만원	사회통합 저해 6조5770만원

당신에게 100조원으로 사회문제를 해결할 권한이 있다면, 어떤 사회문제에 얼마를 쓸 것인가?

3년 평균 자원 배분
- 소득(경제) 및 주거불안: 19.4%
- 고용 및 노동 불안정: 15.5%
- 환경오염 및 기후변화: 10.2%
- 삶의 질 저하: 9.3%

연평균 예산 증가율
- 에너지 및 자원 불균형: 13.9%
- 환경오염 및 기후변화: 8.3%

3개년 순위 변화. 대체적으로 유사
- (상승): 에너지 및 자원 불균형
- (하락): 삶의 질 저하

출처: 사회적가치연구원(2022)

2020년부터 2022년까지 지난 3년간 국민들이 심각하다고 생각하는 사회문제를 종합해 보면 세 가지 현상에 눈에 띈다. 첫째, 사회문제의 관성화 현상이다. 현재에도, 미래에도 심각한 사회문제로 소득 양극화 심화, 집값 및 주거부담, 불안정한 노후생활이 상위 3위에 선정되었다. 둘째, 2022년에 급부상한 사회문제는 안전과 갈등에 집중된다. 개인정보 유출 및 사생활 침해, 수요에 비해 부족한 복지, 이념·지역·정치적 갈등이 2022년에 두드러지게 상위에 올랐다. 셋째, 현재보다 미래에 훨씬 심각해질 사회문제는 재정 적자 확대, R&D 인력 및 자본 부족, 재난·식량 관리체계로 나타났다. 지난 몇 년간 사회문제의 양적 폭증과 다양화, 이에 대한 정부의 정책 관리적 예방과 대응에 대한 실망과 걱정이 드러나는 대목이다.

2020년쯤 국내 시장에도 ESG의 바람이 강하게 불기 시작하면서, 기업은 어떤 사회문제 해결에 집중하고 있으며 이는 소비자로서 국민들이 기대하는 바와 일치하는지 궁금해졌다. 앞서 100개의 사회문제 중 기업이 주목하고 있는 지속가능경영 중대 이슈 상위 30개[7]를 도출하고 국민 1,000명에게 국내 대기업이 주목해야 하는 이슈를 물었다.

<그림 6>에 보다시피 국민과 기업 모두 2021년에는 환경(E)에 대한 관심이 높았는데, 2022년에는 환경(E), 사회(S), 거버넌스(G)로 관심이 골고루 배분된 것으로 보인다(그래프 우측 상단). 국민들은 사회(S)와 거버넌스(G)에(그래프 좌측 상단), 기업은 환경(E)에 대한 관심이 높은 것으로 나타난다(그래프 우측 하단). 한편, OECD 국가 대비 심각성이 높은 사회(S) 이슈에 대해서는 기업과 국민 모두의 관심이 낮은 것으로 나타났다(그래프 좌측 하단).

---

7 국내 주요 산업군의 30대 기업의 최근 2개년 지속가능성 보고서 등 공시자료를 바탕으로 취합한 지속가능경영 관련 중대 이슈를 연계 및 통합 분석하여 도출한 것이다. 분석 대상 기업은 GICS 산업군별 시가총액 및 매출액 기준 상위기업 중 지속가능성 보고서를 발간하는 기업으로, SK이노베이션, LG화학, 현대차, 삼성전자 등이 포함된다.

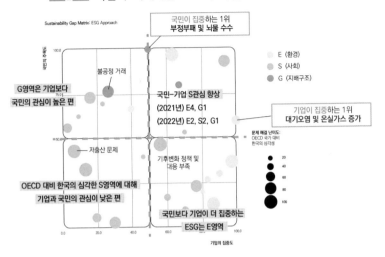

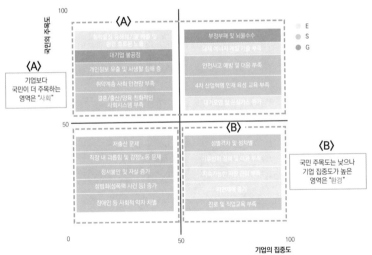

출처: 사회적가치연구원 내부자료(2022)

사회문제에 대한 세대 간 인식 차이는 어떠한가? 앞선 질문의 형
태를 약간 바꾸어 '100만 원의 자금이 있다면 어떤 ESG 요소에 투

자할 것인가?'라고 물었더니(<그림 7>), 평균적으로 100만 원 중에 11.16만 원을 온실가스 배출 및 대기 오염 관리에 투자하겠다고 응답하는 등 주로 환경(E)에 대한 투자가 많았다. 이를 세대별로 나누어 보니, MZ세대는 다른 세대보다 사회(S) 문제 해결을 위한 행동의지가 높은 것으로 나타났다. MZ세대는 다른 세대보다 인권, 포용성, 다양성에 1.51만 원을 더 투자하겠다고 응답하였다. 작은 차이로 보일 수도 있으나 왼쪽 표의 투자비중 값과 전체 100대 사회이슈 중에서 선택된 수준을 고려하면 작은 차이는 아닌 것으로 보인다.

그림 7 100만원의 자금이 있다면 어떤 ESG 요소에 투자할 것인가?

100만원의 자금이 있다면 어떤 ESG 요소에 투자할 것인가? 모든 세대 응답				MZ는 다른 세대보다 아래 요소에 ( )만원 더 투자하겠다고 한다.	
국민이 투자시 고려할 ESG 요소	투자 비중(%)	ESG			
온실가스 배출 및 대기 오염 관리	11.16	E		인권, 포용성, 다양성	1.51
제품 품질 및 안전	8.46	S			
폐기물 및 유해물질 관리	8.28	E		고객 정보 및 데이터 보안	1.07
친환경 제품 개발 및 특허 획득	8.18	E			
에너지 사용 및 관리	8.04	E		임직원 건강/복지 및 안전	0.94
물 사용 및 폐수 관리	7.71	E			
기후변화로 인한 영향 및 위험 평가	6.54	E		이사회 전문성/투명성	0.71
인권, 포용성, 다양성	5.2	S			
고객 정보 및 데이터 보안	4.82	S		감사와 독립성	0.69
지역사회 기여 및 소통	4.63	S			
반부패 등 비즈니스 윤리	4.48	G			
생물다양성 및 생태 영향	4.16	E			
상생/공정경쟁 및 지속가능한 공급망 관리	4.09	S			
임직원 건강/복지 및 안전	3.4	S			
주주 권리 보호 및 소통	2.81	G			
법률 규제 리스크/위험 관리	2.75	G			
감사의 독립성	2.64	G			
이사회 전문성/투명성	2.57	G			

출처: 사회적가치연구원 내부자료(2022)

이와 같은 방식의 조사가 매년 동일한 시기에 표본추출한 국민 1,000명을 대상으로 리커트 척도 형태로 실시된 점에서 전통적인 설문조사의 장점을 지녔다고 할 수 있다. 그런데 사회문제 간의 비교가 아니라 각 사회문제에 대한 심각성을 점수로 매기게 하니, 모든 사회문제가 심각하다 혹은 덜 심각하다고 표기하는 '비차별적 응답'의 문제가 나타날 수 있다. 즉, 응답의 변별력이 잘 드러나지 않을 확률이 높은 것이다. 또한 자신이 사회적으로 착한 사람이라는 인상을 주려는 경향, 즉 '사회적 바람직성 편향'에 의해 모든 사회문제가 중요하다고 답할 가능성도 있다. 이런 문제를 보완해보고자 사회적가치연구원은 이항선택형 오픈 서베이 플랫폼을 개발하였다. 이에 국민 62,000명이 응답한 결과를 비교해 보고자 한다.

2. 이항선택형 오픈 서베이를 활용한 조사 방법

임정재 외(2021)의 연구에 따르면 동일한 사회문제 종류를 대상으로 5점 리커트 척도로 조사했을 때보다 A와 B 중 양자택일로 조사했을 때 문항 간 변별력도 높아지고 중요도 우선순위도 변동되는 것을 확인할 수 있었다. 조사방법론의 차이에 따라 결과의 통계적 차이가 분명하게 검증된 것이다. 이는 사회문제의 종류를 바꿔서 재차 조사했을 때도 마찬가지로 나타났다. 뿐만 아니라 이항선택 서베이를 활용하니, 어떤 사회문제 간에는 분명한 우열이 나타났지만 어떤 사회문제 간에는 비교 자체가 불가능한, 우열을 가릴 수 없는 팽팽한 경쟁이 나타나기도 하였다.

이러한 방법론적 검증을 여러 차례 반복한 연구 결과를 바탕으로, 사회적가치연구원에서는 간단한 질문을 주고 여러 세트의 응답을 반복하는 이항선택형 서베이 플랫폼을 개발하였다. MIT의 도덕적인 기계 실험(Moral Machine Experiment)을 벤치마킹한 것이다. 예를 들면, '다음 중 우리 사회에 더 필요한 기업은?'이라는 질문에 응답지는 A vs. B로 주어지는데 이때 A와 B에 들어가는 응답지 후보는 E, S, G 각 5개의 요소를 통합한 15개의 보기 중 무작위로 배치되며 각 선택지는 이전의 선택과 무관하도록 설계하였다. 또한 누구든 언제든지 서베이 플랫폼에서 응답할 수 있도록 하였다. 이에 더해 응답자가 몇 가지 정보(성별, 연령 등)만 추가 입력하면 자신의 ESG 선호 유형을 알 수 있도록 하는 흥미 요소를 추가하여 더 많은 참여자가 유입되도록 하였다. 15개의 응답지가 2개씩 세트가 되어 응답지로 제시되면 105번의 응답을 해야 하는데, 빅데이터 분석, 토픽 모델링, 머신러닝 등을 사용하여 일곱 세트만 응답하면 자신의 ESG 선호 유형이 확률적으로 제시되도록 설계하였다. 2021년 1년간 베타 버전을 운영하면서, 표본추출을 바탕으로 한 기획 조사 및 자연유입 응답을 통합한 7,000여 건을 분석하였고, 2022년부터는 본격 운영하여 2022년 10월 말까지 약 62,000명의 응답을 확보하였다. 표본추출 기반의 기획조사는 2,500명 단위로 반복 시행하였고, 자연유입은 약 40,000명 정도 조사되었는데 각각 분석하여 비교하

그림 8 이항선택형 오픈 서베이 플랫폼을 활용한 ESG 선호도 조사

출처: ESGame(n.d.)

거나 통합 분석도 시행하고 있다. 결과적으로 기획조사와 자연유입 응답 간의 분석결과는 대동소이하다. 더 나아가 사람들의 응답 패턴을 주기적으로 분석하여 응답자 개인의 ESG 선호 유형의 확률적 정확성을 교정해 가고 있다.[8]

2021년부터 2022년 2월까지 국민 7,000명이 응답한 결과를 분석해 보니, '일-삶의 균형을 높이는 기업', '근로 재해를 예방하는 기업', '협력사와 동반성장하는 기업' 등 사회(S) 분야를 잘하는 기업에 대한 선호도가 높은 것으로 나타났다(최평천, 2022).

표 1 착한 기업, 사회에 필요한 기업, 투자하고 싶은 기업 ESG 순위

	착한 기업	사회에 필요한 기업	투자하고 싶은 기업
1위	근로 재해를 예방하는 기업(S)	일-삶의 균형을 높이는 기업(S)	일-삶의 균형을 높이는 기업(S)
2위	일-삶의 균형을 높이는 기업(S)	근로 재해를 예방하는 기업(S)	협력사와 동반성장 하는 기업(S)
3위	협력사와 동반성장 하는 기업(S)	협력사와 동반성장 하는 기업(S)	성과평가보상을 합리적으로 하는 기업(G)
4위	온실가스 배출을 줄이는 기업(E)	온실가스 배출을 줄이는 기업(E)	근로 재해를 예방하는 기업(S)
5위	폐기물 배출을 줄이는 기업(E)	지역사회에 기여하는 기업(S)	지역사회에 기여하는 기업(S)

출처: 최평천(2022)

2021년 3월부터 2022년 6월까지 조사된 유효응답 약 60,000여건을 분석한 결과, 우리 사회에 필요한 기업 상위 3위는 일-삶의 균형을 높이는 기업(S), 근로 재해를 예방하는 기업(S), 성과평가보상

---

8 https://esgame.svhub.co.kr

을 합리적으로 하는 기업(G)로 나타났으며, 15개 ESG 요소 간의 선택 확률 1위는 75.0%, 15위는 26.3%로 변별력이 극명하게 드러났다. 질문을 바꾸어 '다음 중 내가 다니고 싶은 기업은?'이라고 물었을 때와 비교해 보니, 아래 <그림 9>와 같이 나타났다. 우리 사회에 필요하기도 하고 내가 다니고 싶기도 한 기업으로는 사회(S) 영역을 잘하는 기업을 선호하는 것으로 나타났고, 사회를 위해서는 환경(E) 영역을 잘하는 기업, 나를 위해서는 거버넌스(G) 영역을 잘하는 기업을 선호하는 것으로 나타났다(정승환, 2022).

그림 9 우리 사회에 필요한 기업 vs. 내가 다니고 싶은 기업 조사 결과

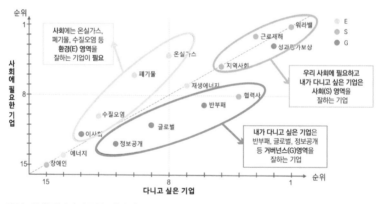

출처: 사회적가치연구원 내부자료

이상의 결과들에 대해 연세대학교 강정한 교수의 해석을 인용하면, 최근 우리 사회에 탈물질적 지향이면서도 집합적 정동에 기반한 사회적 가치는 '안전'이라고 볼 수 있다고 한다. '안전'은 한편으로는 고도의 합리성으로 해석할 수 있으면서도 다른 한편으로 합리적 판단 이전의 즉각적 감정 반응으로 이해할 수 있는 집합적 정서라고 보고 있다. 안전 이슈는 일반적 평가보다는 구체적 선택의 상황에서

우리에게 더 직접적으로 다가오는 사회문제라고 한다. 예를 들면, 어떤 사람에게는 미세먼지라는 환경오염이 개인의 안전을 위협하는 요소로 인식되고, 어떤 사람에게는 재취업 자리를 못 찾는 것이 삶의 질이라는 안전을 위협하는 요소가 될 수도 있다. 때로는 일한 만큼 보상받지 못하는 성과체계, 회사의 반부패 이슈가 기업 구성원의 안전을 위협하는 요소가 될 수도 있다. 안전의 개념과 영역이 개인적이면서도 사회적인 영역을 오가며 그 크기도 가변적으로 나타나고 있다고 진단하였다.[9]

3. 재발견 방법: 기존 틀(Frame)에서 벗어나기

약 3년간 비슷한 주제이지만 다른 조사방법론과 통계적 기법을 활용하여 한국 사람들이 중시하는 사회적 가치를 조사해 보니 '틀'을 벗어나는 것이 필요하다는 것을 느꼈다. 학문적으로 오랜 기간 사용되어온 틀(유형, 방법, 도구 등)의 신뢰성과 타당성이 높지만 사회적 가치를 조사할 때는 그 틀에서 벗어나 보는 것도 재발견의 방법이 될 수 있다.

첫째, 사회문제 '유형화' 틀의 변화다. 국민 1,000명을 대상으로 한 <한국인이 바라본 사회문제> 조사에서 사용하는 사회문제 종류 틀을 보면 기본은 유지하지만 매년 미디어에 등장한 상위 100위 단어를 추려보니, 그것만으로도 사회문제의 사회적 재구성을 살펴볼 수 있었다.

한편, 연구 과정에서 <한국인이 바라본 사회문제>에서 사용된 사회문제 유형을 10대 청소년을 대상으로 조사하려고 했다가 중단

---

9 칼럼 원문은 강정한(2021)에서 확인 가능하다.

한 경험을 밝혀보겠다. 오랜 기간 청소년을 대상으로 대형 커뮤니티, 학술포럼을 운영한 20대 초반의 청년들에게 물어보니, 이 유형화와 질문지 자체가 10대 청소년에게 '어떤 단어는 어렵고, 피부에 와 닿지 않는 단어'라는 의견이 왔었다. 처음에는 의아했는데 그럴 수 있겠다 싶었다. 기성세대는 자신들의 눈으로 관찰된 프레임으로 사회문제를 규정하고 그 틀로 여기저기 도입해 보려는 궁금증이 발동하겠지만, 어린 세대에게는 그 분석틀 자체가 맞지 않을 수 있겠다는 생각이 들었다. 어떤 사회문제는 전혀 생각해 보지 않은 이슈일 수도 있다. 사회적 가치는 당대의 사람들에 의해 재구성되는 것이니 말이다. 청년, 청소년 세대가 만들어보는 사회문제 유형틀은 완전히 다른 모습과 내용으로 구성될 수도 있을 것 같다.

둘째, 사회문제 '조사 대상'의 다각적 비교다. 설문조사를 통한 개인의 인식, 미디어로 드러난 국내 사회 전체적인 인식, 그리고 OECD 국가와의 비교 등 세 가지 차원에서의 비교는 각 사회적 가치(혹은 사회문제)의 위치와 정도를 알 수 있게 한다.

셋째, 사회문제 '조사 도구'의 보완이다. 학문적 깊이와 역사적 전통이 있는 사회조사가 주는 일관성, 강건성이 있으나, 사회문제를 주제로 할 때는 비차별적 응답, 사회적 바람직성 편향 등의 가능성을 고려하여 조금 다른 방식으로 조사해 보는 방식도 유용할 수 있다는 점이다. 심지어 조사 방법을 바꾸니 사회문제 심각성 및 해결 선호도에 대한 우선순위가 역전되기도 하고 변별력이 커지기도 하는 것을 보니 더욱 그러하다.

넷째, 영향요인으로서 '인구통계학적 변수'에 대한 재고다. 설문조사 시에 일반적으로 성별, 연령, 소득, 학력, 종교, 직종 등의 인구통계학적 변수를 조사하는데, 이항선택형 오픈서베이 플랫폼을 이용

한 사회문제 조사에서는 그러한 성별과 연령을 제외하면 인구통계
학적 변수의 통계적 영향력이 거의 없는 것으로 나타났다(문기홍 외,
2022). 어쩌면 사회문제, 사회적 가치에 대한 조사에서는 전통적인
인구통계학적 변수보다는 최근 등장하는 라이프스타일(예: 딩크족,
욜로족, 비혼주의, 투잡 등)을 반영하는 변수가 더 설명력이 있을 수도
있겠다.

마지막으로, 사회문제를 대표하는 단어의 '의미와 영역'이 달라질
수도 있다. 사회문제 조사에서 전통적으로 사용해 오던 '안전(주로
범죄예방, 재해로부터의 보호)'이라는 개념의 범위가 넓어지고 개인에
따라 영역과 수준의 차이가 클 수 있음에 발견되었다. 개인의 상황
에 따라 환경 이슈가 안전으로 더 들어올 수도 있고, 경제 이슈가
안전으로 더 들어올 수도 있다.

III. 새로움에 대한 재고

1. 새로움 강박관념의 결과: 초조직화

우리는 습관적으로 새로운 것을 찾는다. 연말이 되면 올해 대비
내년에 어떤 새로운 연구와 사업을 할지 구상해야 하고 어딘가에
제출하거나 발표해야만 한다. 영화도 책도 시리즈물에서는 다음 편
에서 새로움이 두드러지지 않으면 전작보다 못하다는 평을 받기에
십상이다. 정부 정책도 마찬가지다. 이전 정부 대비 뭔가 혁신적인
변화가 당연히 있어야 한다. 사회적 가치, ESG 경영과 같은 제도적
논리가 확산되는 과정에서도 우리는 그 흐름에 빠르게 대응하지 않
으면 생존하지 못할 것 같은 위험을 느낀다. 그 위험으로 인해 우리

는 종종 판단과 선택할 시간도 없이 흥분과 긴장을 하게 된다. 결과적으로 시간이 흐르고 돌이켜 보면 그 선택들의 조합은 이상한 모양을 만들기도 한다. 최근 저자의 언론 칼럼에서 사용한 표현을 그대로 빌어오면 이렇게 해석된다.

"조직사회학의 대가, 스탠포드 대학 존 마이어(John W. Meyer) 교수의 약 50년에 걸친 연구에 의하면 때로는 법적 규제나 가시적인 수치보다도 이러한 규범적이고 문화적인 압력이 강력하기도 하다. 또한 새로운 시장 압력이 발생할 때 많은 조직들은 선택과 집중 전략을 취할 시간적 여유를 갖지 못한다. 아직 준비되지 못한 조직들은 생존을 위해 이러한 시장 변화를 의례적으로 받아들이기도 한다. 예를 들면 경쟁적으로 상징적 소구들(슬로건, 부서명 변경 등)을 도입하는 것이다. 이 과정에서 의도치 않게 들뜬, 흥분된 모습들도 나타난다. '초조직화(Hyper-Organization)'라고도 한다. 국내외 트렌드와 다양한 기관의 평가 지표에 부응하느라 필요 이상으로 온갖 좋은 것들을 다 조직에 담는 것이다. 그 좋은 것들이 실제 그 조직의 목표 달성에 적합한 수단인지 즉, 합리성 이슈와는 별개로 말이다. 최근 ESG 전문가 춘추전국시대는 기업을 더 힘들게 한다. 기업이 ESG를 좀 천천히 받아들일 수도 있고 기업 성격에 맞게 선택과 집중을 하면 좋을 텐데, 전문성을 가졌다고 여겨지는 집단(진짜 전문가인지는 별개로)들의 수많은 평가지표가 기업을 가만히 두질 않는다. 다 잘해야 한다고 조언한다. 위험(Risk)을 줄여야 하니 골고루 잘해야 한다는 것이다"(정명은, 2022)

비단 기업의 이슈만은 아니다. 2018년 공공기관에 사회적 가치 바람이 불 때, 다수의 공공기관이 경영평가 지표의 사회적 가치 점수를 획득하려고 부단히 노력하면서도 '그동안 우리가 했던 일은 사회적 가치가 아니란 말인가?'라는 회의감이 들었던 것도 사실이다. 2022년은 어떠한가? 또다시 공공기관에 불어 닥친 ESG 바람은 Again 2018이다. 공공기관별 사업 영역과 정책 방향의 차이가 있기 때문에 모든 공공기관이 모든 ESG 요소를 다 잘할 수도 없고 어떤 부분은 그럴 필요도 없는데 다 중요한 것처럼 여겨지고 있다. 최근 들어 다수의 대학, 교육기관에서도 ESG 경영 선언과 커리큘럼을 강화하고 있다. 아무리 가치 융합의 시대라 하지만, 각 조직의 고유한 목표, 존재 이유, 주요한 이해관계자들의 니즈를 고려할 때 선택적 판단이 필요한 시기인 것으로 보인다.

사회적 가치의 재발견 작업도 마찬가지다. 예를 들면, 2021년 대비 2022년에는 무엇이 변했는가? 어떤 사회문제가 떠오르고 사라졌는가? 지난 3년간 어떤 변화가 있었는가? 뭔가 하여튼 간에 새로운 발견을 제시해야 한다. 때로는 마른 수건을 쥐어짜야 하는 심정이기도 하다. 그런 요구들에 종종 필자가 하는 대답이 있다. '1년 단위로 사회문제가 급변하는 것도 정상적인 사회는 아니죠. 그러길 바라시는 건 아니지요?'

2. 사회적 가치의 재발견에서 진정성으로

이제는 새로운 것, 차이를 발견해야 한다는 강박관념에서 조금 벗어날 필요가 있다. 이를 위해서 첫째, 차분하게 선택해야 한다. 정부, 기업, 대학, 시민사회 등 각 조직이 접하고 있는 주요 이해관계자 연결망과 그들이 원하는 가치가 다르다. 따라서 사회에서 당연시되는 사회적 가치일지라도 조직이 처한 상황과 이해관계자들의 요구에 맞게 선택적으로 수용할 필요가 있겠다.

둘째, 집중도 필요하다. 아마존 베스트셀러 중 하나인 게리 켈러(Gary Keller), 제이 파파산(Jay Papasan)의 저서 <The One Thing>을 떠올려 보게 된다. 자기 계발에 관한 책이지만, 사회적 가치 실현을 위해 우왕좌왕하고 있는 우리 사회의 모습에도 적용될 수 있을 것 같다. 결과적으로 무엇을 위해 하는 행동인지 재고해 보자는 것이다. 예를 들면, 기업에 있어서 ESG 지표 점수 달성은 결국 기업도 행복하고 사회도 행복하기 위한 수단이지 그 자체가 목표는 아니라는 것이다. 그렇기 때문에 경우에 따라서는 새로운 혁신의 압력에 늦게 부응할 수도 있고 시간의 사용을 더 용서해 줄 필요도 있다.

마지막으로, 변하지 않는 공통의 가치를 재확인하고 해석하는 노력도 중요하다. 사회심리학자 조너선 하이트(Jonathan Haidt)는 세계 곳곳의 가치관으로 자리 잡은 근본 가치들을 측정한 결과, 그중에서 여섯 가지 가치를 소중히 여긴다는 점을 발견하였다고 한다. 바로 의리, 공정, 자유, 위계, 배려, 존엄이다(Collier, 2020: 25). 새로운 발견, 가치의 변화나 차이를 찾아내는 작업이 아니더라도 중요한 사회적 가치를 재확인하는 작업, 확증하는 연구도 우리 사회를 더 단단하게 만들 것이다. 왜냐하면 성공적인 사회에서는 사람들이 번영을 누릴 뿐만 아니라 소속과 존중을 느낌으로써 만개하는데 그 시작은 공통의 가치를 공유하는 것, 공유한다는 사실을 서로 인지하는 것에서부터 출발하기 때문이다(Collier, 2020: 47-67).

강정한. (2021.4.21). [VIEW] 가장 개인적인 것이 가장 사회적인 것: '안전' 가치
　　　의 부상. SV Hub. (최종검색일: 2023.1.21) https://svhub.co.kr/
　　　column/info?id=680

남정민. (2022.5.22). 기업들 "ESG 전담조직 있다"…1년 새 54%→89%. 한국경
　　　제신문. 한국경제. (최종검색일: 2023.1.21.) https://www.hankyung.
　　　com/economy/article/2022052229281

문기홍·강정한·이진철. (2022). 무작위 쌍대비교 조사의 분석 절차 확립을 위한
　　　연구: 사회문제와 ESG 기업활동 평가의 예. 조사연구, 23(1), 33-68.

박명규. (2020). 사회적 가치와 사회혁신. 파주: 한울아카데미.

사회적가치연구원. (2020). 2020 한국인이 바라본 사회문제.

　　　　　　　. (2021). 2021 한국인이 바라본 사회문제.

　　　　　　　. (2022). 2022 한국인이 바라본 사회문제.

이재열. (2019). 시대적 전환과 공공성, 그리고 사회적 가치. 한국행정연구, 28(3),
　　　1-33.

임정재·조지연·강정한. (2021). 사회문제 간 우선순위 파악을 위한 쌍대비교 선택
　　　형 응답 실험. 한국사회학, 55(2), 141-169.

장용석·조희진. (2013). 공공-민간 경영 패러다임의 융합적 전환: 변화의 추세와
　　　조직의 대응. 인사조직연구, 21(3), 69-104.

정명은. (2022.9.13). ESG의 부등호를 찾아야 하는 이유. 한경비지니스. (최종검색
　　　일: 2023.1.21) https://v.daum.net/v/Gkbt4DKwaf

정명은·김미현. (2014). 한국 지방정부의 가치지향성 분석-조직목표선언을 중심으
　　　로. 한국정책학회보, 23(3), 27-56.

정명은·박나라·장용석. (2009). 세계화 시대의 지역 브랜드: '표현'의 세계화, '의
　　　미'의 지방화. 지방행정연구, 23(4), 251-279.

정명은·안민우. (2016). 조직장, 제도적 논리 그리고 구성된 행위자-한국 지방정부
　　　기금의 제도화 과정 분석. 한국정책학회보, 25(3), 37-75.

정승환. (2022.10.26). "워라밸기업이 선호 1순위"… SK사회적가치연구원 조사.
　　　매일경제. (최종검색일: 2023.1.21.)

https://www.mk.co.kr/esg/news/view/2022/952146/

최태원. (2014). 새로운 모색, 사회적 기업. 서울: 이야기가있는집

최평천. (2022.3.07). 착한 기업은 근로 재해 예방하고 워라밸 높이는 기업. 연합뉴
스. (최종검색일: 2023.1.21.) https://www.yna.co.kr/view/AKR20
220306056800003

ESGame. (n.d.). (최종검색일: 2023.1.21) http:ß//esgame.svhub.co.kr

Kinsley, M. (2011). 빌게이츠의 창조적 자본주의[Creative Capitalism]. (김지
연, 역). 파주: 이콘. (원본 출판 2008)

Collier, P. (2020). 자본주의의의 미래: 새로운 불안에 맞서다[The Future of
Capitalism: Facing the New Anxieties]. (김홍식, 역). 서울: 까치.
(원본 출판 2018)

Schwab, K. (2021). Stakeholder capitalism: A global economy that
works for progress, people and planet. New Jersey: John
Wiley & Sons.

토론문

권향원(아주대학교 행정학과 교수)

I. 공공가치의 개념화(임의영)에 대하여

공공가치라는 개념은 저자가 언급한 대로 "질문을 받지 않으면 알고 있는 듯 생각이 들지만, 막상 질문을 받으면 대답이 궁색해지는 개념"이라고 할 수 있다. 다만 이는 비단 공공가치에만 국한된다고 할 수는 없을 것이다. 행정과 정책의 이론적 개념이라고 할 수 있는 것들의 상당수는 사실 어느 정도 감각적으로 수용되고 있으나, 면밀하게 파고들면 꽤나 복잡하기도 하고 흐릿하기도 하다는 인상을 준다.

이러한 복잡함과 흐릿함은 대체로 관련한 개념의 외연이 넓기 때문에 또렷한 합의가 어렵고, 이에 따라 논쟁과 경쟁의 전선이 넓은 데에서 기인하는 경우가 많다. 공공가치를 둘러싼 개념화를 예로 들자면, 개념을 구성하고 있는 공공(public)에 대하여 다양한 관점과 접근이 서로 경합하고 있는 양상이 확인된다. 가령 원론적인 경제학의 시점에서 공공 개념은 흔히 사회적 후생의 틀로 이해된다. 따라서 경제학의 시점에서 공공가치란 사회적 후생을 극대화하기 위한 소위 공리주의적 정책을 지향하게 되기 쉽다. 다른 한편, 원론적인 정치학의 시점에서 공공가치란 공정과 정의와 같은 목적 가치에 도달하기 위한 절차적 합의를 선호하게 된다. 이러한 맥락에서 정책은 어떠한 목적 가치에 도달하기 위한 민주적인 제도설계 및 운영을 지향하게 되기 쉽다.

시점에 따라 이렇게 공공(public)에 대한 틀짓기와 처방이 발생할 수 있기 때문에, "공공가치란 어떠한 것인가?"라는 질문에 대한 대답은 반드시 머뭇거림을 수반하게 된다. 주지한 바대로 이러한 대답은 흐릿하고 전선이 넓은 배경을 바탕으로 하기 때문이다. 따라서 공공가치는 시점에 따라 다양한 정의와 개념화에 열려 있으며, 또렷하게 초점 잡힌 정의에 적합하지 않은 개념이라는 생각이 든다.

그러나 관점에 따라 이러한 "또렷하지 않음"은 오히려 논의의 다양성과 역동성을 포용하는 건강한 토양이라고도 볼 수 있을 것이다. 만약 공공가치가 특정한 목적 가치 중심으로 또렷하게 정의가 완료된다면, "어떠한 정책이 바람직한 것인가?"라는 질문에 대한 답이 초기에 완료되어 변화를 용인하지 않게 될 것이기 때문이다. "공공가치는 효율성을 목적가치로 추구하는 것이다"라는 정의가 상수로서 고정되어 버린 사회를 상상해보자. 여기에서는 어떠한 다른 이해관계의 목소리도, 흐르는 과업환경의 변동도 정책의제로 반영될 수 없을 것이다. 기실 이러한 '가치의 고정된 상수화'가 가능한 곳은 전제국가가 유일할 것이다. 혹은 환경의 변화가 거의 발생하지 않은 극단적으로 정체된 사회일 것이다.

그렇다면 공공가치 개념의 흐릿함과 넓은 외연은 논의의 다양성과 변화의 흐름을 포용하는 건강함으로 읽힌다. 토론자에게는 따라서 "공공가치란 이러이러한 것이다"라고, 개념 정의를 특정하려는 일련의 시도들이 오히려 독재적인 것으로 느껴지곤 한다.

이러한 논의를 바탕으로, 토론자는 발표자의 글에 큰 공감과 이해를 가지고 갈 수 있었다고 고백한다. 발표자는 기존 연구들에 대한 검토를 통해 "기존의 연구에서는 (개념화에 대한) 명확한 대답을 찾기 어렵다"고 언급하며, 특정한 개념적 정의에 대한 편식을 경계하며 논의를 출발한다. 그럼에 불구하고, 공공가치를 관통하는 정신으로 당면한 문제를 해결하고 대응하기 위한 "실용성"을 제시한다. 요컨대 명료한 개념화를 지양하되, 이를 둘러싼 담론구조가 공통으로 공유하고 있는 문제의식을 지적함으로써 소위 공공가치론이 갖는 의미를 재발견하고 있는 것이다. 발표자의 이러한 지적은 공공가치를 둘러싼 불필요한 잡음을 최소화하되, 모두가 올곧이 초점을 두어야 할 지향점을 명료하게 한다는 점에서 의미를 갖는다고 평가한다.

발표자는 더 나아가 공공가치의 본질은 공공정책과 같은 의사결정이 지녀야 하는 도덕적 판단의 문제와 결부되어 있음을 자각한다. 흔히 공공정책을 둘러싼 의사결정이 지닌 분석적 측면이 강조되는 경향이 있으나, 사실 공공정책은 가치와 이해의 경합, 경쟁, 갈등을 수반하기 때문에 "어떠한 것을 중시하는 것이 옳은가?"와 같은 규범적 가치판단을 본질로 한다. 이러한 점에 착안하여 발표자는 "공공가치가 무엇인가?"라는 현상적인 질문에서 한발 물러나, 도덕적 판단이라는 핵심 질문으로 회귀하여 논의를 전개한다.

이러한 논의의 방법론을 따를 때, 가치판단의 준거로서 의무론을 제시한 임마뉴엘 칸트와 목적론을 제시한 존 스튜어트 밀의 실용적 의미가 환기된다. 사실 이 사상가들은 제도권 행정학의 이론과 기법에서 명료한 연결고리를 찾기 쉽지 않은 거리감을 갖고 있다고 할 수 있다. 그러나 발표자는 공공가치가 실용적인 맥락에서 규범적 가치판단을 전제로 한다는 본질적인 사실을 바탕으로, 이러한 사상의 현대적 의미를 새롭지 않으나 새롭게 다시 제시하고 있는 것이다. 이에 토론자는 발표자의 글을 공감과 흥미를 통해 읽어 내려갈 수 있었다.

끝으로 이 글은 공공가치가 결국에는 공공성(publicness)과 같은 공적규범에 대한 판단과 연결된다는 자각을 바탕으로, 칸트의 의무론과 밀의 목적론에서 도출된 공공성의 원리를 토대로 공공가치 개념을 해석적으로 구성하며 맺음을 기약하고 있다. 그리고 민주주의와 공적 토론이 공적 해석이 이루어질 수 있는 기제라는 해석을 내어놓고 있다. 뿐만 아니라, "의무론과 목적론에서 도출된 공공가치 개념은 불완전하고 안정적이지 않다. 왜냐하면 도덕적 판단 기준의 어느 한 측면만을 강조하는 인상을 주기 때문이다. 따라서 통합적으로 공공가치 개념을 구성할 필요가 있다"는 언급을 통해, 공공가치 개념을 특정한 측면에서 정의하여 구속하는 작업을 경계하고 있다. 이러한 지적은 토론자의 관점과도 공명하는 것으로, 향후 공공가치 연구자들이 특정한 정의에 박제된 개념해석과 이를 통한 성과지표 구축 등 독재적 접근을 경계할 것을 시사한다.

II. 사회적 가치의 재발견(정명은)에 관하여

사회가 중시하는 가치는 끊임없이 변화한다. 가령 어느 해에는 효율성이 주요한 의미를 갖게 되어, 긴축이나 감축과 같은 수축의 방법이 주류를 이루게 된다. 또 다른 해에는 사회적 공정이 주요한 의미를 갖게 되어, 노사관계의 건전성이나 경영의 투명성이 갖는 관리적 시사점이 강조된다. 이러한 변화의 바탕에는 정권의 교체와 같은 정치적 변동이 놓이기도 하고, 어떠한 재난이나 변혁과 같은 외생적 변수가 작용하기도 하는 등 다양한 내·외부적 요소들이 복합적이고 동역학적으로 영향을 미친다.

이렇게 가치가 고정된 실체로서 상수화된 것이 아니라, 지속적으로 변동하는 변수성을 갖는다는 사실은 현실을 사는 우리에게는 상식적인 것이라고 생각한다. 그러나 이러한 상식이 학술 담론 속에서는 자주 잊히곤 하는데, 이는 명료한 정의와 이에 기반한 조작적 정의를 세우는 일을 업으로 하는 학계의 경향성 때문이 아닐까 한다. 가령 사회적 가치 담론에 대하여 연구자들은 "사회적 가치란 이러이러한 것이다"라는 주장을 연역적으로 제시하는 데에 골몰하는 모습과, 이렇게 세워진 정의에 바탕을 두고 성과 목표와 성과지표를 세워 실무적으로 정책을 운용하고자 하는 경향을 보이기 때문이다. 요컨대 우리의 상식은 가치가 갖는 변수성을 인식하지만, 우리의 연구는 가치가 갖는 상수성을 주장하는 인지적 격차가 확인된다.

이러한 배경에서 토론자에게 발표자의 "사회적 가치의 재발견"이라는 표제의 글은 매우 반가우면서도 고무적인 내용을 담고 있었다. 기업 연구소 소속의 연구자인 발표자는 가치 개념이 사회 속에서 끊임없이 유동하는 변수성을 지니고 있음을 명시적으로 밝히고 있기 때문이다. 더 나아가 이를 설명하기 위하여 신제도주의의 이론적 구성요소인 '사회적 구성과 재구성' 그리고 변화하는 '제도 논리'를 통해 우리 상식의 뼈대에 탄탄한 이론적 근육을 덧씌우는 논리구조를 제시하고 있다. 뿐만 아니라, 매번 영점을 변동하며 끊임없이 변화하는 사회 속의 가치 개념을 지속적으로 추적하기 위한 방법론의 체계화에 대해서도 고민하는 모습이 확인된다. 가령 연구자는 정규화된 설문을 통해 국민들에게 지속적으로 물어봄으로써 소위 가치에 대한 민심의 추이를 추적하는 방법을 제시하였다. 이에 더하여,

기존의 정형화된 설문 틀이 자칫 놓칠 수 있는 새롭게 대두된 가치를 탐색하기 위하여 이항선택형 오픈 서베이를 활용한 조사 방법을 모색하고 있다. 즉, 이 글은 정량적, 정성적 방법의 입체적인 적용에 대한 균형 잡힌 고민을 담고 있는 것이다.

발제문에 담긴 이러한 방법론적 고민은 매우 시의성이 높고 적정한 것으로 판단된다. 사실 토론자는 근래 사회적 가치, 공공가치, ESG 등 연역적으로 제안된 가치담론이 일종의 유행을 이루며 지속적으로 변동하는 현상에 다소 피로감을 느끼고 있었다. 일찍이 애브라햄슨(Abrahamson)이라는 경영학자가 경영유행(management fashion)이라는 제목의 논문에서 경영 분야에서 중시되는 가치 및 기법이 일종의 유행변동처럼 트렌드 창출자에 의해 연역적인 사이클을 이루는 현상에 대하여 지적한 바가 있다. 이는 어느 해에는 잭 웰치(Jack Welch)의 경영기법이 유행을 이루고, 또 다른 해에는 BSC(Balanced Scored Card) 기법이 유행을 이루는 등의 현상을 연상시킨다. 이러한 유행변동은 가치 논의에서도 유사하게 나타난다고 본다. 우리는 가치 논의가 크게는 국제사회 및 국제기구의 의제 변동이나, 가깝게는 국내의 정권 변동과 같은 변화에 따라 연역적으로 변화하는 상황에 익숙하다.

그런데 이러한 연역적인 변화의 문제는 가치 논의가 우리 사회 내부에서 비롯되지 않은 경우가 많기 때문에, 가치 담론의 실질적 의미와 내용이 충분히 이해되기까지 시차가 발생한다는 점에 있다. 가령 가까운 과거에 한국 사회에서 사회적 가치에 대한 논의가 지배적이었다. 그러나 주지한 사회적 가치가 정권 차원에서 모색되어 내려온 연역적인 개념이다 보니, 현장에서 이 개념을 어떠한 정의와 요소로 이해해야 하는지, 그리고 이를 실무적으로 어떻게 적용해야 하는지 등에 대한 혼란과 모호함이 컸던 것으로 기억한다. 한국 사회에서 다원적인 가치 논의가 중요하다는 점에서는 모든 이가 충분히 공감하고 공명할 수 있었다. 그러나 이러한 가치를 구성하는 실무적인 요소가 무엇인지, 그리고 무엇을 어떻게 어디까지 적용할 수 있는지 등의 질문에 답하기 위해서는 이러한 공감과 공명만으로는 충분치 않았다. 특히 어떠한 가치를 모든 정책이나 조직에 일반적으로 적용하려는 것은 개별적인 특수성을 고려하지 못하는 독재적인 발상이라고 할 수 있다.

이렇게 볼 때, 이 글은 다시 한번 반갑고 흥미로운 내용을 담고 있다고 본다. 발표자는 가치의 사회구성적 속성에 주목하여, 개별적인 특수성을 반영하기 위한 소위 '부지런한 귀납법'을 제안하고 있기 때문이다. 가치에 대한 연역적 접근이 갖는 위험과 과도한 일반화가 갖는 무리함을 경계하고, 이를 극복하기 위한 방법론적 접근방법으로 귀납적인 논리를 부지런하게 탐구할 것을 제안하고 있는 부분은 큰 울림이 있다.

최근 ESG 가치 담론이 큰 관심과 유행을 이루고 있다. 발표자의 주장과 토론자의 우려를 결합하여 이러한 현상을 바라보자면, 다음과 같은 유의점이 도출된다고 본다.

첫째, ESG는 서구에서 비롯한 개념이고, 이에 대한 이해와 적용은 아무래도 연역적인 정서를 가지게 된다. 따라서 ESG를 공공부문에 적용하는 데에 있어서, 개별 기관의 특수성을 간과하여 일반화된 성과지표 등으로 원용하는 문제를 경계할 필요성이 있다고 할 수 있다.

둘째, ESG는 기존에 이루어진 가치 담론과 결을 함께 하는 부분도 있고, 새롭게 제안되고 있는 부분도 있다. 따라서 기존 담론과 결을 함께 하는 부분에 대해서는 기존의 정책사업이나 운영방식을 지속적으로 강화하는 방식으로 접근할 필요가 있다고 본다. ESG라는 새로운 틀에 맞추어 가기 위하여 기존의 사업들을 영점에서 다시 접근하는 것은 사회적으로 큰 전환비용을 청구하게 될 것이다.

셋째, 연구자가 제시한 대로 한국형 ESG의 모색을 위하여 '부지런한 귀납법'을 통해, 현장의 관점과 필요가 반영된 구성 모델을 구축할 필요성이 있다는 점이다. 그리고 이러한 구성 모델에 대하여 어떠한 베스트 프랙티스(best practice)를 구축하기 위한 노력을 지양하고, 부문과 섹터에 부합하는 모델들을 형성하기 위하여 세심하게 노력할 필요가 있다고 본다.

토론 02

토론문

이은선(경상국립대학교 경제학부 교수)

최근 '사회적 가치'라는 단어가 법조계, 경영계, 학계 등 분야를 가리지 않고 우리 사회에서 큰 관심을 받았다.

2014년부터 「공공기관의 사회적 가치 실현에 관한 기본법(안)」, 「사회적경제기본법(안)」, 「사회성과보상사업의 운영 및 활성화에 관한 법률(안)」 등 사회적 가치와 관련된 법안들이 국회에 제출되어 법조계의 관심사가 되었으나, 개념의 모호성과 추상성 등으로 인해 법률로 제정되지는 못하고 여전히 계류 중이다. 반면 경영계에서는 공공기관 경영평가에서 '사회적 가치 구현'의 배점이 크게 증가하고,[10] 유엔책임투자원칙(UN Principles for Responsible Investment, UN PRI)이 2020년부터 본격 적용되어 ESG 경영 압박에 직면하면서 조직 생존의 문제와 직결되는 이슈가 되었다.[11] 법안의 필요성이 끊임없이 제기되고, 기업에는 당장의 전략 수립에 영향을 미치는 이슈이

---

[10] 공공기관의 경영평가에 사회적 가치의 비중 증가: ('08)4점 → ('11)7점 → ('17)11점 → ('18)22점 → ('19)24점 → ('22)25점 → ('23)15점.

[11] UN PRI로 6개 원칙이 발표된 것은 2006년이다. 블랙록(BlackRock)을 비롯한 글로벌 주요 투자회사 1,750개가 이 원칙을 지키기로 서명하면서, 갑작스러운 신규 투자원칙의 적용은 세계금융시장에 악영향을 줄 수 있으므로 점진적으로 ESG 투자를 확대할 것에 합의해 15년 후인 2020년에는 PRI를 본격화하기로 약속하였다.

기에 '사회적 가치가 무엇인지, 무엇이 사회적 가치를 추구하는 행위인지'를 탐구하고 규명해야 함에도 불구하고 이에 대한 심도 있는 논의는 매우 부족하다.

최근 사회적 가치의 개념과 관련된 학계의 논의를 살펴보면, 법학에서는 제출된 법안의 정의 조항에 대한 법적인 해석에 집중해 학술적인 논의까지 진전되지 못하는 경향이 있다. 경영학에서는 "사회의 이해관계자들에게 제공되는 모든 가치에서 기업 활동을 통해 기업이 창출한 경제적 가치, 즉 재무성과를 제외한 잔여 가치(배종태, 2018: 47)", "사회문제와 관련해 사회 구성원이 중시하는 가치이지만 시장의 가격기구에 반영되지 않아 시장이 제대로 작동하지 않는 가치 창출(라준영, 2018: 283 – 284)" 등 기업의 입장에서 미시적으로 사회적 가치를 논한다. 반면에, 사회학에서는 "연대, 책임, 배려, 공정성, 신뢰 등 인간의 삶에 필요한 가치이면서 시장에서 구매하거나 정부가 강요해서 얻어질 수 없는 가치들을 포괄하는 것(박명규, 2018: 4)"으로 보고, 행정학에서는 "사회구성원 모두를 포용하는 공익과 공동체 발전에 기여하는 가치(남궁근, 2019: 40)"로 보는 등 좀 더 거시적 차원에서 사회적 가치를 정의하고 있다.

학계마다 사회적 가치를 정의하는 관점은 다소 상이하나, 중요한 것은 관련 법안들이 국회를 통과하지 않았음에도 불구하고, 사회적 가치 창출을 전제로 하는 정책들이 이미 시행되고 있다는 점이다.[12] 관련 정책을 가장 많이 시행하고 있는 부처로 행정안전부는 사회적

---

12 사회적 기업을 비롯한 사회적 경제 영역에서는 이미 15년 전부터 사회적 가치 창출을 근거로 정부 재정지원을 받고 있고, 서울·경기 등 일부 자치단체에서는 사회성과보상사업(Social Impact Bond, SIB)을 운영하고 있으며, 이와 유사한 사업들을 집행하기 위한 기금의 설치와 조례를 제정하는 등 사회적 가치 창출과 연계된 정책 및 제도를 시행하고 있다(이은선, 2021).

가치를 "사회·경제·환경·문화 등 모든 영역에서 공공의 이익과 공동체의 발전에 기여할 수 있는 가치로 시민적 권리로서 민주적 의사결정과 참여의 실현. 지역사회 활성화, 사회적 약자 배려, 건강한 생활이 가능한 보건복지의 제공 등의 내용을 포괄(행정안전부, 2020: 211)"하는 것으로 보고 있다. 고용노동부는 사회적 가치를 "경제적 회계가 측정할 수 없는 공공의 이익과 공동체 발전 등에 기여하는 가치를 의미하며, 사회적 가치 실현은 공동체의 발전을 위한 '공익(public interest)의 실현'을 의미(고용노동부, 2021: 1)"한다고 보는 등 정부는 사회적 가치를 공익과 동의어로 간주하여 정책을 시행하고 있다. 행정학에서 학문적으로 사회적 가치에 대한 논의가 심도 있게 논의되지는 않았지만, 정책 현장에서는 공공가치와 동의어로 사용하고 있다고 해도 과언이 아닐 것이다. 사회적 가치와 관련된 정부 문서에서는 특히 '공공의 이익', '공동체의 발전'이라는 단어가 공공연히 발견되는데, 개념상으로는 메인하르트의 관점을 따르면서 구현하는 방식은 무어의 공공가치창출론과 유사한 모습을 보인다. 그렇다면 사회적 가치를 공공가치와 동의어로 볼 수 있을까?

학술적으로 사회적 가치 개념은 1930년대에 법학에서 이루어진 벌리(Berle, Adolf A.)와 도드(Dodd Jr, E. Merrick)의 논쟁에서 출발한다. 기업이 공적 의무(public duty) 내지는 사회적 책임(social responsibility)을 져야 하는가에 관한 논쟁이다.[13] 이 논쟁이 캐롤(Carroll, Archie B.)의 사회적 책임이론으로 전개되면서 경영학으로 이동하여, 경제적 가치와 대비되는 사회적 가치 논의가 본격화되었다. 이어서 1984년 인도 보팔에서 발생한 유니언카바이드(Union Carbide)사의

---

13 도드와 벌리의 최초 논쟁과 관련해서는 Berle(1932)와 Dodd Jr(1934)를 참고하기 바란다.

유독가스 누출, 1990년 알래스카에서 발생한 엑손발데스(Exxon Valdez)의 기름 유출, 1996년 나이키(Nike)의 파키스탄 아동노동 착취 등의 사건들이 연달아 발생하며, 기업 활동이 심각한 환경피해를 가져올 수 있고 사회문제를 일으킬 수 있다는 경종을 울렸다. 이에 비정부기구 및 시민단체들은 기업 활동이 사회와 환경에 미친 영향에 대한 정보공개를 요구하며 대대적인 불매운동을 전개하였고, 몇몇 기업이 사회적 책임 보고서를 발간하기 시작했다. 사회적 가치 창출을 확산하고 이를 측정하려는 노력에 국제기구들이 참여하면서 GRI(Global Reporting Initiative) 가이드라인 등이 개발되었고, 논의는 보다 근본적으로 '사회적인 가치가 무엇인가'를 탐구하기에 이른다. 즉, 경제적 가치와 대비되는 개념에서 '좋은 사회를 만들기 위해 필요한 가치는 무엇인가'라는 철학적이고 규범적인 논의로 확장된 것이다.

더 나은 사회, 더 바람직한 사회를 만드는데 필요한 가치는 국가 차원에서 논의해야 하는 거대 담론이다. 그 내용들을 살펴보면 헌법에 기반해 수립된 국가라면 마땅히 지향해야 하는 것이므로 사회적 가치 논의는 곧 헌법적 가치 실현과 일맥상통하게 된다(이은선·최유경, 2021). 임의영 교수님의 글에서 공공가치 개념 논의가 관리주의적 관점에서 벗어나 규범적 논의로 전환될 필요성이 제시되었듯이, 사회적 가치 개념 또한 특히 기업의 활동에 대한 관리주의적 관점에서 기업을 포함한 사회의 조직들이 추구해야 할 규범적 관점으로 이동한 것이다. 최근에는 사회적 가치를 논의할 때 사용하는 용어가 사회적 목적(social purpose)에서 소셜임팩트(social impact)로 확장되었는데 purpose가 이루어야 할 목표의 성격을 가진 목적이라면, 임팩트는 누군가의 의식과 행동에 영향을 미치는 것으로 사회적인 파급효과를 포함하는 개념이다(Godin & Dore, 2005). 이렇듯 사회적 가치 개념 논의의 전개 과정을 추적해보면, 정명은 박사님의 지적처럼, 사회적 가치는 사회구성적 속성이 있어 개념이 변하기도 하고 확장되기도 함을 발견할 수 있다. 사회적가치연구원에서 수행한 서베이에서 개인의 상황에 따라 환경 이슈가 안전에 포함되거나, 경제 이슈가 안전에 포함되는 등 사회문제를 대표하는 단어의 '의미와 영역'이 달라짐을 알 수 있었다. 이는 사회적 가치 영역에서 하나의 단어가 추상성이 높아 합의가 어렵다는 차원에 머무르는 것이 아니라, 어느 영역으로 구체화 되어 적용되는가에 대한 논의로까지 전개되었다는 것을 보여준다.

그간 행정학에서 '사회적 가치'라는 용어는 크게 다루어지지 않았다. 학문적 논의가 법학에서 출발한다고 하지만 그 내용 또한 기업의 사회적 책임, 기업의 이해관계자와 관련된 것이었다. 일반적으로 기업은 영리 영역에 있다고 간주하므로 '공공'과는 거리가 먼 것이다. 그 사이 사회적 가치라는 개념은 경제적 가치와 대비되는 사회적 가치(social value)와 헌법적 가치에 부합하는 사회적 가치(societal value)의 두 가지 차원으로 구분되어 빠른 속도로 논의가 전개되고 있다(이일청, 2020). 무엇보다 학문적인 합의가 아직 이루어지지 않았음에도 불구하고, 세계 각국에서 사회적 가치 창출을 장려하는 정책과 제도를 수립하고 시행하고 있다는 점에 주목해야 한다.

공공가치 개념 논의가 크게 진전되지 못하는 것에 비해, 사회적 가치 개념 논의가 이처럼 확산되고 진전되는 이유 중 하나는 '측정'을 하려는 노력 때문일 것이다. 사회적 가치는 논의 초기부터 기업의 영역에 적용되었기 때문에 이를 측정하려는 다양한 지표와 방법론이 개발되었다. 국내에서 사회적 가치 창출을 전제로 하는 정책에서도 재정지원의 효과성을 검증하기 위한 측정을 시행하고 있다. 이

과정에서 측정의 대상이 되는 사회적 가치는 무엇이고, 범위는 어디까지이며, 무엇을 측정해야 하는가에 대한 논의는 필수적이다. 학문적으로 합의된 바 없더라도 실무적 차원에서라도 이에 대한 논의를 해야만 하는 상황에 직면했던 것이다.

이러한 배경에서 사회적 가치 논의는 목적론에서 도출된 공공성의 기본원리를 구체화하는데 기여할 수 있을 것이다. 1980년대부터 사회적 가치를 실현하고 증명하라는 요구가 기업에게 집중되면서 안전, 평등과 같은 공공성의 기본가치에 해당하는 개념을 구체화하고 지표화하는 작업이 이루어졌기 때문이다. 예컨대 안전은 조직 내 구성원의 안전, 지역 주민의 안전 등으로, 평등은 조직 구성원 내 성평등, 기회와 처우의 평등 등으로 구체화되었다. 기업영역에만 적용될 것 같은 대중소기업 상생협력은 기회의 평등, 상대적 평등의 변형이라 볼 수 있다. 이를 정부 영역에 적용하자면 위계적 구조를 가진 기관 내 평등, 기관 간의 평등, 지배구조 및 의사결정체계에 있어서의 참여와 평등으로 적용할 수 있을 것이다. 그동안 사회적 가치의 구현 메커니즘들은 '사회문제 해결' 과정에서 도출되었기 때문에 귀납적 방식에 의한 개념 도출에 해당한다. 지난 20년간 이렇게 도출된 지표들이 무수히 많기에 공공성의 가치를 탐구하고 구체화하는데 참고가 될 수 있을 것이다.

사회적 가치 창출과 관련된 많은 정책이 공익을 목적으로, 공공가치를 실현하기 위해 시행되고 있음에도 불구하고, 이 논의 과정 속에 행정학자들은 찾아보기 어렵다. 향후 사회적 가치 논의는 헌법적 가치에 대한 논의로 더욱 확대될 것이며, 이를 설명하기 위한 수단으로 '공익', '공공가치'라는 개념이 계속해서 사용될 것이다.

경영학은 사회적 가치를 측정하기 위한 지표와 방법론을 개발하면서 사회적 가치 논의를 공공가치와 헌법적 가치의 영역까지 확장시키는데 기여하였다. 이제는 국가 차원과 초국가 차원으로 확대된 사회적 가치의 개념을 행정학에서 중요한 연구주제로 하여 보다 심도 있게 논의해야 하지 않을까. 사회적 가치 개념을 탐구하는 과정에는 밀의 목적론에서 공공성의 기본가치로 언급된 공공성, 인권, 평등, 안전 등과 같은 개념을 어떻게 구체화하고 검증할 것인지의 여정이 필요하다. 이렇게 보면 사회적 가치를 탐구하는 여정은 공공가치를 탐구하는 여정과 크게 다르지 않아 보인다. 두 개념 모두 학문적인 합의가 이루어지지 않았고, 더 많은 논의와 탐구가 필요하기에 향후 다양한 공론장이 열리고 지혜를 모으는 노력이 이어지기를 바란다.

참고문헌

고용노동부. (2021). 2021년도 사회적가치지표(SVI) 활용 매뉴얼.

남궁근. (2019). 사회적 가치 실현을 위한 성과 거버넌스: 문재인 정부 국정과제의 성과 평가를 중심으로. 한국행정연구, 28(3), 35-71.

배종대. (2018). 사회적 가치란 무엇이며 어떻게 측정할 것인가?. (한국인사조직학회 편), 기업의 미래를 여는 사회가치경영. 서울: 클라우드나인.

박명규. (2018). 사회적 가치의 다차원적 구조. (박명규, 이재열 편), 사회적 가치와 사회 혁신: 지속가능한 상생공동체를 위하여. 파주: 한울아카데미.

라준영. (2018). 기업활동의 사회적 가치 측정 (박명규, 이재열 편), 사회적 가치와 사회 혁신: 지속가능한 상생공동체를 위하여. 파주: 한울아카데미.

이은선. (2021). 사회적 가치 입법화 기초연구(III) - 국가통계기반 사회적 가치 평가지표 연구①, 한국법제연구원.

이은선·최유경. (2021). ESG 공시(公示) 의 제도화를 위한 관련 개념의 정리와 이해. 법학논집, 26(1), 121-156.

이일청. (2020). 사회적 가치 정량화: 이슈와 쟁점. 유엔사회개발연구소(UNRISD) 세미나 자료집.

행정안전부. (2020). 2021년('20년 실적) 지방자치단체 합동평가 지표매뉴얼.

Berle, A. A. (1932). For whom corporate managers are trustees: a note. Harvard law review, 45(8), 1365-1372.

Dodd Jr, E. M. (1934). Is effective enforcement of the fiduciary duties of corporate managers practicable. U. chi. l. Rev., 2, 194.

Godin, B., & Doré, C. (2005). Measuring the impacts of science: Beyond the economic dimension. Helsinki Institute for Science and Technology Studies.

제 **4** 부

성
과

제 1 장

대한민국 '성과주의'의 재발견[1]

구민교(서울대학교 행정대학원 교수)

I. 들어가는 말

대한민국에 성과주의가 본격적으로 도입된 것이 1997년 외환위기 직후이니 어느덧 사반세기가 흘렀다. 성과급, 성과연봉제, 성과주의 등의 용어가 폭넓게 사용되고 있지만, 아직도 공공부문에서는 뿌리를 내리지 못하고 있다. 과연 '성과주의'는 '성과'가 있었는가?

2023년 여름 수도권 폭우 사태, 포항 지하 주차장 침수사태, 이태원 참사 등 각종 안전사고와 더불어 부동산정책의 실패, 코로나 이후 내수 회복 지연, 물가 폭등, 실업률 증가 등 경제지표도 불안하다. 북한의 미사일 도발, 핵 위협 증가, 미중 패권 경쟁에 따른 지정학 리스크의 증가 속에서 최근 몇 년간 외교·국방·안보 정책이 표

---

1 이 글은 필자의 신문 기고 칼럼, 미발표 논평 등을 바탕으로 필자의 견해를 재구성한 것임을 밝힌다. 에세이 형식의 특성상 참고문헌은 따로 표기하지 않았다.

류했다는 것이 정설이다. 문재인 정권 5년 동안 공무원만 13만 명이 늘었고 인건비는 9조 원이 증가했다는데 정부는 도대체 어디에 있는가? 코로나19 상황에서 경험한 정부의 비대화도 문제이지만, 정작 정부의 정책이 필요한 곳에 없다는 목소리도 커지고 있다. 이 모양으로 격동의 시대에 대한민국이 글로벌 무한경쟁에서 살아남겠냐는 지적은 더 뼈아프다. 시쳇말로 '방만한 자'(방향만 맞는 자)도 '거만한 자'(거리만 맞는 자)도 아니라는 비판이다. 과거 '한강의 기적'으로 일컬어지던 대한민국 '성과주의'에 무슨 일이 생긴 걸까?

한 조직의 행동은 '귀결성 논리'(logic of consequences)와 '적절성 논리'(logic of appropriateness)로 설명할 수 있다. 귀결성은 "결과로 말한다"는 것이고, 적절성은 "절차적 정당성과 과정이 중요하다"는 것이다. "검든 희든 고양이는 쥐만 잘 잡으면 된다"라는 덩샤오핑 (Dung Xiaoping)의 흑묘백묘론(黑猫白猫論)이 전자의 예라면, "악법도 법이다"라며 독배를 들이켠 것으로 (잘못) 알려진 소크라테스 (Socrates)는 후자에 속한다. 대체로 격동의 시기에는 귀결성 논리가, 안정된 시기에는 적절성 논리가 많이 요구된다. 고약한 것은 두 논리 사이의 갈등이 갈수록 커진다는 사실이다. 요즘 세상의 적절성 논리로 보면 덩샤오핑은 흑백 인종차별주의자요 동물권 침해자다. 플라톤(Plato)이 남긴 <소크라테스의 변명>에 따르면, 그의 스승이 의도한 바는 자신을 모함하는 이들에게 목숨을 구걸하지 않는 당당함이었다. 하지만 귀결성 논리로만 보면 소크라테스는 분명 생명 존중 사상이 부족했다.

나라 안팎으로 귀결성 논리가 중요한 격동의 시대다. 그런데 우리 주위를 둘러보면 적절성 논리가 압도적이다. 결과보다는 '규정 준수'와 '정치적 올바름'(political correctness)에 대한 요구가 넘쳐난다. 국회에서 벌어지는 대정부 질문을 봐도 그렇고, 대통령의 해외 순방을 두고 벌어진 여야 간 설전도 그렇다. 누구도 '결과'에는 관심이 없는 것으로 보인다. 그저 일하는 과정에서 생긴 작은 실수만 서로 집요하게 파고든다. 대한민국 정부에 쏟아지는 비판과 비난도 이런 시대상을 반영한다. 공직사회에서 "일하지 않으면 규정을 위반할 일도 없다"라는 자조의 목소리가 흘러나온 지 오래다. 규정과 절차에 대한 과도한 집착이 늘 선한 결과를 가져온다면 좋으련만, 적절성과 귀결성의 논리 사이에서 균형을 잡아주는 '비례성의 원칙'이 사라지니 복지부동만 남았다. 지난여름 태풍으로 물바다가 된 포항에서 고립된 주민 구출을 위해 출동한 해병 장갑차 부대장에게 '규정'을 어기고 부대를 이탈한 것 아니냐는 비난이 나오지 않은 것이 천만다행일 정도다.

정부는 "국민의 안전과 재산을 지키는 것은 국가의 무한 책임"이라는 정치적 수사 외에도 구체적 성과로 말해야 한다. 국가의 책임성이 '방향'이라면 성과는 '거리'이다. 굳이 고르라면 '방향'이 더 중요하지만, 거리와 방향 모두 맞아야 '세계 일류'다. 시시콜콜한 규제로 민간은 물론 공공부문 스스로를 묶어 놓고 그걸 어기면 서로 모욕을 주면서도 세계 최고가 되라는 주문은 검은 고양이와 흰 고양이 모두 웃을 일이다.

이 글은 대한민국 공공부문에서 '성과주의의 성과'를 가로막는 요인에 주목한다. 대한민국 성과주의가 직면한 적절성과 귀결성 논리 사이에서의 혼란, 정책의 방향과 거리 차원에서 혼란을 (1) 공화주의에 대한 몰이해와 그에 따른 권력 사유화, (2) 공무원의 정치적 중립에 대한 오해, (3) 잦은 정부조직 개편의 폐해, (4) 의사결정의 오류, (5) 일 중심 – 사람 중심 관점에서 해부한다. 결론적으로 이러한 폐해와 한계를 극복하고 진정한 '성과주의'와 '귀결성 논리'를 재발견하기 위한 대안으로 '옥토퍼스 전략'을 제시한다.

II. 공화주의에 대한 몰이해와 그에 따른 권력 사유화

정책의 실패는 동서고금과 좌우를 막론한 현상이지만 최근 들어 두드러져 보이는 것은 거시적 차원에서 공화주의에 대한 몰이해와 그에 따른 미시적 차원에서의 '권력 사유화' 때문이다. 2016년 가을 어느 날, 문화예술인 블랙리스트에 올랐던 한 방송인이 촛불 광장에 나섰다. "여러분, 대한민국은 민주공화국입니다. 공화국이 뭔지 아십니까? 함께 공(共), 벼 화(禾)와 입 구(口)를 합친 화할 화(和), 즉 쌀을 입으로 함께 나누어 먹는 겁니다!" 광장에 모인 군중은 환호했다. 문재인 정부는 출범 직후부터 '쌀을 함께 나누어 먹는 일'에 몰두했다. 소득주도성장, 최저임금제, 주52시간제 논란이 그랬다. 코로나 상황에서 재난지원금을 쪼개어 나누어 주는 일이 빈번하더니 기본소득 논란이 등장했다. 각종 부동산 정책은 가히 재난에 가까웠다.

이들 정책 실패의 공통점은 정책의 이데올로기화 외에도 그 이면에 권력 사유화 현상이 도사리고 있다는 점이다. 권력 사유화는 '다수결＝민주주의'라는 단순 도식에 기초한, 민주주의에 대한 오해를 먹고 산다. '공화주의＝왕조 타파'라는 몰이해의 폐해는 더 심각하다. 우리 헌법이 공화주의를 함께 공(共)을 써 공화주의(共和主義)로 푼 것도 한 원인이다. 공화주의(republicanism)의 어원은 라틴어의 *res publica*, 즉 공중에 관한 일(public affairs)이다. 공무원(public servant)을 공평할 공(公)을 써 공무원(公務員)이라고 하는 것과 같이 공화주의(公和主義)로 풀었어야 맞다. 대한민국의 영문 국호는

'Republic of Korea'다. '한국 코뮌'(Korea Commune)이 아니다.

권력 사유화는 민주공화정에 대한 몰이해에서 비롯된다. 내 재산이 소중한 것만큼 남의 재산을 소중히 여기는 이들은 헤프게 납세자의 돈을 축내지 않는다. 권력 사유화의 무기는 선동이다. 선동이 잘 먹혀들게 하려면 국민의 마음속에 숨어 있는 열망, 시기와 질투, 분노에 불을 붙여야 한다. 가장 기본적 욕구 중 하나인 내 집 마련한 이들을 적폐로 몰아세운 뒤 정작 자신들의 부동산 투기는 정당한 사유재산권 행사로 항변하는 것도 권력 사유화의 파생상품이다. '법의 지배'(rule of law)보다 '법에 의한 지배'(rule by law)를 선호하는 법기술자들이다.

그 피해자인 유권자 문제도 다시 짚어보자. 민주화 이후 30년이 넘었는데도 한국의 정치는 여전히 '제왕적 대통령제'에 머물러 있다. 공화주의를 제대로 이해하지 못하는 최고 권력자가 물고기라면 '잘되면 내 탓, 잘 안되면 나라 탓, 대통령 탓'이라는 왜곡된 유권자의 인식은 연못이다. 유권자 스스로 져야 할 책임도 대통령에게 전가하고 스스로에게는 면죄부를 주면 법치(法治)는 무너지고 봉건적 인치(人治)로 흐를 수밖에 없다. 우리 미래 세대가 누릴 자유민주주의를 위협하는 '내로남불형(型) 권력의 사유화'가 내밀 청구서는 '내 문제'가 아니라는 착각에서 유권자들이 속히 빠져나와야 한다.

자유민주주의의 싹을 자르고 공화주의의 뿌리를 갉아 먹는 원인은 공익의 탈을 쓴 사익 추구행위다. 가장 큰 책임은 공직자(公職者)들에게 있지만 유권자도 공동(共同)의 책임이 있다. 키케로는 공중(公衆)을 아무렇게나 모인 일군의 사람들이 아니라 정의와 공동체의 이익을 인정하고 이에 동의한 사람들의 모임으로 정의했다. 권력 사유화 극복은 우리 안의 일그러진 욕망을 물리치는 공중이 행사하는 한 표에서 시작된다.

III. 공무원의 정치적 중립에 대한 오해

요즘 대한민국에서는 '정치'라는 단어의 내포가 그 어느 때보다 나쁘다. 인간사에서 정치를 빼놓을 수 없음에도 '폴리페서'나 정치인은 잘해야 3류, 정치학자는 2류로 취급한다. 흔히 쓰는 '정치화', '정치공학' 모두 냉소적 표현이다. 인간을 '정치적 동물'로 정의하고 평생 바람직한 정치체제를 탐구한 아리스토텔레스(Aristotle)나 정치학의 고전인 <군주론>의 저자지만 공과 사를 명확히 구분 짓지 않은 탓에 음모론을 정치학 반열에 올려놓은 마키아벨리(Marchiavelli)도 억울하긴 마찬가지일 거다. "정치는 사회적 가치의 권위적 배분"이라는 데이비드 이스턴(David Easton)의 정의는 위안이 된다.

정치 · 행정 · 정책학자에게 가치중립성만큼이나 논란이 되는 개념이 공무원의 정치적 중립성이다. 우리 헌법은 공무원의 국민에 대한 봉사와 책임을 요구함과 동시에 그 신분과 정치적 중립을 보장한다. 하지만 제아무리 공무원인들 생존경쟁이 투영된 가치의 배분 과정에서 필연적으로 따르는 정치적 편향으로부터 자유로울 수 있겠는가. 사회적 엔트로피의 증가에 따라 누구도 부, 정의, 자유, 평등과 같은 사회 · 경제적 가치를 독점하기 어려운 백가쟁명 시대에는 더 그러하다.

대한민국이 산업화를 넘어 민주화로 이행하는 과정에서 공무원은 경제와 정치시장의 조력자로 배가 흔들릴 때마다 균형을 잡아주는 평형수와 같은 역할을 해왔다. 그런 공무원이 정치의 소용돌이에 휘말리는 일이 잦아졌다. 선거 민주주의가 뿌리내리면서 선출되지 않은 권력인 공무원은 선출된 권력의 민주적 통제를 받는 것이 당연시된다. 공무원의 정치적 중립은 점점 '보장'이 아닌 '의무'로 읽힌다. 집권 세력이 시키는 대로 하지 않는 직업 공무원은 "감당할 수 있겠나", "너 죽을래", "배를 째 드릴까요"라는 모욕을 수시로 참아야 한다.

탈원전 정책이나 서해 공무원 피살사건 등 최근 논란에서도 드러났듯이 공무원의 대응 전략은 두 가지다. 집권 세력의 요구를 잘 수행하는 이는 정권이 바뀌기 전까지는 승승장구한다. 그 신분이 헌법으로 보장된다고는 하나 좌천의 두려움만큼이나 승진의 유혹으로부터 자유로운 관료는 드물다. 하지만 생계형 '직업' 공무원은 중립성을 명분으로 복지부동을 택한다. 사명감으로 가득 찬 집권 세력에 이는 난적이다. "관료를 장악하지 않으면 결국 관료에게 밀려 아무것도 못 한다"는 권력의 조바심에 애먼 공무원이 희생되기도 한다. 정치의 과잉 시대에 복원력을 상실한 중립성은 내로남불 당파성의 손쉬운 타깃이다.

배가 좌로 기울면 균형을 잡기 위해 우로, 우로 기울면 좌로 움직여야 하는 것처럼 공무원이 국민에 대한 책임을 다하기 위해서는 정태적이고 기계적인 중립성에서 벗어나야 한다. 하지만 '정치운동'과 '정치관여'를 포괄적으로 금지한 현행 국가공무원법은 특정 정당 또는 특정인을 지지 또는 반대하기 위한 행위와 더불어 '집단적인 정치적 의사표현'도 금지한다. 헌법질서 수호와 유지를 위한 정치적 의사표현까지 금지하는 것은 지나치다는 소수의견도 있지만 헌법재판소는 "정치적 중립성 훼손으로 공무의 공정성과 객관성에 대한 신뢰를 저하할 수 있기 때문"에 이를 합헌이라고 본다. 문제는 정치화가 아닌 사유화다. 공무원은 사유화한 권력이 아닌 국민 전체에 대한 봉사자다.

아론 윌다브스키(Aaron Wildavsky)는 <Speaking Truth to Power>에서 '절대권력자에게 직언하기', 더 나아가 '주권자인 국민에게 진실을 말해주기'가 공무원의 사명임을 역설한다. 공무원을 '하지 말아야 할 일'에 가두는 데 그칠 것이 아니라 헌법 수호와 유지를 위해 꼭 해야 할 일을 할 수 있도록 정치적 중립의 의미를 확장해야 한다. 쟁의행위나 팬덤 정치에 휩쓸리는 게 아니라면 권력에 대한 견제와 균형 장치로서 공무원의 단결할 권리, 단체교섭권, 기타 단체행동을 할 권리는 허용돼야 한다.

IV. 잦은 정부조직 개편의 폐해

대한민국 정부에는 공공연한 비밀이 하나 더 있다. 5년마다 조직 개편의 장이 선다는 것이다. 선거캠프 안팎에서 어디를 얼마나 쪼개고 합칠 것인지를 놓고 치열한 흥정이 벌어지기 때문이다. 2023년 3월 대통령선거 이후로 여성가족부 폐지만 기정사실화되었지만, 주변 부처의 마음도 편치는 않을 것이다.

삼안오불(三安五不) 칠전구기(七戰九氣). 필자의 창작이지만 일단 각 부처의 명칭에 실마리가 있다. 교육부, 국방부, 법무부, 외교부, 통일부, 환경부 등 세 자 부처는 안심이다. 여성가족부를 비롯해 고용노동부, 국토교통부, 기획재정부, 보건복지부, 해양수산부, 행정안전부 등 한 지붕 두 가족을 이룬 다섯 자 부처는 불안하다. 산업통상자원부와 중소벤처기업부와 같이 일곱 자인 부처는 말 그대로 전전긍긍이다. 농림축산식품부와 문화체육관광부도 한 지붕 세 가족이다. 인공지능과 빅데이터로 주목받아온 과학기술정보통신부도 그

긴 이름이 데스노트에 올랐다는 소문이 계속 나돈다. 1948년 정부 수립 이후 한 번도 이름이 바뀌지 않은 곳은 국방부와 법무부뿐이다.

OECD나 G20 국가 중 우리처럼 자주 정부조직을 개편한 예를 찾기 어렵다. 민주화 이후 김영삼 정부 때부터 이런 현상이 두드러진다. 산업통상자원부는 1948년 상공부 설립 이후 지금까지 여섯 번이름이 바뀌었다. 1993년 이후에만 다섯 번인데, 특히 '통상' 기능을붙였다 떼기를 반복했다. 과학기술과 정보통신기술도 사정이 비슷하다. 직업공무원은 대부분 정년퇴직 이전에 적게는 한 번, 많게는서너 번의 조직개편을 경험한다. 부처 이름이 바뀐다고 해당 기관공무원이 해고당하는 것도 아닌데 무슨 상관이냐고 할 수도 있다.하지만 당사자들은 정체성 혼란 속에 큰 무력감에 빠진다고 한다.거대 통합부처는 의욕도 잠시, 정권이 바뀌면 다시 쪼개질까 두렵다. 축소된 부처는 5년 동안 절치부심과 와신상담을 한다.

대한민국 정부조직 개편은 부처 간 제로섬게임이다. 이는 5년 단임제와 무관하지 않다. 상대적으로 짧은 임기 중에 뭔가 업적을 만들어야 한다는 사명감에 가득 찬 대통령과 집권여당 출신 '어공'(어쩌다 공무원)은 '늘공'(늘 공무원)인 관료의 도움 없이는 제대로 정책을 수행할 수 없다. 대대적인 조직개편은 어공이 늘공을 단숨에 길들이고 장악하는 방법이다. 선출직 공무원의 가장 큰 무기인 '민주적 정당성'을 내세워 직업공무원제를 줄 세우고 '충격과 공포'(shock and awe)에 빠뜨려 압박한다. 이를 바라보는 국민은 이번엔 뭔가 좀바뀔 거라는 환상에 빠진다.

부처 명칭을 바꾸고 기능을 조정함으로써 복잡하게 얽히고설킨갈등의 실타래를 일거에 풀 수 있다면 얼마나 좋겠는가. 하지만 21세기 대한민국이 안고 있는 정책문제는 대부분 그리 간단치 않다.

분위기 쇄신용 정부 조직개편은 공직사회가 일하는 방식에 부정적 영향만 끼친다. 처음부터 완벽한 조직과 정책은 없다. 실패를 거듭하면서 진화한다. 잦은 조직개편은 정치적 책임을 전가하는 데는 유용할지 몰라도 조직과 정책의 실패를 통해 스스로 배울 수 있는 기회를 박탈한다. 부처 간 선의의 경쟁과 조정보다 복지부동, 조직몰입보다 무사안일을 부추긴다. 그래서 또 '컨트롤 타워' 조직을 만들어보지만 결국 옥상옥에 그친다.

정부가 하지 말아야 할 일을 굳이 하고 있다면 그 조직은 폐지하는 것이 맞다. 반대로 꼭 해야 하는 일을 안 하고 있다면 새 조직을 만들어서라도 해야 한다. 주요국 정부도 끊임없이 정부 부처의 기능을 평가하고 조정한다. 하지만 레고 블록 맞추듯 이리 떼서 저리 붙이는 보여주기식은 곤란하다.

V. 거시문제에 대한 미시해법의 치명적 유혹

정부조직 개편과 더불어 5년에 한 번 정권이 바뀔 때마다 산적한 정책문제를 두고 백가쟁명식 진단과 해법이 쏟아진다. 그중에는 정답도 있고 오답도 있을 것이다. 이론상 정답과 오답 사이에서 충분한 학습이 이루어지면 학업 성취도가 높아지듯 정책 완성도가 높아진다. 현실이 꼭 그렇지만은 않은 이유는 소위 '번지수가 틀린 해법'이 판을 치기 때문이다. 대개 과도한 정치 논리가 원인이다.

어떤 정책문제가 있고 그것을 해결하려는 목표가 설정되면 그에 맞는 적절한 정책수단을 찾아야 한다. 이 목표에는 꼭 저 수단을 써야 한다는 공식이 있는 것은 아니지만 목표와 수단이 단위, 수준, 유형 차원에서 일치하는 것이 좋다. 거시문제와 미시문제를 예로 들어보자. 실업, 인플레이션, 가계부채, 지역불균형 등은 거시적이고 구조적인 문제다. 개별 소비자나 생산자가 매일 시장에서 직면하는 문제는 미시적이고 행태적인 영역에 속한다. 개중에는 정형화한 문제도 있겠고 비정형적 문제도 있을 것이다. 호미로 막을 것을 가래로 막아서도 안 되지만 가래로 막을 것을 호미로 막을 수는 없다. 더욱이 요즘 세상은 무수한 이해관계가 얽히고설킨 문제를 쾌도난마(快刀亂麻) 하기도 어렵다.

정부의 정책은 미시와 거시 영역에서 정답이 있거나 없는 문제 모두에 걸쳐 필요하다. 그런데 정치가 정부에 공평한 중재자나 심판의 역할을 넘어 직접 선수로 뛰거나 승부의 결과에 영향을 미치도록 강요하는 일이 잦아지면서 문제해결의 출구가 아닌 새로운 문제의 입구가 더 많이 열린다. 정답이 없는 문제를 답이 있다고 착각하는 것도 '정책 싱크홀'의 원인이다. 실업문제 해결을 위해 공공기관 또는 일부 민간기업에 고용을 떠넘기는 것이나 국토 균형발전을 명분으로 추진한 공공기관 지방 이전이 그렇다. 이들의 고용확대나 이전 또는 해체로 개발연대부터 켜켜이 쌓인 불균형과 불평등을 단칼에 해결하겠다는 그 달콤한 정치적 수사의 고지서는 우리가 지금 세금으로 치르고 있다.

2020년 국회의 문을 통과한 임대차3법이 언제 제 발로 되돌아 나올 수 있을지 알 수 없지만 실패에 실패를 거듭한 문제인 정부의 부동산정책도 목표—수단의 불일치에 그 원인이 있었다. 부동산 적폐를 청산하겠다는 신념과 자기연민만 있었지, 그 큰 문제의 본질에 대한 성찰은 보이지 않았다. 그렇게 밀어붙인 깨알 같은, 하지만 번지수 틀린 규제 때문에 올해 이사 철에도 얼마나 많은 세입자와 집주인이 혼란을 겪었던가.

여기저기서 쏟아지는 사회개혁 구호도 마찬가지다. 대량생산과 소비에 최적화한 경제·산업구조와 '일'이 아닌 '사람' 중심의 '계급제' 조직문화는 그대로 둔 채 레고 블록 놀이에만 빠져 있다. 이 부처를 떼서 저 부처에 갖다붙이고, 수시와 정시 전형 비율을 퍼센트 단위로 미세조정을 하고 몇몇 대학의 문을 닫거나 옮기기만 하면 양성평등, 소수자 보호, 교육개혁이 달성될 것이란 감언이설에 더는 현혹되지 말자.

시장이 실패하는 것 이상으로 정치와 행정도 실패한다. '하지 말아야 할 일을 하는' 1종 오류나 '해야 할 일을 하지 않는' 2종 오류도 문제지만 '엉뚱한 문제를 열심히 푸는' 3종 오류의 폐해는 더 심각하다. 풍차를 향해 비장하게 돌진하는 세르반테스의 돈키호테와 누가 고양이 목에 방울을 달지 아직도 고민하고 있을 이솝우화의 생쥐 사이에는 '멍부'(멍청하고 부지런한)라는 3종 오류의 그림자가 드리워져 있다. 하지만 참을 수 없는 우리식 정치의 가벼움과 조급함을 조금만 내려놓으면 복잡한 거시문제에 대한 미시적 대증요법의 치명적 유혹만큼은 피할 수 있다. '칼레파 타 칼라'(Kalepa ta kala), 좋은 것은 하루아침에 이루어지지 않는다. 그리스 속담이자 '혁명적 허무주의의 대표작'이라는 비아냥을 감수해야 했던 이문열의 1985년 소설 제목이다.

VI. '일' 중심 대 '사람' 중심

요즘 많이 듣는 말이 이런저런 사고가 터져도 정부에서는 누구하나 제대로 책임지는 사람이 없다는 것이다. 필자가 보기에는 '일'하는 '사람'이 없기 때문이다. 대한민국 관료제는 이제 '사람' 중심에서 벗어나 '일' 중심으로 바뀌어야 한다. 시대의 흐름에 역행하는 말로 들릴지 모른다. 하지만 우리 사회와 노동시장이 1997년 외환위기 이후 정규직-비정규직 논란에서 한 발짝도 나아가지 못하는 이유도 거기에 있다.

정규직은 공채제도를, 비정규직은 단기 계약제를 근간으로 한다. 현실 세계에서는 '사람'과 '일'이 섞여 있기 마련이지만, 이론적으로 공채제도는 '사람' 중심, 계약직은 '일' 중심이다. 전자는 한 사람이 선발되어 입직하면 대개 정년이 보장되고 초임 시절부터 다양한 업무 경험을 통해 중견 관리자로, 더 나아가 경영진으로 성장하는 경로를 밟는다. 후자는 계약 기간 동안 특정한 업무를 도맡아 하다가 용도 폐기되거나 운이 좋으면 무기계약직으로 전환된다. 그래도 대개는 최초에 본인이 맡았던 일의 범위를 벗어나지 못한다. 당신은 그 '일'이나 하라는 게 묵시적 합의이다. 당연히 '일'은 무시되고 '사람'과 '자리'가 중시된다. 정규직과 비정규직의 담벼락은 점점 더 높아지고, 일과 사람 구분이 없던 일터에도 어느새 편견과 질시가 들어찬다.

학계에서는 '사람' 중심의 '계급제'를 공고히 해 인사관리 체제를 질식시키는 '고시제도'를 개편하고 '일' 중심의 (직무 분석에 기초한) '직위분류제'를 도입해야 한다는 얘기가 소위 쌍팔년도부터 있었다. 그간 부분적으로나마 민경채(민간경력자 일괄채용), 고공단(고위공무원단) 제도 등이 도입되었으나 사람 중심의 계급제는 여전히 공고하다. 지난 2010년 행정고시 제도를 대대적으로 개편하려는 시도도 있었지만 모 장관 딸 특혜 채용 파동으로 백지화되었다. 당시의 논란을 보더라도 '공직 대물림', '현대판 음서제도' 등 비판의 중심은 '일'이 아닌 '사람'이었다. 현직 장관과의 '관계'만 물었지, 과연 그

당사자가 외국어 능력과 협상력 등 '일'하는 능력에는 아무도 관심이 없었다. 그렇게 '사람' 중심의 계급제 고시제도는 더욱 공고화되었다.

최근에도 계속되는 유력자 자녀의 호화 스펙 쌓기 논란, 소위 '아빠 찬스' 의혹 논란 속에서 대한민국 정부 수립 이후 가장 '공정한' 공채제도로 그 제도적 원형을 변치 않고 유지해온 '고시제도'의 개편 논의의 시작은 난망할 따름이다. '어공'은 '늘공'을 이길 수 없다. 계급제가 전혀 장점이 없다는 말은 아니다. 하지만, 시대정신에는 맞지 않는다. 더욱이 많은 것이 불확실하고 유동적인 격동의 시대에는 더 그렇다.

다른 OECD 국가 중에서는 공직자가 기관장을 하다가 내려와 그 아래 직급의 일을 수행해도 흠이 되지 않는 사례가 드물지 않다. 그 아래 직급에서 수행하는 '직무'가 그 조직에 필수적인 일이라면 더욱 그렇다. 대한민국 사회에서는 상상하기 힘들다. 조직의 장을 하다가 부서장이나 평직원을 하느니 차라리 이민을 가는 게 낫다고 생각하는 이들이 대부분이다.

공채 중심의 공공기관도 마찬가지다. 지난 문재인 정부는 비정규직 차별 관행과 임금격차를 해소하여 일자리의 질을 제고하기 위해 공공부문 비정규직 제로 정책을 추진했지만 오히려 노동시장을 왜곡했다는 평가를 받는다. 정부가 가이드라인을 정하고 실태조사를 한 후 단계별로 공공기관 비정규직 근로자의 정규직 전환을 시행한 결과 1단계 공공기관에서 97%의 전환 실적이 달성되었음에도 그 구체적 성과 달성 여부는 의문이다. 2021년 한 해 동안 공공기관 청년 신규 채용은 감소했고, 비정규직 근로자는 800만 명을 돌파했다.

문제를 본격적으로 풀기에 앞서 하나는 명심하자. 비정규직은 너

도나도 정규직이 되려 하고, 이미 정규직인 이들은 정의와 공정을 내세워 반대하고, 잠재적 구직자들도 똑같이 나뉘어 싸우는 이러한 현실은 과연 누구의 책임일까? 정부? 고용주? 노동자? 아니면 우리 모두?

VII. 맺는 말

'문어의 꿈'(안예은 작사, 작곡, 노래)이라는 노래가 있다. 초등학생은 물론 유치원생에게도 인기가 많다. "춥고 어둡고 차갑고 외롭고 때로는 무섭기도 한 깊은 바닷속"은 어른들이 처한 막막한 현실의 동요적 은유다. "꿈속에서는 무엇이든 될 수 있는" 문어의 오색찬란한 매력에서 대한민국 성과주의의 갈 길을 찾아보자.

대한민국에서 문어란 '대기업의 문어발식 확장'이라는 부정적 프레임에 갇혀 있거나 고작해야 술안주로 인식된다. 하지만 나라 밖에서 그 위상은 꽤 높다. 2010년 남아공 월드컵에서 높은 예언 적중률로 독일의 점쟁이 문어 '파울'이 스타로 대접받았다. 2018년 러시아 월드컵에서는 일본 문어 '루비오'가 일본의 16강 진출을 예언해 한때 인기 반열에 올랐지만 결국 식용으로 팔렸다. 그 때문에 이후 일본 축구가 맥을 못 춘다는 소문도 돌았다.

<굉장한 것들의 세계>의 저자 매튜 D. 러플랜트(Matthew D. LaPlante)에 따르면 문어의 뇌는 척추동물과 같은 해부학적 특징이 없고 대개의 뉴런이 머리보다는 다리의 무수한 촉수에 걸쳐 분포한다. 하지만 몸의 크기에 비해 조류와 포유류를 제외한 모든 동물보다 더 큰 뇌를 가지고 있어 매우 지능적이다. 도구 사용을 통한 문제 해결 등 고차원 인지행동을 할 수 있으며 먹이를 얻기 위해 항아

리 뚜껑을 여는 방법을 스스로 터득하기도 한다. 새로운 환경에 적응하고 모방하는 능력도 뛰어나다.

문어의 지능이 작동하는 방식의 핵심은 '연계(connect)'와 '분산 (distribute)'이다. 문어의 중심 뇌가 명령을 내리면 각 촉수는 그에 따라, 하지만 독립적이고 분산적으로 문제를 해결한다. 수백만 년에 걸쳐 문어에게 가해진 진화의 압력이 작용한 결과 분산된 지능의 문제 해결 신경망이 만들어진 것이다. 2018년 평창동계올림픽 개회식에서 첫선을 보인 이후 진화를 거듭해온 군집 드론 쇼도 분산형 연계 지능을 활용한 것이다.

연체동물 문어로부터 배우는 게 만물의 영장인 인간에게 자존심 상하는 일이겠지만 불치하문(不恥下問)이라고 했다. '문어 전략'이라고 하면 편견이 생기니 '옥토퍼스(octopus) 전략'이라고 하자. 이 전략은 수많은 불확실성과 위험을 해결해야 하는 국가의 정책 과정에도 응용할 수 있다. 특히 '다양성 안의 통일성(unity in diversity)', '통일성 안의 다양성(diversity in unity)'을 확보해야 하는 뉴노멀 시대에 꼭 필요한 것이 연계와 분산(C&D)의 전략이다.

옥토퍼스 전략은 대통령만 바라보는 '소용돌이의 한국 정치'(Korean politics of vortex) 폐해를 극복할 수 있는 실마리도 제공한다. 무슨 일이 터질 때마다 나오는 대통령 책임, 컨트롤 타워 부재 논리에 빠지지 말고 정부와 민간이 각자의 전문성과 책임 아래 관련 정책을 추진할 수 있도록 분산된 지능의 문제 해결 정책 네트워크를 구축하면 된다. '활동과 수행 주체의 다각화'를 국가 운영의 수단적 목표로 삼고, 민간과 정부의 수많은 촉수가 국가의 전략과 비전에 직접 연결돼 있으면서도 하나하나가 독립적으로 활동하는 '혁신의 가지'(branch of innovation)로 기능할 수 있도록 하자는 것이다. "무엇이든 될 수 있는" 팔색조 문어의 연계와 분산 전략을 활용한다면 어린이들의 꿈뿐만 아니라 어른들의 꿈도 이룰 수 있지 않을까?

제 2 장

뉴노멀시대 공공부분 성과관리 재설계를 위한 소고(小考): 동적 성과관리(Dynamic Performance Management) 고찰

박형준(성균관대 행정학과 · 국정전문대학원 교수)

I. 저성장 시대의 지속적 성장에 바탕을 둔 성과관리 제도의 한계

2022년 초 코로나19 팬데믹으로 사회적 거리두기가 확산되면서 출현한 언택트 사회는 4차 산업혁명의 핵심인 ICT 기반 기술발전이 초래한 산업과 생활생태계의 변화를 새로운 '노멀'로 만들었다. 또한 기후변화를 극복하기 위한 신재생에너지 확산과, 성장사회에서 지속가능사회로의 전환에 따른 저성장 사회 또한 뉴노멀1로 자리잡았다.

---

1 뉴노멀(New Normal)은 새로운 환경변화에 따라 새롭게 부상하는 표준이라는 포괄적 의미로 사용되고 있다. 일반적으로 이러한 과거와 다른 새로운 변화가 고착화되어 일상화되는 것을 말한다.

특히 우리가 주목할 점은 저성장의 지속이다. 우리나라는 기본적으로 경제를 비롯한 모든 면에 있어서 성장과 발전지향의 국가전략을 기본으로 삼아왔다. 과거 지속적인 고도의 경제성장률을 기반으로 계속해서 자원을 투입하고, 전년 대비 더 높은 목표를 달성하는 형태로 우리의 모든 성과관리 제도가 설계되어 있다.

그림 1 경제성장률의 변화

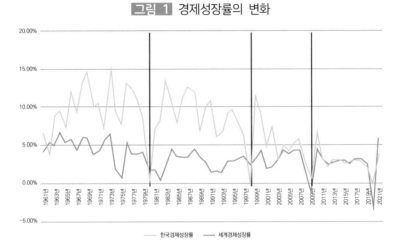

<그림 1>에서 보듯이 우리의 경제 성장률은 1979년 세계오일 쇼크로 인한 충격을 제외하고는 1998년 외환위기 전까지 7% 이상의 높은 수준을 유지하였다. 이후 다시 급속히 회복하였다가 2009년 글로벌 금융위기 이후 3% 내외로 하락하였으며, 과거 세계 경제성장률과는 차이를 보이며 높은 고도성장을 이루었지만, 2010년 들어서면서 세계 경제성장률과 같은 추세선을 따르고 있다. 더 이상 전년 대비 10%씩 경제가 성장하지 않기에 뉴노멀 하에서는 전년 대비 10% 이상의 목표를 설정하고, 이를 초과 달성하려는 성과관리 전략의 수립과 시행이 어려운 현실이 되었다.

정부 부분의 성과는 정부 재정투입으로 인한 원하는 목표의 달성을 의미하는데, 한국의 통합재정규모와 정부통합재정 증가율을 보았을 때 1970년 500억에서 2021년 517.8조로 1,000%의 증가세를 보였다(<그림 2>). 증가율만을 보았을 때는 과거 1970년대 통합재정 증가율은 30%대였다가, 80년대와 90년대를 거치면서 작은 정부를 지향하면서 그 증가세는 감소해왔다. 하지만 계속해서 10% 이상의 성장세를 보여왔다. 2000년 이후에는 10% 미만으로 증가했으나, 여전히 7% 선의 증가세를 2022년까지 이어오고 있다.

그림 2 정부 재정규모와 증가율의 변화

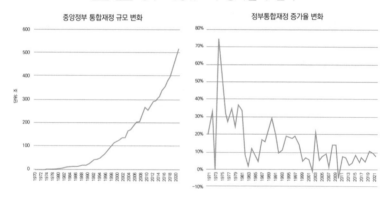

중앙정부 통합재정 규모 변화 / 정부통합재정 증가율 변화

하지만 앞서 보았듯 저하된 경제성장률과 재정규모 증가의 차이는 재정건전성의 악화를 가져왔다. 즉, 더 이상의 지속적인 정부재정 증대를 통한 정부와 공공기관의 산출물의 지속적 증대를 기대하기는 힘들 것이다. 하지만 여전히 우리의 많은 성과목표와 성과지표들이 현 상태의 지속이 아닌 증가를 바탕으로 구성되어 있으므로, 이에 대한 재설계가 필요한 시점이다. 현재 0%대의 저성장을 가정한다면 공공기관의 경영평가제도에서도 계량지표의 도전성을 중요

제4부 성 과

한 평가지표로 삼고 있다, 계량지표가 도전적이기 위해서는 목표부여(편차) 방식으로 기준치의 120%대나 기준치의 2 표준편차만큼의 성장을 요구하는 것[2]은 현실적으로 무리 일 수밖에 없다.

예를 들면 A라는 공공기관의 주요 사업의 목표부여 편차방식의 성과지표가 어느 정도로 매년 성과가 증대했는지 <그림 3>을 보면 알 수 있다.

그림 3 계량지표 실적의 변화

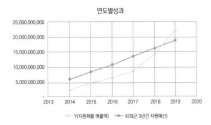

---

2 2021 공공기관 경영평가 편람에 따르면 목표부여 방법은 최고목표와 최저목표를 정의하는 방법에 따라 일반적인목표부여 방법(기준치에 일정비율을 곱하여 계산하는 방법)과 목표부여(편차) 방법(기준치에 과거 일정기간의 표준편차를 가감하는 방법)으로 구분된다. 기준치는 편람에서 별도로 정하지 않는 한 상향지표는 직전년도 실적치와 직전 3개년 평균 실적치 중 최대값으로 하고 하향지표는 최소값으로 한다. 단 동일한 회계기준에 의한 3개년 실적치가 없는 경우 2개년 실적치에 의한다. 목표부여 방법에서는 지표의 특성에 따라 상향목표의 경우 최고목표는 기준치×110%, 최저목표는 기준치×80%로 계산하고, 하향목표의 경우 최고목표는 기준치×90%, 최저목표는 기준치×120%로 계산한다. 다만, 주요사업인 경우 상향목표의 최고목표는 기준치×120%로 적용하고, 하향목표의 최고목표는 기준치×80%로 적용한다. 기관들이 가장 목표달성을 어려워 하는 목표부여(편차) 방법에서는 상향목표의 경우 최고목표는 기준치+1×표준편차(과거 5개년), 최저목표는 기준치-2×표준편차(과거 5개년)로 계산하고, 하향목표의 경우 최고목표는 기준치-1×표준편차(과거 5개년), 최저목표는 기준치+2×표준편차(과거 5개년)로 계산한다. 다만 주요사업의 경우 상향목표의 최고목표는 기준치+2×표준편차(과거 5개년)로 적용하고, 하향목표의 최고목표는 기준치-2×표준편차(과거 5개년)로 적용한다. 단, 동일한 회계기준에 의한 5개년 실적치가 없는 경우 동일한 회계기준에 의한 3개년 또는 4개년 편차를 적용한다(기획재정부, 2021: 39-40)

본 지표는 기술사업화 성공 성과지표를 보면, 지표산식은 '사업화 제품 매출액/3년간 기술사업화 지원 사업비×100' 이다. 이는 기술 사업화 지원 사업비 대비 개발된 제품의 매출액 비율을 목표부여 편차방식에 따라 산정하여 기관의 기술사업화 지원사업을 통해 개 발된 제품의 사업화 성공 및 매출액 증대 성과를 측정하는 지표이 다. 즉 연구개발성과의 실용화를 통해 창출된 성과를 직접 측정할 수 있는 지표인데 <그림3>에서 보는 것처럼 사업화 매출액은 연 평균 57%의 증가율로 지속적으로 증가하였고, 3년간 기술화 지원 사업비는 연평균 26.1% 증가율로 증가하였다. 2편차 방식으로 올해 최고 목표치가 118.417로서 전년대비 20%이상의 증가를 기록해야 하는 것이다. 이는 현재의 경제성장 둔화와 정부재정의 감소추세에 따르면 달성하지 못하는 지표가 되는 것이다. 이러한 문제로 핵심성 과지표들이 달성에 한계에 다다르면 3년마다 기관들이 사업의 큰 변동이 없음에도 핵심성과지표의 교체를 시도하려는 모순을 가지므 로, 타당성 높은 기관의 핵심성과지표들이 지속적이고 안정적으로 운용될 수 있도록 현재의 성과지표 측정방식의 변화가 요구된다. 또 한 글로벌 실적비교를 통해 글로벌 최상위 수준을 목표로 하는 등 양적 성장 위주의 성과목표 달성은 이제는 재설계가 필요하다.

II. 수직적 성과관리의 한계와 지속가능한 성과달성을 위한 협 력적 성과관리와 동적 성과관리제도(Dynamic Performance Management, DPM)

성과관리시스템은 기본적으로 조직과 기관의 비전과 전략에 기초 하여 세부적인 목표와 활동 계획을 수립·시행하고 결과를 평가·환류하여 성과를 극대화하는 것이다. 우리의 성과관리 시스템은 전략적 성과관리에 근거하여 비전과 미션의 달성을 위해 각각의 전략목표를 선정하고 전략목표 아래 구체적 사업을 통해 달성할 수 있는 성과목표를 제시하고, 이 성과목표 달성 정도를 측정하는 성과지표로 제시되고 있다(조경훈·박형준, 2021).

실제 전략적 성과관리가 기대하는 이상적인 성과관리가 되기 위해서는 조직구성원이 자신이 수행하는 역할을 충실히 할 경우 자연스럽게 상위목표가 달성되고, 궁극적으로 조직과 기관의 비전과 미션을 달성하는 것이다. 하지만 현재의 문제는 이러한 성과관리 체계가 지나치게 수직적이고 분절적으로 이루어진다는 것이다. 조직과 기관의 궁극적 목표를 달성하기 위해서는 각 하위 성과목표 간에도 상호 영향을 주고 있어서 이에 대한 연계와 고려도 필요한데, 현재의 성과관리 체계에서는 탑다운(top−down)식 목표설정 구조로 이루어져 있으며, 바텀업(bottom−up)식 분절적 성과관리 지표설정 역시 상하로만의 고려만이 이루어진다.

실제로 성과지표 설정 시에 많은 경우 상위체계와의 정합성과 상위목표에 대한 대표성만을 이야기하지, 수평적 세부사업과 타 사업과의 성과목표와 관계 및 정합성은 고려되지 않고 있다(Bianchi et al., 2021). 특히 공공부분의 경우는 로직 모형에 근거한 성과지표들이 개별 사업별 단선적인 구조를 가지고 있다. 또한 실제 성과(outcome)로 나오기까지 시간지연이 발생하고 있으며, 지표들 간의 상호의존성을 반영하지 않는 경계에 갇힌 성과관리체계가 구축되어 원하는 성과를 달성하지 못하고 있다.

실제 공공부분은 다양한 사업들이 조직의 경계를 넘어 타 성과에 영향을 미치고, 이것이 시간이 지남에 따라 서로 영향을 주는 동적 복잡성(dynamic complexity)을 특징으로 한다. 그러나 이러한 동적 복잡성은 공공부분 성과관리 구현에 주요한 부정합성으로 오히려 더 나쁜 결과를 야기하기도 한다. 즉, 이전에 구현된 성과목표들이 의도하지 않은 부작용과 함께 단기 산출물과 장기적인 결과 사이에 불일치를 가져오는 것이다. 최근 많이 발생하는 사악한 문제(wicked problem)를 해결하려는 피상적인 시도가 결과적으로는 문제를 악화시키는 결과를 가져오는 것이다(Head and Alford, 2015).

<그림 4>가 이러한 불일치의 예시이다. A시 정부는 증대되는 도시 교통 혼잡을 완화하는 목표를 달성하기 위해서 도로, 고속도로, 주차장의 수용력을 증가시키기로 하고 이를 성과목표로 작성하였다. 관련 사업이 단기적으로는 효과가 있을 수 있지만 장기적으로는 더 많은 차들이 진입하여 도시 전체적으로 더 안 좋은 결과를 가져올 수 있다. 즉, 도시 기반 시설 용량의 개선은 더 많은 사람이 생

그림 4 교통 혼잡에 대응하기 위한 근시안적 사업과 관련된 동적 복잡성 루프

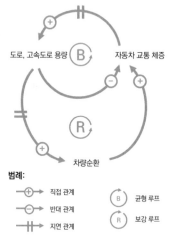

출처: Bianchi(2022: 413, Fig. 24.2)

태적으로 지속가능한 교통수단보다는 자가용을 이용하도록 장려할 것이고, 이것은 장기적으로 대기오염을 증가시키고, 도시의 삶의 질과 매력을 더욱 떨어뜨릴 수 있다. 이렇듯 제한적이고 수직적인 성과목표 선정방식인 정적인 접근법은 다른 이해관계자가 성과 시스템에 어떻게 영향을 미칠 수 있는지, 그리고 지연 후에 그들의 행동이 어떠한 부작용을 초래할 수 있는지 고려하지 못한다.

또 다른 예로, 현재 도시정부에 재정적인 문제가 발생했다고 가정해보자. 예산부서는 재정건전성의 확보를 성과목표로 설정하고, 단기적으로 재정문제를 해결하기 위해 도시 재생투자를 무차별적으로 축소할 수 있다. 이는 단기적으로는 재정의 성과를 향상시킬 수 있지만, 장기적으로는 도시의 실제적인 목표인 도시의 삶의 질을 떨어뜨릴 수 있다. <그림 5>에서 보여주듯이 단기적(시간 "t0 – t1", 균형 루프 지배력이 현금 흐름 증가로 이어지는 경우)으로는 근시안적 정책을 채택함에 따라 재무성과가 즉시 개선될 수 있다. 하지만 이러한 결과는 채택된 정책이 효과적이었으며 도시재생 투자에 대한 사전 예산 수준이 곧 회복될 것이라고 잘못 암시할 수 있는 것이다. 그러나 장기적으로(시간 "t1 – t2", 외부 보강 루프가 지배적이 될 때) 이전 투자 감소는 도시 인프라(교통, 쓰레기 수거, 물 공급, 공원 등)의 공급과 서비스의 질을 점차 악화시킬 것이다. 이런 부정적인 영향은 삶의 질, 도시 매력 및 인구 수준에 영향을 미쳐 인구유출과 지방세 감소로 인해 재정 문제가 이전보다 더 강력하게 반등하고 추가 투자 감소가 발생하는 결과를 가져올 것이다. 이를 통해 사업의 성과가 다른 사업들의 성과에 미치는 영향과 시간에 걸쳐 나타나는 효과를 고려하여야 한다는 것을 알 수 있다.

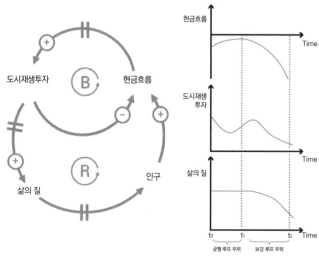

그림 5 도시재생 투자의 감소목표가 도시의 삶의 질에 미치는 영향

출처: Bianchi(2022: 415, Fig.24.3)

따라서 성과관리에는 이와 같은 인과지도를 바탕으로 하나의 조직을 넘어서 도시 전체적인 차원의 협업 플랫폼 하에서 시간과 공간 모두의 균형 분석을 바탕으로 수행되어야 할 것이다. 실제 우리의 경우 부처 간 칸막이로 인해 협업이 이루어지지 않고 있다. 하위조직 부서별, 개인별 성과와 연계하여 보상체계를 구축해 개별부처와 개별사업 성과목표를 달성이 최우선시 되어 조직 전체적인 차원에서, 또는 지방정부, 중앙부처, 더 나아가 국가 전체적인 측면에서는 원하는 성과를 얻지 못하는 경우가 많다(Emerson and Nabatchi, 2015).

이에 시스템 다이나믹스(system dynamics)와 시스템적 사고를 적용한 핵심 지표 간의 인과관계와 피드백을 반영하여 상호작용 및 관계 설정을 하는 성과관리 체계와 시스템의 개발이 요구된다(Bianchi

2016, 2022). 동적성과관리(Dynamic Performance Management, DPM)는 피드백의 원리와 시스템 역학에서 사용되는 자원의 저량/유량 흐름의 개념을 적용하여, 시간을 고려한 동적 관점에서 조직 전체적인 자원을 활용하여 성과관리를 수행하는 것을 의미한다. 이는 지속가능한 성과목표를 실제 달성하기 위해 각각의 부서가 서로의 자원과 정보를 공유하여 이를 달성하는 협력적 성과관리로 볼 수 있다(Choi and Moynihan 2019). Douglas와 Ansell(2021)도 협력적 성과관리를 사회문제 해결이라는 공동의 목표를 위해 일하는 다양한 행위자들이 성과정보를 공유하고, 성과향상을 위한 행위들을 탐색하고, 성과목표들을 해석하는 일련의 루틴들의 집합으로서 기술하고 있다. 즉, DPM의 특징은 문제해결을 위한 다양한 행위자(조직 전사적 참여)가 참여하는 학습포럼(learning forums)을 시스템에 장착하여 참여자 간 성과대화(performance dialogue)를 통해 정보를 공유하고, 집단적 사업 성과의 영향을 검증하여 동적인 복잡성을 해결하는 것이다(Laihonen and Mäntylä, 2017).

<그림 6>은 DPM의 기본 구조다. 특히 저성장 시대에 성과목표를 달성하기 위해서는 자원을 효율적으로 사용하는 것이 중요하다. 이를 위해서 자원 획득에 있어 개별 사업과 다른 사업의 성과가 영향을 서로 미친다는 것을 고려하여 개별 성과목표를 전략적 자원의 획득과 고갈에 영향을 미치는 유입과 유출을 측정하는 수도꼭지(밸브)로 상정하고 조직 전체적인 차원에서는 저수지로 상정되는 전략적 자원을 축적된다고 가정해야 한다. 이러한 개별 활동이 성과동인으로 인식되고 이것이 최종결과에 영향을 준다는 구조가 바로 DPM의 기본 구조다.

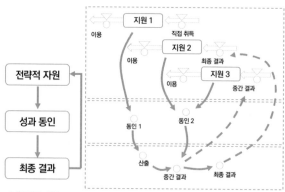

그림 6 DPM의 기본구조

출처: Bianchi(2016: 73)

또한 조직이 좋은 성과를 내고 성공하기 위해서는 <그림 7>과 같이 모든 관점이 교차되어 균형을 이루는 것이 필요하고, 이러한 성과평가는 내외부에서 모두 시행되어야 할 것이다. 이러한 단일 조

그림 7 조직 성장의 균형: 내부, 외부 및 시간적 관점 간 일관성 추구

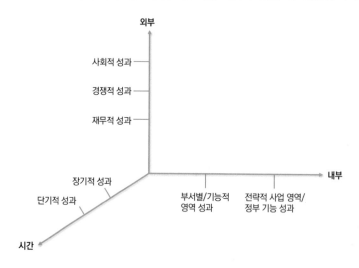

직 시스템의 성과들은 부처 간 협력이라는 다중조직 시스템과 연계하여 전체의 전략적 자원공유와 활용이라는 측면에서 <그림 8>과 같이 성과관리가 수행되어야 할 것이다. 더불어 모든 행위자가 참여하는 DPM 거버넌스 체계를 구축하여 조직 간 학습과 성과대화를 통해서 개별 조직의 전략과 성과목표가 전체 지역사회, 전체 산업, 전체 국가의 성과와 일치하는 결과를 추구해야 할 것이다.

그림 8 지속가능한 성장을 위한 DPM 체계

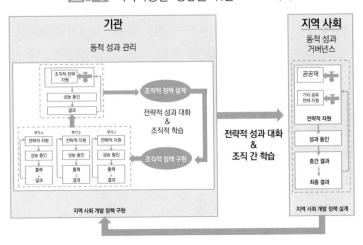

출처: Bianchi(2022:.419, Fig. 24.5)

III. 마치며: 디지털 플랫폼 성과관리 협업 플랫폼 구축

최근의 DPM 시스템은 최근 디지털플랫폼정부 구현과도 연계가 된다, 실제적인 성과지표 간의 연계는 클라우드 시스템, 대시보드 플랫폼 등을 통해서 구현되고 있다. 이러한 디지털 기술의 발전을 바탕으로 협업적 성과관리 플랫폼이 구현될 필요하다. 즉, 공공부문의 성과관리가 개별조직이 아닌 각 조직의 렌즈가 결합되는 외부 관점에서 고려되어야 한다는 것이다.

이를 위해서는 시간과 외부 환경을 고려하는 DPM 시스템의 구현이 요구된다. 이는 탑다운의 관료제적 조직이 아닌 거버넌스 관점에서도 적합한 성과관리로서 이에 대한 변환이 이제부터는 정부차원에서 고려되어야 할 것이다. 개별 조직의 결과기반 성과관리의 정보와 데이터를 기반으로 협력적 성과관리와 모든 행위자가 참여하는 성과 거버넌스 구축, 그리고 이를 디지털 플랫폼 정부기술에 적용하는 실시간 각 조직 사업 간의 영향과 자원의 상태를 확인하고 보여줄 수 있는, 더 나아가 축적된 데이터를 통한 기계학습과 인공지능(Artificial Intelligence, AI) 기술을 통해 복잡한 인과관계의 영향을 정확하게 제시해주는 성과 협업플랫폼의 구축이 필요하다. 이에 저성장이 일상화되고 4차 산업혁명 기술이 일상으로 보급·활용되는 뉴노멀의 시대에 <그림 9>와 같은 하이브리드 성능 체제의 동적성과 거버넌스와 DPM을 결합한 디지털 성과관리 협업플랫폼 구축을 제언한다.

그림 9 뉴노멀 시대 새로운 성과관리 방향

동적 성과 거버넌스를 이용한 협업 플랫폼

성과 거버넌스

협력적 성과관리

결과 기반 성과관리

출처: Bianchi(2022: 412)

기획재정부. (2021). 공공기관 경영편람. 기획재정부.

조경훈·박형준. (2021). 성과관리론. 서울: 한국방송통신대학교출판문화원.

Bianchi, C. (2016). Dynamic Performance Management. Berlin: Springer International Publishing.

Bianchi, C., Bereciartua, P., Vignieri, V. and Cohen, A. (2021). Enhancing urban brownfield regeneration to pursue sustainable community outcomes through dynamic performance governance. International Journal of Public Administration, 44(2), 100-114.

Bianchi, C. (2022). Enhancing policy design and sustainable community outcomes through collaborative platforms based on a dynamic performance management and governance approach. In Peters, B. G. and Fontaine, G (Eds.), Research Handbook of Policy Design (pp.407-429). Massachusetts: Edward Elgar Press.

Choi, I. and Moynihan D. (2019). How to foster collaborative performance management? Key factors in the US federal agencies. Public Management Review, 21(10), 1538-1559.

Douglas, S. and Ansell, C. (2021). Getting a grip on the performance of collaborations: Examining collaborative performance regimes and collaborative performance summits. Public Administration Review, 81(5), 951-961.

Emerson, K. and Nabatchi, T. (2015). Evaluating the productivity of collaborative governance regimes: A performance matrix. Public Performance and Management Review, 38(4), 717-747.

Head, B. and Alford, J. (2015). Wicked problems: Implications for public policy and management. Administration and Society, 47(6), 711-739.

Laihonen, H. and Mäntylä, S. (2017). Principles of performance dialogue in public administration. International Journal of Public Sector Management, 30(5), 414-428.

제 3 장

공공부문의 성과평가: 발견을 넘어 확인으로

우윤석(숭실대 행정학부 교수)

I. 들어가는 말

평가(evaluation)는 어원상 E와 Value를 조합한 점에서 가치(value)를 찾아낸다(extract)는 의미를 갖는다. 가치는 성과를 대상으로 판단할 수 있고 평가를 통해 무엇이 문제였는가, 누구의 책임이었는가, 무엇을 해야 하는가를 점검한다는 점에서 '성과의 발견'을 넘어 "가치의 확인'으로 이어져야 하는 과정이라고 할 수 있다.

그런 점에서 우리나라 공공부문의 성과평가는 발견에는 능하지만 확인에는 상대적으로 취약한 것은 아닌가 의문이다. 평가 결과가 가치의 확인보다 등급판정이나 서열화의 수단으로 쓰이는 경우가 많기 때문이다. 명목상 환류 절차가 있긴 하지만 대부분 환류 계획 점검에 쓰일 뿐 당해 연도를 넘어서는 중장기적 확인도 미흡하다. 일부 외신이 최근 이태원 참사를 보고 지적했듯이 세월호 참사를 통해 얻은 교훈을 제도화하지 못한 한계가 드러났는데, 이는 평가를 통한 확인이 제대로 이루어지지 않았기 때문으로 볼 수 있다.

공공부문을 어디까지 보느냐와 관련하여 성과평가 대상은 아래 그림에서 보듯이 정부와 지방자치단체, 공공기관으로 보는 것이 일반적이다. 여기서 빠져 있는 영역이 국회를 중심으로 한 입법부와 정치권, 그리고 언론이라고 할 수 있는데 이들이 공공부문의 성과에 미치는 영향력이 심대하다는 점에서 평가의 블랙홀로 작용하는 것 또한 문제다.

그림 1 공공부문 성과평가의 유형

중앙행정기관평가	지방자치단체 평가	공공기관 평가
특정평가	합동평가	공기업·준정부기관
자체평가	자체평가	기금
개별평가	개별평가	과학기술분야 연구기관
		경제·인문사회분야 연구기관
		지방공기업

출처: 정부업무평가(https://www.evaluation.go.kr/web/index.do 2022년 11월 19일 접속)

이하에서는 공공부문 성과평가의 어려움에 대해 이론적 차원과 성과지표 차원에서 간단히 소개한 뒤 정부업무 평가와 공공기관 경영평가를 평가성 검토(evaluability assessment) 사례분석 대상으로 하여 관련 이슈를 검토해 보고자 한다. 아울러 공공부문 성과평가에 관여했던 필자의 경험을 바탕으로 몇 가지 제언을 소개하는 것으로 맺음말에 대신하고자 한다.

II. 공공부문 성과평가가 어려운 이유[1]

1. 이론적 차원

민간부문과 달리 공공부문의 성과평가가 어려운 이유(problematics)는 분석단위, 개념, 기술, 정치와 가치의 4가지 차원(Talbot, 2010)에서 검토해 볼 수 있다. 우선 분석단위의 문제(unit of analysis problem)는 공공부문(public domain)의 범위를 어디까지로 정하는지 자체가 어렵다는 것이다. 모든 조직은 국가에 의해 일정한 제재(sanction)를 받는다는 점에서 어느 정도 공공적(to some extent public)일 수밖에 없기 때문이다. 거버넌스 시대를 맞아 다양한 행위주체들이 정책과 프로그램에 관여하기 때문에 어떤 대상을 측정하고 분석할지 그 경계가 애매(fuzzy boundaries)해지는 것도 어려움을 더하는 요인이 된다. 코로나 이전 외국인 관광객 입국이 증가한 것이 문화체육관광부의 홍보 성과인지 K-Pop과 드라마를 앞세운 한류 덕분인지 애매할 수밖에 없고 양자의 공을 모두 인정할 경우 각자의 공이 어디까지인지 알 수 없다는 것이다.

개념의 문제(conceptual problem)는 성과에 포함되어야 할 것이 무엇이고 제외되어야 할 것이 무엇인가에 관한 문제와, 투입(input) · 산출(output) · 결과(outcome)의 정의에 대한 합의가 어렵다는 문제를 의미한다. 특히 투입 · 산출 · 결과는 각각 양 · 질 · 만족(quantity · quality · satisfaction)이라는 요소로 분리될 수 있기 때문에 평가대상이 9가지 차원으로 구성되는 어려움에 봉착한다. 효율성을 강조한다면 투입의 양을 줄여서 산출의 질과 만족도를 높여야겠지만 싸고 좋은 것

---

1 우윤석(2021)

은 없고 비싸고 나쁜 것이 많다는 경험칙은 성과평가에서도 유효할 가능성이 크다.

기술적 문제(technical problem)는 모든 성과를 완전히 평가하는 것이 많은 비용을 유발(practical problem)하고 피할 수 없는 오차로 인해 측정의 정확성도 담보할 수 없기 때문(theoretical problem)에 사실상 불가능하다는 것을 의미한다. 여기서 측정 효과(measurement effect) 문제도 존재하는데, 이는 1) 성과라는 것은 실제 성과라기보다 측정 당시의 성과만을 의미하는 문제와 2) 성과를 측정하기 위해 비용이 소요되는 문제를 일컫는다. 전자의 경우 일종의 시차 효과를 의미하는 것으로, 공공부문의 경우 성과 발생 시점과 측정 시점 간에 간격이 클 가능성이 높기 때문에 발생할 수 있다. 후자는 측정과정에서 많은 자원(자료확보 및 증빙비용 등)을 소비하는 경우 성과가 좋은 기관이더라도 나쁜 평가를 받는 역설적 상황이 발생(paradoxical possibility)할 수 있다는 것인데 현업에 바쁘거나 규모가 작은 기관일수록 불리할 가능성이 있다.

측정의 주관성과 객관성도 기술적 문제에 포함된다. 객관적(objective)이라고 간주되는 설문조사를 실시할 경우에도 그 결과를 주관적(subjective)인 인식(perception)이 좌우할 수 있다는 것이다. 예컨대 범죄 발생에 대한 주관적 두려움의 정도가 클 경우 실제 범죄 발생률이 낮더라도 답변자가 범죄 발생률이 높은 것으로 인식할 가능성이 있다. 공공부문의 경우 평가자들이 언론에 의해 형성된 틀(frame)에 갇히거나 개인적 편견(bias)에 따라 주관적인 평가점수를 부여할 경우 같은 결과가 초래될 것이다. 또한 객관성과 관련하여 귀인 문제(歸因, attribution problem)도 존재한다. 이는 결과(output)의 원인이 되는 투입(input)을 정확히 측정할 수 없기 때문에 정책 대상에게 나타난 변화(changes)만 측정하고 그 변화가 평가대상 기관의 활동에 의한 것으로 간주하는 경우가 많다는 것을 의미하는데 실제로 다른 외부 변수들이 영향을 미친 경우 그 신뢰성이 크게 저하될 수밖에 없다.

마지막으로 정치와 가치의 문제(political and values problem)는 다원화된 정치와 가치가 성과평가의 목적을 모호(fuzzy objectives)하게 한다는 것이다. 우리나라처럼 행정부에 대한 국회의 입김이 크게 작용하는 경우 어떤 정당이 다수 의석을 차지하는가에 따라 보편적 복지와 선별적 복지의 차원에서 관련 정책을 집행·평가하게 될 것이고, 대통령실(과거 청와대)의 그립이 강할 경우 부처에 대한 장악력을 바탕으로 정치적 지지획득에 유리한 방향으로 관련 정책을 집행·평가하게 될 것이다. 문재인 대통령 집권 3년 차에 당시 이인영 원내대표와 김수현 청와대 수석이 '관료들이 말을 안 듣는다'라고 한탄(?)했었는데(강성휘, 2019) 정당과 개별부처가 추구하는 가치와 정치동학이 모두 상이한 상황에서는 성과평가의 목표가 모호해지고 다양한 갈등상황이 전개되는 사례가 아니었을까 싶다.

2. 경험적 차원: 성과지표의 대표성 문제

'전투에 패한 병사는 용서할 수 있어도 배식에 실패한 병사는 용서할 수 없다'는 군대 유머가 있다. 조리병을 평가하는 성과지표로 평시에는 배식 능력을 삼았다고 항변할 수도 있지만 군인의 본연적인 임무가 전투태세를 갖추는 것이라고 한다면 평시에도 배식 능력이 아니라 전투 훈련에 관한 사항을 성과지표로 삼아야 한다는 점에서 옳지 않다. 성과평가 대상이 직(職)이 아니라 업(業)이라면 더욱 그러할 것이다.

우스개가 아니라 정부업무를 평가하는 성과지표 중에도 이런 식의 지표구성이 있다면 문제가 심각하다. 예를 들어 부동산 문제를 총괄하는 국토교통부의 2023년 성과계획서에 있는 부동산 분야 전략목표는 '포용적 주거정책을 통해 서민의 주거복지 향상을 추진한다'이고, 이를 실현하기 위한 프로그램 중 하나인 '주택시장 안정 및 주거복지 향상'의 성과지표는 '주택공급량', '자가점유율', 그리고 '최저 주거기준 미달가구 비율'로 구성되어 있다. 주택시장 안정을 추구한다고 하면서 주택가격에 관한 지표가 하나도 없고, 주거복지에 취약한 임차가구를 대상으로 한 전월세 현황에 관한 지표도 전무한 것이다.

국토균형발전과 관련된 전략목표인 '균형국토 및 지속가능한 도시성장을 통해 살기 좋은 국고·도시를 조성한다'의 경우 '지역경쟁력 강화 및 균형발전 촉진' 프로그램 성과지표는 '비수도권 GRDP 실질성장률', '지역주민 만족도', 그리고 '일자리 창출'로 구성되어 있다. 그러나 균형발전의 핵심적 요소인 수도권 인구유입 감소와 같은 지표 역시 전무하다. 수도권 인구집중도(서울＋경기＋인천 주민등록인구/전국 주민등록인구) 추이를 보면 아이러니하게도 '16년 49.50 → '17년 49.60 → '18년 49.78 → '19년 50.00 → '20년 50.20으로 계속 악화하고 있고, 통계청(2020)의 '최근 20년간 수도권 인구이동과 향후 인구전망' 자료에 따르면 이명박 정부 시절인 2011년 최초로 순유출을 기록했다가 문재인 정부가 시작되는 2017년부터 다시 순유입으로 전환된 이후 순유입 규모가 계속 커지고 있는 것으로 나타났다.

＜표 1＞에 따르면 정권 말과 정권 초의 순이동 차이는 노무현

정부 시절과 이명박 정부 시절에 순이동이 줄어 (−)를 기록(즉, 비수도권에서 수도권으로 유입되는 인구가 줄었다는 의미)한 반면, 박근혜 정부와 문재인 정부 시절에 순이동이 늘어 (+)를 기록했다. 특히 문재인 정부는 2019년도까지의 실적만 잡았음에도 역대 최고로 늘어난 수치(즉, 비수도권에서 수도권으로 유입이 늘었다는 의미)를 보이고 있다(우윤석, 2022). 정부가 전투병의 성과를 배식으로 보는 것과 다를 바 없는 성과지표를 점검하고 있으니 부동산 시장은 시시각각 널을 뛰고 지역균형발전은 요원한 일이 되어버렸다고 한다면 과장일까?

표 1 정권별 수도권 순이동(비수권에서 수도권 전입-수도권에서 비수도권 전출) 변화

	노무현 정부 (2003-2008)	이명박 정부 (2008-2013)	박근혜 정부 (2013-2017)	문재인 정부 (2017-2019)
정권 초	136,904	52,022	-4,384	16,006
정권 말	52,022	-4,384	16,006	82,741
차이	-84,882	-56,406	20,390	66,735

출처: 통계청(2020) 자료를 활용하여 수정

III. 평가성 검토를 위한 몇 가지 사례

1. 정부업무 평가: 서열의 고착화 가능성

"정부정책은 평가에서 완성되고, 평가를 통해 더 좋은 정책을 다시 만들어갑니다"(정부업무평가, n.d.a)

이 명제는 정부업무평가 포털 사이트에 배너처럼 올라와 있는 문구이다. 백번 지당한 명제이고 평가가 궁극적으로 지향해야 할 목표이다. 하지만 필자가 국무조정실 주관의 정부업무평가와 부처가 주관하는 자체평가에 참여한 경험에 따르면 과연 평가를 통해 정책효과를 제대로 확인하였는지, 그리고 평가결과가 더 좋은 정책개발에 기여하였는지 매우 의문이다.

필자가 최근 참여했던 2020년 정부업무평가의 경우 평가기준(사실 평가서 작성 항목이라고 봐도 무방하다)은 이행노력(투입노력, 일하는 방식 개선, 기관장 노력 가점)과 정책성과(당초 의도한 성과, 장기적 효과)이며, 평가방식은 부처가 제출한 보고서에 대한 서면 검토와 부처 담당자를 대상으로 한 대면 평가로 이루어진다. 하지만 부처가 추진하는 정책은 모두 법령에 의해 근거가 정해져 있거나 국정과제를 통해 정권 차원에서 마련된 것들이므로 부처의 자율성이 거의 없다고 보아야 한다. 이행노력에 해당하는 것들은 부처마다 고정된 것이 대부분이고 정책성과도 투입을 통해 자동적으로 나타나는 산출 수준에서 측정될 뿐이다. 평가위원들이 전문가라고 하지만 부처와 직접적인 연관이 있는 분야의 전문가는 상피에서 배제되고 행정학자를 비롯한 비전문적인 전문가들이 대부분이므로 부처의 보고서 작성수준과 대면평가 대응방식에 좌우되기 쉽다. 부처의 이러한 역량 역시 바뀌기 어려운 부분이므로 평가서열은 고착화될 가능성이 크다.

다음 중앙행정기관(장관급, 위원회 제외)의 연도별 종합평가결과(특정평가)를 보면 우수등급의 경우 과학기술정보통신부, 보건복지부, 농림축산식품부가 매년 독식하고 있고 미흡 등급의 경우 통일부와 법무부가 역시 단골로 등장하고 있다. 일부 부처가 일정한 패턴 없이 우수와 미흡을 들락거리고 있고 기타 부처는 대부분 보통 수준에 자리하고 있을 뿐이다. 부처가 폐지되는 여성가족부의 경우 미흡에 2번 자리하긴 했으나 정부업무평가를 기준으로 한다면 오히려 통일부와 법무부가 해체되어야 할 대상이라고 할 수 있다.

표 2 연도별 종합평가 결과(2017-2021)

	2017	2018		2019	2020	2021
우수	기재, 과기, 산업, 복지, 고용, 국토	과기, 통일, 농림, 복지, 국토, 해수	S	농림		
			A	과기, 산업, 복지, 중기	기재, 과기, 행안, 농림, 산업, 복지	과기, 농림, 복지, 환경, 해수, 중기
보통	교육, 외교, 법무, 국방, 행안, 문체, 농림, 환경, 해수	기재, 외교, 국방, 행안, 문체, 산업, 여가, 중기	B	기재, 교육, 국방, 행안, 문체, 환경, 고용, 여가, 국토, 해수	교육, 외교, 국방, 문체, 환경, 고용, 국토, 해수, 중기	기재, 교육, 외교, 국방, 행안, 문체, 산업, 고용, 여가, 국토
미흡	통일, 여가, 중기	교육, 법무, 환경, 고용	C	외교, 통일, 법무	통일, 법무, 여가	통일, 법무
			D			

출처: 정부업무평가(https://www.evaluation.go.kr/web/summary.do?menu_id=83&eval_se_cd=2 2022년 11월 19일 접속)에 게시된 내용을 필자가 재정리

자체평가의 경우 부처마다 조금씩 다른 방식을 적용하고는 있으나 점수를 적정 수준(?)에서 부여하는 것이 주요 고려사항이 될 정도로 관대화 경향이 매우 커서 형식적인 수준의 평가에 그치고 있으므로 별도 논의의 실익이 적다고 본다.

2. 공공기관 경영평가: PDCA의 현실적 한계

필자가 공기업 1군 평가에 참여했던 2016년 삼성동 부지를 팔아 마련한 10조 원의 수익을 어디에 쓸 것인지 고민하던 한국전력공사가 최근 들어 심각한 적자 문제를 겪고 있는 것을 보면 경영평가의 효용성에 대해 의문을 제기할 수밖에 없다. 한국전력공사에 이런 문제가 발생할 동안 경영평가가 문제를 예방했거나 이바지한 바가 없다고 봐야 하기 때문이다. 있는 대학이 망해가는 판국에 한전공대 신설을 사회적 가치라고 긍정 평가하는 등 오히려 적자 심화를 부추긴 측면이 더 크다.

공공기관 경영평가에서 비계량 범주의 평가기준은 전형적인 논리모델(logic model)에 기초한 PDCA(Plan, Do, Check & Action) 사이클이다. 그러나 이는 계획을 적절하게 세우고 집행을 적절하게 하고 환류를 적절하게 하면 적절한 성과가 도출된다는 낙관론에 불과하다(우윤석, 2017). 쉬운 예를 들어 집안 좋고, 인물 좋고, 학벌 좋고, 직업 좋은 배우자 만나면 결혼생활이 행복하다는 검증되지 않은 항변일 뿐이다. 논리모델은 그 유용성에도 불구하고 복합적이고 혼란한 상황에서 진행되는 사업의 복잡한 변수와 상호작용들이 문제없이 작동한다는 가정에 기초하고 있다는 점이 한계로 지적되어 왔다. 대부분의 논리모델은 단일한 선형적인 인과 경로만을 보여주기 때문이다.

즉, 이러한 구조는 정책의 전반적인 과정과 의도를 보여주기에는 좋은 반면 집행이 이루어지는 환경, 이해관계자의 특성, 동시에 이루어지는 다른 사업 등을 고려하지 않기 때문에 통제불가능한 상황이 벌어지는 복잡한 환경이 아니라 안정적인 환경(stable environment)을 가정하고 있고 정책의 인과적 기여를 과대평가하기 쉽다는 문제가 있다. 그러나 사업이 이루어지는 환경은 다양한 주체가 참여하고 불확실성이 크므로 복합적(complicated)이고 복잡(complex)한 특징을 갖는다. 단순(simple)한 문제와 달리 복합적 문제는 고려할 요소가 많고(lots of parts) 복잡한 문제는 불확실하고 창발적(uncertain and emergent)이라는 특징을 갖는다. 정책문제는 소위 말하는 사악한 문제(wicked problem)로 변화하였고 정책 환경은 VUCA(Volatility, Uncertainty, Complexity, Ambiguity)시대로 불릴 만큼 급변하고 있는 것이다. 기존에 세운 계획이 하루아침에 폐기되어야 할 수도 있는데 법령이나 정치 지형의 변화에 따라 주어진 일을 해야 하는 중앙부처 계획 수립의 적절성과 집행의 적절성을 연도별로 평가한다는 것이 과연 무슨 의미를 가질 수 있을지 의문이다. 기존 계획대로 집행되는 것이 바람직한 정형적 지출 업무 외에는 평가실패를 양산하기 십상이기 때문이다.

한편, 계량 범주의 경우 기관별·사업별로 선정된 성과지표(performance indicator)를 기준으로 평가한다. 비계량 범주에서도 계량·비계량 성과지표를 별도로 선정하여 목표달성 여부를 평가하고 있다. 성과지표를 사용할 경우 복잡한 현실을 간단히 표현할 수 있고 시계열적 변화를 해석하기 쉬워 비교에 용이하다는 장점이 있지만 잘못된 해석에 따라 단순한 결론 도출과 조작이 가능해지고 주어진 목표에 도달하면 더 이상의 성과창출을 위해 노력하지 않는 한계효과(threshold effects)가 발생하기 쉽다.

기관 차원에서는 설명하기 어려운 사회경제적 정책목표 대신 손쉽게 계량화할 수 있는 정책목표를 더 과장(reinforce)한다거나 성과지표 뒤에 숨겨진 사회문화적 수요나 기대와 같은 문제를 개선하기

보다는 수치로 나타나는 성과만을 제고하려는 압력(pressure)에 노출되기 쉽다. 변화 양상만을 보여줄 수 있을 뿐 인과관계를 설명하지 못하는 문제(reveal but not explain)(Wilson and Buller, 2001)가 있어 기관이 통제가능한 분야가 아닌 반사이익임에도 기관의 성과라고 우기는 현상도 발생한다. 참고로 필자가 참여했던 금년도 준정부기관 위탁집행 1유형의 경우 총 15개 기관 중 10개 기관이 31점 만점인 계량 점수가 30점 이상으로 나타났는데 기관이 달성하기에 유리한 지표가 선정된 결과라고 해석된다.

IV. 마무리를 대신하여

세계 배터리 시장의 2위 기업(중국 시장을 제외한 시장에서는 1위)으로 등극한 LG에너지 솔루션(이하 LG엔솔)의 뚝심 있는 투자가 새삼 관심을 끌고 있다. 무려 30년 전인 1992년부터 2차 전지 연구를 시작한 LG엔솔은 글로벌 1위 배터리 회사인 닝더스다이(CATL)가 보유한 특허(4,000건)의 6배 이상인 2만 4,066건의 세계 최다 배터리 특허를 보유하고 있다(김형규, 2022). 사업 초기 연구 성과가 나타나지 않았던 것은 물론 2005년에는 2차 전지 사업이 2,000억 원 가까운 적자를 내기도 했지만 당시 구본무 전 회장은 확신을 갖고 투자를 계속했던 덕분이다(한여진, 2022). 민간과 달리 우리나라 공공부문의 성과평가, 즉 정부업무평가와 공공기관 경영평가를 잘 받으려면 정부부처와 공공기관은 1년 단위 실적에 목을 맬 수밖에 없다. 혁신적이거나 새로운 시도를 하는 것보다 문제가 발생하지 않는 것이 중요하고, 도전적이고 어려운 목표보다 예산만 투자하면 달성할 수 있는 손쉬운 이슈에 집착하는 것이 고득점 전략이 된다.

혁신적인 서비스를 제공하며 국민적인 인기를 끌었던 '타다'는 기존 택시업계와 정치권의 야합으로 불법적인 사업이 되어 버렸고, 심야시간 택시부족 문제가 심화되자 정부와 국회는 야간 택시요금 인상이라는 미봉책을 도입했지만 택시 잡기의 어려움은 나아질 기미를 보이지 않고 있다. 세계 어디서나 이용가능한 우버(Uber)와 에어비앤비(Airbnb)도 우리나라에서는 이용할 수가 없다. 2022년 European Innovation Scoreboard에서는 한국을 벤치마킹 대상으로 하면서 모든 EU 국가보다 혁신점수가 높다고 평가하고 있다(EC, 2022: 41). 그러나 맹점이 있다. R&D 지출액, 특허출원 건수는 점수가 높지만 제품혁신, 비즈니스 과정 혁신은 점수가 훨씬 낮을 뿐 아니라 전년 대비 더 나빠지고 있는 전형적인 양적 차원의 고득점에 해당하기 때문이다. "정부정책은 평가에서 완성되고, 평가를 통해 더 좋은 정책을 다시 만들어갑니다"라는 정부업무평가 포털의 공언과 달리 '정부정책은 평가에 유리한 것만 양산되고, 평가를 통해 악화가 양화를 구축한다'는 것이 현실이 아닌가 생각된다.

이러한 점에서 두서없이 몇 가지 제언을 하는 것으로 용두사미를 마무리하고자 한다. 향후 추가적인 검토와 연구가 필요한 부분이라고 할 수도 있겠다.

- 일본은 재난관리 성과와 관리하여 유체역학을 적용한 평가를 시행한다고 한다. 이름하여 정책공학의 적용이 필요하다는 것이다. 조직·인사·재무에 특화된 행정학과 정책형성집행평가에 매몰된 정책학이 연계학문으로 흡수해야 하지 않을까 싶은데 우리도 이러한 절차가 있었더라면 이태원 사태가 발생하는 것을 방지할 수 있었을지도 모른다는 아쉬움이 든다.

- 우리나라는 한 발짝도 나가지 못하고 있는 고준위 방폐장을 설치한 핀란드는 앞으로 천년 뒤 소수민족인 핀란드어가 소멸한다면 우리 후손에게 여기 위험한 것이 묻혀 있으니 건드리지 말라는 것을 어떻게 표기할 것인가를 연구한다고 한다. 천년 뒤 일을 바라보는 성과관리와 일 년짜리 성과관리는 차이가 클 것으로 본다.
- 집행적 성격이 강한 업무인 경우 성과평가를 등급이 아니라 P/F로 처리하고 연단위로 평가하되 정책적 성격이 강한 경우 정성평가를 실시하되 2~4년을 주기로 시행하는 것이 합당하다고 본다.
- 공공부문의 정책과 집행은 국회의 입김이 크게 작용한다. 정부입법과 달리 의원입법은 입법예고, 규제영향평가, 관계부처 협의도 거치지 않는 것이 현실이다. 공공부문 평가에 국회가 개입하는 정책에 대한 평가가 추가되어야 하는 이유이다. 우리나라는 국가적인 재난 사태가 발생하더라도 다음 날 국회에서 관련 부처 장관을 불러 호통치는 것이 일상적이다. 이에 필요한 회의 자료는 결국 사무관 머리에서 하루아침에 나오는 것이기 때문에 임기응변에 불과하다. 임기응변 자료를 보고 호통을 치고 사후관리에 대해 평가하지 않는다면 무슨 소용이 있으랴.
- 부처 단위 평가가 아니라 관련 부처를 묶어서 평가하는 방안을 도입할 필요가 있다. 현재의 협업은 단순한 회의체 운영에 불과할 뿐 책임을 나누지 못하는 수준이므로 평가방식을 달리해야 진정한 협업이 가능해질 것이다.
- 랜즈버그(Landsberg)의 <발칙한 경제학>에 따르면 대통령 급여를 전국의 땅값에 비례하여 지급하라고 권고한다. 부동산 투

기를 조장하라는 것이 아니라 공무원과 공공기관 임직원의 신분보장이 국민과 기업의 어려움을 남의 일로 만드는 것을 없애보자는 의미이다. 공공부문의 성과평가를 그들이 한 일(규제를 양산하는 일도 일이다)이 아니라 그들이 한 일이 가져온 결과를 바탕으로 해야 한다는 것이다.

참고문헌

강성휘. (2019.5.11.). 이인영-김수현 "관료들이 말 안들어". 동아일보. (최종검색일: 2023.1.21.)
https://www.donga.com/news/Politics/article/all/20190511/95474127/1

김형규. (2022.8.10.). 뚝심의 R&D 통했다…배터리 특허 2만4066건으로 압도적 세계 1위. 한국경제. (최종검색일: 2023.1.21.)
https://www.hankyung.com/economy/article/2022081022111

우윤석. (2017). 공공기관 주요사업 평가지표의 평가성 검토(Evaluability Assessment): 공기업 1군을 중심으로 한 탐색적 연구. 사회과학논총, 19, 125-149

우윤석. (2021). 영화로 보는 행정관람. 서울: 박영사.

우윤석. (2022). 부동산·국토도시 정책의 회고와 제언. 서울: 윤성사.

정부업무평가. (n.d.a). (최종검색일: 2023.1.21.)
https://www.evaluation.go.kr/web/index.do

정부업무평가. (n.d.b). 연도별 평가지표·결과. (최종검색일: 2023.1.21.)
https://www.evaluation.go.kr/web/summary.do?menu_id=83&eval_se_cd=2

한여진. (2022.5.23.). 구본무 전 회장의 혜안과 뚝심, 세계 1위 LG에너지솔루션 만들다. 주간동아. (최종검색일: 2023.1.21.)

https://weekly.donga.com/List/3/all/11/3394948/1

통계청. (2020.6.29). 최근 20년간 수도권 인구이동과 향후 인구전망[보도자료].
http://kostat.go.kr/portal/korea/kor_nw/1/1/index.board?bmo
de=read&aSeq=383417

EC. 2022. European Innovation Scoreboard 2022. Luxembourg:
Publications Office of the European Union.

Talbot, C. (2010). Theories of Performance: Organizational and
Service Improvement in the Public Domain. New York: Oxford
University Press.

Wilson, G. and Buller, H. (2001). The Use of Socio-economic and
Environmental Indicators in Assessing the Effectiveness of EU
Agri-environmental Policy. European Environment 11, 297–
313.

제 4 장

한국의 사회지표 왜 좋아지지 않는가?: 성과에 대한 새로운 이해 필요성

최영준(연세대학교 행정학과 교수)

I. 끈끈한 바닥, 끈끈한 천장(sticky floor and sticky ceiling)

지난 20년 동안 OECD 국가들의 사회지표들을 들여다보면 '끈끈한 바닥과 끈끈한 천장'이 발견된다. 끈끈한 바닥과 끈끈한 천장은 사회적 이동성(social mobility) 논의에서 등장한 용어로서 부유층이 밑으로 내려오지 않고, 하위층들이 세대를 거쳐도 좀처럼 위로 올라가지 못하는 현상을 일컫는다. OECD 국가들의 사회지표에서 이러한 현상은 주로 북유럽과 한국에서 나타난다. 대부분의 지표에서 북유럽은 천장에 붙어있다. 행복이나 신뢰, 인구 관련 지표, 노동시장 관련 지표들 역시 훌륭하다. 반면에 OECD 지표 체계에서 한국을 발견하는 일은 쉽다. 가장 오른쪽 아니면 가장 왼쪽에 있다. 때로는 한국은 터키나 멕시코와 같은 국가들과, 때로는 동유럽과, 때로는 일본이나 미국과, 그 파트너들은 종종 변화되지만, 여러 주요 사회 지표에서 좀처럼 좋은 모습을 보이지 못하고 있다.

몇 가지 지표들을 예로 들어보자. OECD Health at a Glance 2021년 자료를 보면 자신이 건강하다고 응답한 비율이 한국이 33.7%로 OECD에서 가장 낮은 수치를 기록했다. 아침에 건강보조제만 먹어도 배부르다는 어르신들의 말씀이나 증가하는 기대수명에 비해 줄어드는 건강수명은 이러한 현상을 잘 반영한다. 또한 한국은 OECD 국가 중 산업재해 치명률이 제일 높다. 근로자 10만 명당 치명적 산업재해 수는 2020년 4.6건으로 통계자료가 있는 OECD 국가 중 제일 높았다(통계청, 2021). 일본의 1.3에 비해 월등히 높다. 2022년 10월에 대기업 제빵 공장에서 일어났던 산업재해나 건축현장에서의 사망사건은 여러 일 중 하나이다.

과도한 사교육으로 인해 가구에서 교육비 지출이 제일 높은 국가이며, 성별 임금 격차가 제일 큰 국가이다. OECD[1]에 따르면 남성과 여성의 성별 임금격차(gender wage gap)은 한국이 33.1로, 이스라엘(24)이나 일본(22)보다 월등히 높다. 이는 여성의 경력단절이 중요한 이유로 논의되고 있다. OECD 통계에 따르면 2021년 한국인은 연간 1,915시간을 일하여 다행히 칠레와 멕시코보다 적게 일하는 것으로 나타났다. 하지만 일본의 1,600시간이나 독일의 1,350시간에 비하면 상당히 높다.

저출산은 이러한 원인과 긴밀한 관계를 가지고 있다. 이제 모두가 '체념' 상태로 가고 있는 출산율은 통계청에 따르면 2021년 0.81명이었고, 곧 0.7명대로 접어들 것으로 모두가 예상하고 있다.

---

1 여기에서 거론된 OECD 통계들은 https://data.oecd.org/에서 2022년 11월 17일에 추출된 것이다.

OECD 통계에 따르면 우리 다음으로 출산율이 낮은 국가는 1.24명을 기록한 이탈리아지만, 한국과 그 차이가 매우 크다. 자살률은 또 어떠한가? 한국은 지난 20년 동안 2017년을 제외하고 가장 높은 자살을 기록한 국가이며, 역시 2등과의 격차가 크다. 어르신들의 자살을 줄인 것은 성과이지만, 10대와 20대의 자살률 증가가 거의 10%에 이른다. 그러나 어르신들이라고 행복한 상황은 아니다. 지난 거의 20년 동안 노인 빈곤율이 가장 높은 국가의 자리를 빼앗기지 않고 있다. OECD Pension at a Glance 2021 자료에 따르면 노인 중 43.4%가 빈곤하다.

이러한 전통적 통계뿐 아니라 새로 생성되는 통계 자료 역시 끈끈한 바닥에 붙어있는 우리의 모습을 지속적으로 드러낸다. 유대와 관계를 중시했던 사회가 무색하게 사회적 지지체계가 없다고 응답한 이들이 21.7%로 OECD 국가 중에서 한국이 가장 높았다(김성아, 2022). 갤럽의 여론조사를 활용한 이 자료에서는 삶의 질이 낮다고 응답한 비율도 OECD 국가 중 한국이 높은 수준으로 나타났다. 또한 코로나19 이후 시행된 OECD(2021)의 보고서에 따르면 2020년 우울증을 경험한 인구가 가장 높은 국가가 대한민국으로, 100명 중 약 37명이 우울을 경험했다고 보고하였다.

본고에서 질문은 왜 이러한 사회지표들이 생성되었는가는 아니다. 그것보다 왜 이러한 사회지표들이 우리 사회에 계속되고 있는가이다. 특히, 선거마다 이러한 문제를 풀겠다는 정치인과 대통령 후보들이 지속해서 나타나고, 이들은 더 행복한 사회를 만들겠다고 약속하고 있다. 또한 정부에서도 관련된 여러 개의 기본계획이 만들어지고, 관련 부처들이 이 문제를 풀기 위한 활동을 하며, 성과관리가 이루어지고 있다. 그런데 왜 20년 동안에도 풀리지 않았고, 일부 지표들은 심지어 악화되고 있을까?

II. 사회문제와 정부성과에 대한 재고찰

정책의 성과는 정책을 집행하여 만들어낸 산출을 통해 얻어지는 결과라고 할 수 있다. '성과관리'란 기관의 임무, 중·장기 목표, 연도별 목표 및 성과지표를 수립하고, 그 집행 과정 및 결과를 경제성·능률성·효과성 등의 관점에서 관리하는 일련의 활동을 일컫는다(정부업무평가기본법 제2조 제6호). 가장 대표적인 성과평가인 정부업무평가의 경우 정부업무평가기본법 4조에 성과관리 원칙을 다음과 같이 적시하고 있다. 이에 따르면 성과관리의 계획수립과 집행과정은 '자율성'을 부여하고 그 결과에 대해 책임이 확보될 수 있게 하는 것이며, 정책 품질을 높임으로써 국민의 만족도를 제고하는 목적을 가지고 있다.

제4조(성과관리의 원칙)
① 성과관리는 정책 등의 계획수립과 집행과정에 대하여는 자율성을 부여하고 그 결과에 대하여는 책임이 확보될 수 있도록 실시한다.
② 성과관리는 정부업무의 성과·정책품질 및 국민의 만족도가 제고될 수 있도록 실시한다.

이러한 성과평가와 관리에 대해 종종 학자들은 불평을 하거나 비판을 한다. 부처평가나 기본계획 등의 성과지표들이 진정한 '성과'를 측정하지 않는다는 것이다. 지금까지 생각해본 사회문제를 상식적 차원에서 생각해보자. 한 예로, 자살의 결과 그 자체는 자살 관련 사회적 문제 전체에서 소위 '빙산의 일각'에 지나지 않는다. 수면 밑으로는 보고되지 않은 수많은 자살시도들이 있다. 그리고 그 수많은 시도 뒤에는 더욱 많은 자살생각들이 존재하며 그 원인도 더욱 다양할 것이다. 충동적인 문제가 있을 수도 있지만, 교육, 일, 외로움, 관계, 정신건강 등 그 원인은 매우 다양할 것이다.

한국의 '자살'에 대한 성과책임은 누구에게 물을 수 있을까? 만일 자살의 진정한 성과지표라고 한다면 자살예방예산이나 센터, 혹은 자살방지교육의 대국민 만족도 등은 아닐 것이다. 국민이 체감하는 지표는 '자살률'이 될 것이다. 그렇다면 자살을 관리하는 보건복지부 건강정책국의 자살예방과에 높은 자살률에 대한 책임을 물어야 할까? 이들은 수면 위로 나온 빙산의 일각을 효과적으로 다루는 업무를 담당하지, 모든 책임을 묻기에는 그 '빙산'이 너무 거대하다.

아마도 자살에 대한 다양한 1차적 원인을 거슬러 올라가면 그 원인을 보건복지부 장관에게 물어야 할지도 모른다. 하지만 만일 예산이 뒷받침되지 않는다면? 그렇다면 기획재정부 장관에게도 물어야 할 것이다. 하지만 2차적 원인까지 묻는다면, 과도한 사교육으로 인한 10대의 낙오, 노동시장에 진입하지 못하면서 발생하는 좌절감과 고립으로 인한 20대의 결심 등까지 더 나아가다 보면 자살이 교육부나 고용노동부와 멀지 않은 주제임을 쉽게 알 수 있다. 일자리 문제는 더 나아가면 중소기업벤처부, 산업자원통상부로까지 나아갈 수도 있다. 그렇다면 궁극적인 자살의 책임은 이들을 총괄하는 국무총리나 대통령에게 있을 수도 있다.

모든 원인을 궁극적 책임을 가진 주체에게 묻자는 것은 아니다. 다만, 관련하여 네 가지 이슈를 다시 정리할 필요가 있다. 첫 번째는 우리가 말하는 성과평가(예를 들어 국무조정실의 정부업무평가)는 누구를 위한 성과평가인가라는 점이다. 성과평가의 목적은 관료들이 얼마나 일을 잘했는지, 이에 대해 어떠한 보상을 주어야 할지 결정하기 위해서만 필요한 것이 아니다. 실제 국민들의 삶을 변화시켰는지를 위해 필요하다. 그러한 관점에서 현재의 정부업무평가가 제대로 이루어지고 있는지를 물을 필요가 있다.

그런 차원에서 성과를 책임질 대상과 '성과' 평가의 내용은 일치될 필요가 있다. 피라미드 구조의 관료제를 생각했을 때 더 일선 관료로 내려갈수록 큰 성과보다는 작은 성과를 물을 수밖에 없다. 일선 관료에게는 때로는 성과보다는 투입을 제대로 했는지, 집행과 정책과정을 합리적이고 투명하게 잘 진행했는지 등을 묻는 것이 맞다. 그리고 위로 올라갈수록 산출에 대한 부분(정책을 도입했는지 개혁했는지를 포함하여)이나 성과에 대한 것을 물어야 할 것이다. 이 밖에도 그 문제/이슈를 풀어내는 구조나 생태계 자체를 변화시켰는지에 대한 '임팩트'를 물을 수도 있을 것이다. 즉, 성과를 책임질 대상과 알맞은 평가 내용을 연결하는 것이 중요하다.

두 번째 질문은 각 부처의 각 과에 진정한 성과를 물을 수 없다면 누구에게 물어야 하느냐는 점이다. 더 크게 질문을 하면 지난 20년 동안의 끈끈한 바닥에 붙어 좀처럼 위로 올라가지 못하는 우리 사회적 성과들의 책임은 누구에게 있는가? 그리고 그러한 책무성(accountability)은 누가 지는 것이 맞을까? 소위 각 부처 평가를 하다 보면 거의 모든 지표에서 목표를 달성하고, 우수하게 진행했다고 하는데, 왜 국민들이 체감하고 느끼는 그리고 지표에서 보이는 대한민국은 변화가 없을까?

출산율은 언론에서 빈번하게 제기되는 비판 대상이다. 자살예방과가 자살을 책임질 수 없듯이 보건복지부의 출산정책과나 인구정책총괄과가 진짜 우리나라 인구구조 변화를 책임질 수는 없을 것이다. 결혼과 출산에 관련된 이슈들은 거의 전 부처에 걸쳐있다. 결국, 최고 통치자가 책임이 맡아야 한다. 그렇기 때문에 별도로 저출산고령사회위원회를 만들고 대통령이 위원장을 맡고 있다. 하지만, 모든 문제가 대통령 책임이 되는 순간 그 어느 것도 대통령의 책임이 아닐 수도 있다. 그렇기 때문에 고위 공직자들이 있는 것이고, 장관이나 위원장이 있는 것이다.

세 번째, 변화에 대한 계획(theory of change)이 없이 성과가 나올 수는 없다. 성과를 달성하기 위한 응집력 있고 체계적인 계획은 필수적이다. 그렇기 때문에 기본계획은 중요하다. 하지만, 사회지표 중 사회보장 영역에만 한정해도 관련 17개의 기본법, 5개의 사회보험법 및 27개의 공공부조 및 사회복지서비스 개별법이 존재한다. 사회보장과 직·간접적으로 관련된 기본법상의 기본계획은 총 16개에 달하며, 사회보장과 직·간접적으로 관련된 기본법상의 위원회만 13개에 이른다. 그렇기 때문에 이들을 완전하게 응집력 있고, 일사불란한 모습으로 만들기는 쉽지 않다.

한 부처 부서의 유사한 계획을 여러 기본계획에 제출하고, 그렇게 취합된 각 계획들이 변화의 관점에서 평가되지 않은 채 기본계획으로 만들어지는 경우가 빈번하다. 최근 기본계획의 전체 상위 성과지표가 제시되는 바람직한 현상이 나타나는 것은 사실[2]이지만,

---

2 제2차 사회보장기본계획(2019-2023)의 경우 핵심 중장기목표로 경제발전과 사회발전의 균형으로 국민의 삶의 질 향상을 제시하고 "삶의 만족도 지수* 향상: 28위 ('17) → 20위 ('23) → 10위 ('40)"을 제시하였으며, 이후 4대 핵심 세부목표도 제시하였다. 1) 저임금 근로자 비중 축소: '17년 22.3% → '23년 18.0% → '40년 15.0%, 2) 상대빈곤율 완화: '17년 17.4% → '23년 15.5% → '40년 11.3%, 3) 건강수명

이들이 세부 계획과 얼마나 긴밀히 연계되어 있는지는 의문이다.

마지막으로 책임 대상과 인사와의 관계이다. 제4차 저출산고령사
회기본계획의 경우 문재인 정부 3년 차인 2018년에 시작하여 윤석
열 정부 2년 차인 2023년에 마무리가 된다. 이러한 경우 2023년까
지 달성해야 하는 성과의 책임은 누가 어떠한 방식으로 지는지에
대한 혼란이 존재한다. 이는 각 부처의 업무평가에도 동등하게 적용
되게 될 것이다. 인사와 평가가 같은 주기로 이루어지지 않게 되면
그 '모호성' 사이로 책임성과 책무성 역시 함께 약화가 될 가능성이
높다. 박근혜 전 대통령의 탄핵 이후 사회 관련 기본계획의 시기는
대통령 임기 기간과 더욱 어긋나고 있다. 정책의 결과를 가지고 정
치가 평가를 받아야 하기 때문에 시기의 문제는 중요하다.

III. 사회지표를 관리하는 방법: 영국의 PSA[3]

국민들이 체감하는 사회지표를 성과로 하여 책임을 가지고 성과
관리를 하는 정부 체계는 과연 가능할까? 위에서 제기된 네 가지 이
슈를 어느 정도 대응한 모델이 영국에서 발견된다. 2차 세계대전 이
후 영국 복지국가의 기틀을 마련한 베버리지 보고서 이후 영국의
중장기 사회보장 계획으로 가장 영향력이 있었던 공공서비스협정
(Public Service Agreement, PSA)을 한 예로 소개해보고자 한다.

PSA는 최초 1998년 포괄적 지출검토(comprehensive spending review)
의 도입과 함께 시작되었다. 이는 정부가 달성할 목표를 명확히 하고

연장: '16년 73세 → '23년 75세 → '40년 78세, 4) GDP대비 투자비율 확대: '15년
5.7% → '23년 7.4% → '40년 10.7%로 증가시키는 것을 제안하였다(사회보장위원
회, n.d.).

3 본 파트는 최영준 외(2012) 연구에서 다루었던 내용을 수정 및 보완한 것이다.

이를 위해 정부예산을 어떻게 구성하며, 전달체계를 어떻게 구축하고, 정부의 전체적 전략을 가져갈 것인지를 안내하는 역할을 하였다. PSA가 가장 혁신적이고 구체적으로 목표를 제시한 것은 2007년 포괄적 지출 검토를 통해서 도출된 30가지의 협정이라고 할 수 있다.

2007년의 PSA에서는 정부가 도달해야 할 아주 구체적인 성과를 제시하고, 이를 어떤 지표를 통해서 측정할 것인지, 어떠한 전략을 통해서 성취할 수 있을지에 대해서 구체적인 내용을 담고 있다. PSA가 등장하게 된 세 가지 배경은 낙후된 공공서비스의 개선, 칸막이 정부와 부처주의에 대한 대응, 그리고 증거기반정책이었다. 특히, 영국 사회가 원하는 비전을 달성하기 위해서 정부 내 다부처 간의 협업적 구조를 창출하는 것이 주된 목적이었다. 핵심적인 행위자는 재무성(HM Treasury)으로 PSA의 설계를 책임지고 있었다.

PSA는 네 가지 국정 영역으로 나누어져있다. Sustainable growth and prosperity는 PSA에서 1번부터 7번까지를 구성하고 있으며, Fairness and opportunity for all은 8번부터 17번까지이며, Stronger communities and a better quality of life는 18번부터 26번까지, 나머지는 A more secure, fair and environmentally sustainable world 영역이다(27-30).

각각의 PSA는 달성협정(delivery agreement)를 작성하여 구체적인 달성목표와 계획을 담고 있다. 달성협정은 비전(vision), 측정(measurement), 달성전략(delivery strategy), 마지막 부록(annex)으로 구성되어 성과에 대한 증거와 측정에 대한 세부사항을 담고 있다. 예를 들어, PSA-9 '2020년 아동빈곤 철폐를 위해 2010-11년 아동빈곤 수 절반으로 감축(halve the number of children in poverty by 2010-11, on the way to eradicating child poverty by 2020)'[4]은 절대 저소득 가구에

사는 아동 수, 상대 저소득 가구에 사는 아동 수, 상대적 저소득 가구와 물질적 결핍 속에 사는 아동 수를 성과지표로 하고 있으며, 성과목표를 명확히 제시하고 있다.

30개의 PSA는 정부 정책의 최우선순위를 반영하며 협정마다 주관 부처가 있고 협력 부처는 보조 공공서비스협정을 맺게 된다. 각협정 별로 규정된 집행협정에서 협정실현에 있어서 필요한 전략과 주관 부처 및 협력부처의 역할을 규정하고 있다. 각 협정의 주관 부처의 장관이 협정이행을 책임지며 실질적으로는 고위책임담당관(Senior Responsible Officer)이 배정되어, 이 담당관이 주관부처 및 협력 부처 공무원으로 구성된 고위공식협정집행위원회(Senior Official PSA Delivery Board)의 의장직을 수행한다. 예를 들어, PSA-8 '모두를 위한 고용기회의 극대화(maximise employment opportunity for all)'의 경우 주관 부처는 연금노동부로 협정이행의 책임은 연금노동부 장관이 가지며 고위책임담당관은 연금노동부의 노동, 복지 및 평등그룹 총국장(Director General of the Work, Welfare, and Equality Group)이 맡았으며, PSA-9 '2020년 아동빈곤 철폐를 위해 2010-11년 아동빈곤 수 절반으로 감축'의 경우 재무장관이 협정이행을 책임지며, 고위책임담당관은 재무부의 개인 세금 및 복지개혁 국장(Director for Personal Tax and Welfare Reform)이 책임을 맡았다.

관련 내각 위원회에서 이 협정의 지표를 정기적으로 모니터하고 부처가 책임을 이행하도록 하며 부처 간 이견이 발생할 경우 이를 조정하는 역할을 했다. 고위공식협정집행위원회에서도 개선 정도를 모니터링하며 집행을 정기적으로 점검하고, 이를 관련 내각 위원회에 보고하였다. 공공서비스 및 공공지출 위원회(Public Services and

---

4 주관부처: 재무부

제4부 성 과

Public Expenditure Cabinet Committee, PSX)는 재무성과 함께 각 부처에서 제안된 목표가 얼마나 정부의 전체적 목표와 부합하는지를 검토하고 논의하는 기능을 하였다. 또한 국회 산하에 있는 감사원(National Audit Office)에서 성과나 지표에 대해서 지속적인 검토를 통해서 적정성 여부를 감시하고 통보함으로써 질적 향상을 할 수 있도록 추동하였다.

각 부처는 부처전략목표(Departmental Strategic Objectives, DSOs)를 PSA와 병행하여 설정하여, 정부의 최고 우선순위인 PSA와 정부 부처의 광범위한 역할(DSOs)을 하나의 통합된 틀에서 모니터링할 수 있는 체계를 수립하였다. DSOs는 정부의 우선순위를 중심으로 설정된 PSA를 비롯하여 부처의 일반적 목적까지 포괄적으로 포함하고, 이를 바탕으로 부처별 우선순위 지표를 설정하였다. 따라서 DSOs의 지표는 주관 PSA의 지표를 포함하면서도 더 세부적인 지표나 새로운 지표가 추가되기도 하고 타 부처가 주관하는 PSA를 포함하기도 하였다. 가령 아동과 청소년의 건강과 안전 관련 PSA의 주관 부처는 아동학교가족부이나 보건부의 DSOs의 지표에서 이 PSA의 지표를 포괄하고 있다. 또한 아동빈곤 퇴치 관련 PSA의 주관 부처는 내각 사무처이지만 연금노동부의 DSOs 지표에 관련 지표를 포함한다.

따라서 각 부처는 PSA의 주관 부처와 협력 부처로 연계를 맺고 있지만, 또한 각자의 부처전략목표 달성을 위해서는 해당되는 PSA 지표의 향상을 위해 다른 주관부처와 협력을 해야 하는 상호관계를 가지고 있다. 다음 그림은 PSA와 DSOs의 관계성을 보여준다. PSA가 부처의 목표와 연계되는 동시에 다른 부처의 목표와도 연계되게 하였으며, 다른 부처가 PSA의 보조협정자로 참여하는 구조를 만들었다. 서로가 서로에게 협조하고 함께하지 않으면 PSA 달성이 어려운 구조로 되어 있는 것이다.

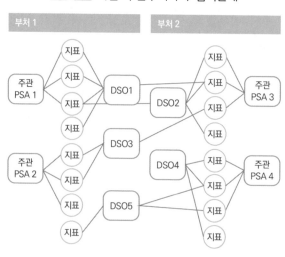

그림 1 다른 주관부처와의 협력관계

PSA가 주는 교훈은 국민이 체감할 수 있고, 책임이 수반되는 성과관리 체계를 수립할 수 있다는 점이다. 그리고 대부분의 사회지표와 성과들이 한 부처의 힘만으로 가능하지 않고 여러 부처가 협력해야 한다는 속성을 가지고 있다. 또한 투입 및 산출과 성과 간의 거리가 일정하지 않고 때로는 장기적이다. 그렇기 때문에 각 성과지표를 감안한 개별적 계획이 필요하다. PSA는 국가의 전략적 목표와 개별 부처의 목표를 일치시키고 체계화하는 모습을 보여줌으로 계획이 어떻게 성과로 연결되는가에 대한 변화모델을 명확히 제시하고 있다는 장점도 보여준다.

IV. 시스템의 문제 혹은 정치적 의지의 문제

영국의 PSA가 여러 뚜렷한 장점을 가지고 있지만, 이를 국내에 바로 실현하는 것은 또 다른 문제이다. 한국에서 PSA와 가장 유사한 것은 국정과제라고 할 수 있다. 하지만 국정과제는 추상적이며, 명확한 성과지표를 제시하지 않는다. 예를 들어 '필요한 국민께 더 두텁게 지원하겠습니다'나 '노동의 가치가 존중받는 사회를 만들겠습니다' 등 명확하게 어떤 성과 목표와 수치를 달성할 것인지에 대한 구체성이 결여되어 있다. PSA에서 구체적인 지표 및 지표생산 방법까지 자세히 제시한 것과는 차이가 크다.

PSA 방식을 도입하여 사회지표를 개선하기 위해서는 우선 현재의 성과관리 시스템뿐 아니라 예산관리 시스템의 일대 전환이 필요하다. 현재는 각 정책의 기본계획, 부처 성과관리체계, 국정과제 등이 충분한 응집성 없이 나열되어 있다. 이를 재편하기 위해서는 정확한 국정목표가 제시되어야 하며, 목표달성 방안을 충분히 연구하고, 이 모델을 부처의 성과관리 체계나 정책의 기본계획 등에 반영해야 할 것이다. 예산 체계 변화도 필요하다. 현재 예산은 국가 예산의 총규모와 부처 및 분야별 지출한도를 먼저 설정하고 각 부처가 해당 한도 내에서 사업별 예산을 편성하는 방식이다. 하지만 성과 중심 예산이 되면 핵심 성과를 달성하기 위한 방안과 이에 소요되는 예산을 먼저 확정하고 관련한 예산확보 및 다른 예산들도 결정하는 방식으로 변화가 필요하다. 무엇보다도 지금의 체계를 변화시키기 위해서는 각 계획이 새로운 정부 출범에 맞추어 재수립되는 시기 조정을 필요로 하게 될 것이다.

이러한 변화들이 쉽지는 않지만, 더 큰 이슈는 정부 의지다. 서론에서 언급한 이슈들은 단순히 여러 부처의 성과 중 하나가 아니라 국민 행복과 안녕이라는 국가의 존재에 해당하는 핵심 지표들이다. 더 이상 대한민국이 끈끈한 바닥에 붙어있지 않고 OECD에서 보다 떳떳한 나라이자 국민들이 살기 좋은 나라가 되기 위해서는 변화를 만들어낼 정치적 의지가 필요하다. 현재와 같은 목적이 불분명한 긴축정책이 해답이 될 수 없다. 우리는 끈끈한 바닥에서 탈출할 수 있을까?

참고문헌

김성아. (2022). 고립의 사회적 비용과 사회정책에의 함의. 보건복지포럼, 2022(3), 74-86.

사회보장위원회. (n.d.). 제2차 사회보장기본계획(2019~2023). (최종검색일: 2023. 1.22) https://www.ssc.go.kr/menu/busi/busi040101_03.do

통계청. (2021). 근로자 10만명당 치명적 산업재해 수(OECD). 국가통계포털. https://kosis.kr/statHtml/statHtml.do?orgId=101&tblId=DT_2KAA308_OECD

최영준 · 김보영 · 박치성 · 이주하 · 정재철 · 최종호 · 박근혜 · 최혜진. (2012). 사회보장위원회 활성화 방안. 보건복지부.

OECD (2021). Tackling the mental health impact of the COVID-19 crisis: An integrated, whole-of-society response. OECD Policy Responses to Coronavirus (COVID-19), 12 May 2021, Paris: OECD.

찾아보기

저자 소개

문태훈(중앙대학교 사회과학대학 도시계획·부동산학과, 명예교수)

문태훈은 1992년 University at Albany(뉴욕주립대학교, 올바니)에서 행정 및 정책학 박사학위를 취득하고 서울연구원 환경연구부 책임연구원을 거쳐 1995년부터 중앙대학교 도시계획부동산학과 교수로 28년간 재직하였다. 연구 관심영역은 환경정책, 지속가능발전, 도시및지역정책, 시스템다이내믹스, 연구방법론 등이며 해당 과목들을 학부와 대학원에서 가르쳤다. 현 지속가능발전해법네트워크(SDSN Korea) 공동의장이며, 국가지속가능발전위원장, 서울시 지속가능발전공동위원장, 환경정책학회장, 지역개발학회장, 시스템다이내믹스학회장 등을 역임하였다. 최근 연구관심은 대안적 발전모델과 전환경로에 대한 탐색이다. 대표저서로 환경정책론, 시스템사고로 본 지속가능한 도시 등이 있으며, 최근 논문으로는 성장의 세가지 모습: 경제성장, 지속가능발전, 동태적균형상태의 발전(2022), 한국 대도시의 참발전지수 연구(공저, 2022), Analyzing climate impacts on health, energy, water resources, and biodiversity sectors for effective climate change policy in South Korea(공저, 2021) 등이 있다.

이영성(서울대학교 환경대학원)

이영성은 Cornell University에서 도시계획학 박사학위를 받고, 2006년부터 서울대학교 환경대학원 교수로 재직 중이다. 주요 연구 분야는 도시경제, 지역경제, 도시재정, 기반시설, 도시 성장관리 등으로 다양한 도시계획 분야를 포괄한다. 주요 저서로는 지방분권시대의 환경정책 – 성과관리의 권한과 책임(공저, 2020), Transforming the Nation (공저, 2019), 지역·도시정책의 이해(공저, 2018) 등이 있다.

구교준(고려대학교 행정학과)

구교준은 University of North Carolina at Chapel Hill에서 도시계획학 박사 학위를 취득하고 현재 고려대학교 행정학과 교수 및 동 대학 도시재생 협동과정 겸임교수로 재직 중이다. 기술혁신과 도시발전에 관한 다수의 연구를 출간하였고, Papers in Regional Science, Small Business Economics 등 관련 분야 저명 국제학술지의 편집위원으로 활동하였다. 최근에는 행정학자로서 행복과 삶의 질을 정책과 연결시키는 연구를 집중적으로 수행하고 있다.

이주하(동국대학교 행정학과)

이주하는 영국 Oxford University에서 사회정책학 박사학위를 취득한 후, 2008년부터 동국대학교 행정학과 교수로 재직 중이다. 비판과 대안을 위한 사회복지학회 부회장, 한국사회정책학회 편집위원장, 한국지방공기업학회 총무위원장 등을 역임하였고, 현재 중앙생활보장위원회 소위원, 사회보장위원회 기획전문위원, 참여연대 사회복지위원회 실행위원 등을 맡고 있다. 주요 연구분야는 복지국가, 행정이론, 정책과정 등이며, 주요저서로는 The Oxford Handbook of South Korean Politics(공저, 2021), 공공가치: 이론과 실제(공저, 2022), 자신에게 고용된 사람들: 한국의 자영업자 보고서(공저, 2017), The Korean State and Social Policy(공저, 2011) 등이 있다. 정책학 분야의 최고 국제저널인 Policy Sciences와 Voluntas, Policy Studies, International Review of Administrative Sciences, Journal of Democracy 등의 SSCI에 논문을 발표하였다.

박기성(성신여자대학교 경제학과)
박기성은 1981년 서울대 경제학과를 졸업하고 국비유학생으로 선발되어서 1987년 University of Chicago에서 경제학 박사 학위를 받았다. 1988년 한국노동연구원이 창립될 때부터 연구위원으로 참여했으며 1994년부터 성신여자대학교 경제학과 교수로서 노동경제, 경제성장 등을 연구하고 가르치고 있다. 2008년에는 한국노동연구원장에 취임했었고 2014년에는 한국노동경제학회장을 역임했다. 2016년 안심소득을 창안하여 발표한 후 관련된 연구를 수행해 오고 있으며 서울시 안심소득 연구자문단의 위원장을 맡고 있다. Journal of Labor Economics, International Economic Review 등 국제학술지에 논문들을 게재했으며 한국의 숙련형성(1992), 경영학자와 경제학자가 함께 쓴 창조경제 이야기(공저, 2013), 박기성 교수의 자유주의 노동론(2020) 등의 저서를 출간했다. 몽펠르랭소사이어티의 회원이다.

이원재(경기도지사 정책보좌관)
이원재는 현재 경기도지사 정책보좌관이다. 이전에는 LAB2050의 대표이자 경제평론가로 활동하며, 연구, 칼럼, 방송, 강연 등 다양한 경로를 통해 미래사회를 준비하는 정책을 연구하고 알렸다. 쓴 책으로는 이상한 나라의 경제학(2012), 소득의 미래(2019), 안녕하세요, 기본소득입니다(2022) 등이 있다. 한겨레 경제부 기자, 삼성경제연구소 수석연구원, 한겨레경제연구소장, 희망제작소 소장, 대통령직속 저출산고령사회위원회 위원 등을 역임했다.

신동면(경희대학교 행정학과)
신동면은 연세대학교 행정학과에서 학사, 석사, 박사학위를 취득하고, 영국 University of Bath에서 사회정책학 박사학위를 받았다. 경희대학교 행정학과에서 교수로 재직하며(2001~현재) 복지정책, 복지국가, 비교사회복지정책, 한국행정론 등을 강의하고 있다. 한국의 복지국가와 사회복지의 발전에 관심을 갖고 있으며 한국사회정책학회 부회장, 한국행정이론학회 회장 등을 역임했다. 저서로 국가와 산업구조조정(2005), Social and Economic Policies in Korea: Ideas, networks and linkages(2003), 동아시아 국가의 공공부조(2008)를 비롯해 공저로 사회양극화극복을 위한 사회정책 구상, 복지국가와 사회복지정책 등이 있다.

안미영(국민대학교 행정학과)
안미영은 국민대학교 행정학과 교수로서 불평등, 복지국가, 젠더, 가족, 돌봄에 대해 연구하고 사회정책을 중심으로 정책형성과 집행 등을 강의하고 있다. 관련 저술로는 Diverging Paths? A Comparative Look at Childcare Policy in Japan, South Korea and Taiwan(공저, 2016), Welfare States and Care Arrangements: Care Time Mix Approach and Its Application to Japan and Korea(2017), 복지국가 쟁점 1: 전환기의 이슈와 대안(공저, 2019), Welfare Reform and Social Investment Policy in Europe and East Asia(공저, 2021), 잠재계층분석을 활용한 유아 가구의 코로나19 이전과 코로나19 시기 비부모 돌봄유형과 예측 요인 연구(공저, 2022) 등이 있다.

임의영(강원대학교 행정 · 심리학부)
임의영은 강원대학교 행정 · 심리학부 교수로 재직 중이며, 행정철학, 공공성의 이해, 관료제 등의 과목을 강의하고 있다. 한국행정이론학회 학회장 및 한국행정학회 편집위원장을 역임했다. 공공성 연구에 주력하고 있으며, 관련된 연구로는 공공성의 개념, 위기, 활성화의 조건(2003), 공공성의 유형화(2010), K. Polanyi의 내포개념과 공공성(2014), 경합공간으로서 공론영역과 행정: C. Mouffe의 급진민주주의를 중심으로(2015), 공공성의 인간적 토대와 행정(2015), 공공성의 철학적 기초(2017), 공공성의 윤리적 토대: Hans Jonas의 책임윤리를 중심으로(2017), 공공성의 철학적 기초: Karl Jaspers의 실존적 소통과 책임(2018), 공공성 연구의 풍경과 전망(2018), 공공성의 도덕철학적 기초: A. Smith의 공감을 중심으로(2019), 공공성의 정치철학적 기초: J.J. Rousseau의 문명관과 일반의지를 중심으로(2020), 공공성의 사상적 기초: J.S. Mill의 公과 私의 조화 논리를 중심으로(2021), 공공성의 사상적 기초: B. 스피노자의 코나투스(conatus)를 중심으로(2022), 공공성의 철학적 기초: I. Kant의 사상을 중심으로(2022), 공공성의 사상적 기초: K. Marx의 소외론을 중심으로(2023), 공공성의 이론적 기초(2019) 등이 있다.

정명은(사회적가치연구원)
정명은은 SK그룹이 설립한 재단법인 사회적가치연구원의 기획협력팀장으로 재직 중이다. 2011년 지방정부의 행태변화를 제도주의 조직론 관점에서 해석한 논문으로 연세대학교에서 행정학 박사 학위를 취득하였다. 2018년부터는 사회적가치연구원에서 기업의 사회문제 해결을 지속가능하게 하는 방법에 대해 연구하고 있다. 사회문제 인식 데이터 구축(한국인이 바라본 사회문제, ESGame 등), 사회적 가치 측정 확산(Impact Foundation), 우수 연구자 발굴(CSES 연구공모전, 펠로우십, 강의지원사업 등), 사회성과인센티브 간접 실험 연구(SV모의주식거래실험) 등의 연구를 기획하였다.

권향원(아주대학교 행정학과)
권향원은 아주대학교 행정학과 교수로서 조직전략 및 공공정책 관련 과목들을 중심으로 강의하며, 최근에는 같은 학교 과학기술정책대학원과 공공정책대학원 교수를 겸직하고 있다. 학술연구 및 교육활동 외에도 한국행정학회, 한국정책학회, 한국조직학회, 한국정책분석평가학회 등 다수의 학회에서 임원으로 봉사면서, 정부부처와 국가기관에서 자문위원 및 컨설팅 업무를 통해 봉사하고 있다. 정부조직과 정책과정의 개혁과 혁신을 주된 연구주제로 삼고 있으며, 관련하여 전략적 기획, 성과관리, 행정가치, 조직진단, 사업분석 등의 분야를 주된 논제로 사회발전에 기여하기 위해 노력하고 있다. 관련 저술로는 정책학(개정판)(공저, 2022), 행정학개론(공저, 2023), 공공가치론(2022), 포스트 코로나 시대 정부역할과 거버넌스의 변동(2020), 공공성 개념(2020), 공공문제 해결을 위한 정책 공동생산의 개념적 이해 및 사례의 유형화 연구(공저, 2020) 외 다수의 논저를 발표하였다.

이은선(경상국립대 경제학부)

이은선은 경희대학교에서 경제학 학사를 취득하고, 고려대학교 일반대학원 행정학과에서 사회적기업을 주제로 행정학 석·박사 학위를 취득하였다. 이후 국립 경남과학기술대학교 경제학과에 사회적경제 전공 전임교원으로 임용되었고, 학교 통합에 따라 2021년 3월부터 경상국립대학교 경제학부 전임교원으로 재직하면서 사회적경제 연계전공 주임교수, 사회적경제연구소 소장직을 겸직하고 있다. 사회적기업에서 출발해 사회적경제로 연구를 확장했기 때문에 사회적 성과 측정, 관련 법제까지 연구대상으로 삼고 있다. 관련 저술로는 사회적기업의 특성에 관한 비교 연구: 영국, 미국, 한국을 중심으로(2009), Social Enterprise, Policy Entrepreneurs, and the Third Sector: The Case of South Korea(2015), 소셜벤처의 법적 지위에 관한 고찰(2021), 사회적기업의 등록제 전환에 관한 법적 고찰(2022) 등이 있다.

구민교(서울대학교 행정대학원)

구민교는 서울대학교 외교학과 및 행정대학원 졸업 후 미국 존스홉킨스대학교에서 국제정치경제 석사학위를, UC 버클리에서 동아시아 영토분쟁을 주제로 정치학 박사학위를 취득했다. 남가주대학교(USC) 박사후연구원 및 전임강사, 연세대학교 행정학과 조교수 근무 후 2010년 가을부터 서울대학교 행정대학원 교수로 재직 중이다. 하버드−옌칭연구소 방문학자(2015−2016년)를 역임했으며, 서울대학교 국제협력본부 부본부장과 본부장, 학생처 처장직을 수행했다. 학회 활동으로 한국행정학회와 한국정책학회 총무위원장과 연구위원장, 한국해로연구회의 연구위원장 등을 역임했고, 금융감독원 금융감독자문위원회 자문위원, 대한민국 해군발전자문위원회 위원, 외교부 정책자문위원회 경제외교분과 위원 등 정부 자문 활동도 활발히 했다.

박형준(성균관대학교 행정학과/국정전문대학원)

박형준은 Florida State University에서 행정학 박사학위를 받고 성균관대학교 행정학과와 국정전문대학원에서 교수로 재직중이며, 동대학의 국정평가연구소 소장과 동대학의 미래정책대학원의 교수를 겸직하고 있다. 주요 연구와 교육분야는 정책디자인과 제도설계, 정책과정과 변동분석, 사업평가와 성과관리, 협력적거버넌스, 정부혁신, 규제정책 등이다. 학문공동체의 봉사로서 미국행정학회(ASPA) 국제화 챕터 elected council member와 세계행정학회(IIAS) Program & Reseach Council Member, Asia Group of P.A(AGPA) 사무총장, 아시아태평양 정책네트워크(IP−PPN) 운영위원회 위원을 역임했으며, 한국행정학회와 한국정책학회의 연구위원장, 총무위원장, 국제화위원장등 다양한 학회활동에 수행하였다. 또한 등재학술지인 국정관리학회 공식지인 현대사회 행정의 편집위원장을 역임했고, 현재 국정관리연구 편집위원장을 수행하고 있다. 2009년 미국행정학회에서 최우수 미국행정학회보 학술논문상인 Mosher Award를 수상했고, 많은 연구물을 Public Administrative Review 등 다수의 해외저널과 국내외저널에 논문을 발표했다. 저서로는 함께 풀어가는 사회문제:갈등과 협력사례(공저, 2019), 대통령의 성공조건(공저, 2017), Collaborative Governance in East Asia: Evolution Towards Multi−stakeholder Partnerships(공편, 2020), 코로나 팬데믹 현상이 초래한 사회변동의 다각적이해(2022) 등이 있다.

우윤석(숭실대학교 행정학부)

우윤석은 서울대학교 미학과/공법학과 학사, 동 행정대학원 석사, 영국 카디프 대학 (Cardiff University) 박사를 취득하였고 현재 숭실대학교 행정학부 교수로 재직하고 있다. 제36회 행정고등고시를 거쳐 국토교통부(구 건설교통부)에서 근무한 경험을 바탕으로 현장과 이론을 접목하는 성과관리 분야에 관심이 많고, 기재부/산업부/국토부/행안부/교육부/복지부/문화부 등 다양한 부처의 공공기관 경영평가 위원 및 팀장 역할을 수행하였다. 최근 저서로 영화로 보는 행정관람(2021), 성공하는 정부를 위한 제언(공저, 2022) 등이 있고 공공기관 정책의 새로운 지향: 사회적 가치를 넘어 공공가치와 공동생산으로(2022), 공공관리 패러다임의 변화와 공기업에 미치는 시사점: NPM, NPG 그리고 NPS를 중심으로(2021), 공공기관 임직원의 사회적 가치 인식과 함의에 관한 연구(2020) 등 다수의 논문을 발표하였다.

최영준(연세대학교 행정학과)

최영준은 2006년에 University of Bath에서 사회정책학 박사를 받았으며, 현재 연세대학교 행정학과 교수로 재직 중이다. East Asian Social Policy Research Network 회장직을 수행하고 있으며, 연세대학교 복지국가연구센터 소장을 맡고 있기도 하다. 주요 연구 영역은 복지국가, 사회정책, 고령화와 공공정책, 비교정책 분야이다. 최근 연구는 Welfare reform and social investment policy in Europe and East Asia(공저, 2021), From "new social risks" to "COVID social risks": the challenges for inclusive society in South Korea, Hong Kong, and Taiwan amid the pandemic(공저, 2022) 등이 있다.

대전환기 정책의 키워드: 성장, 분배, 가치, 성과

초판발행   2023년 6월 15일

지은이   최영준 외 15인
펴낸이   안종만 · 안상준

편 집   양수정
기획/마케팅   장규식
표지디자인   BEN STORY
제 작   고철민 · 조영환

펴낸곳   (주)**박영사**
             서울특별시 금천구 가산디지털2로 53, 210호(가산동, 한라시그마밸리)
             등록 1959. 3. 11. 제300-1959-1호(倫)
전 화   02)733-6771
f a x   02)736-4818
e-mail   pys@pybook.co.kr
homepage   www.pybook.co.kr
ISBN   979-11-303-1780-9   93350

정 가   22,000원